안노 미쓰마사 지음

# 삼국지 그림 기행

서커스

# 삼국지 그림 기행

안노 미쓰마사 지음 | 한승동 옮김

서커스

옮긴이 | 한승동

1957년 경남 창원에서 나서 서강대학교 사학과를 다녔다. 1988년 〈한겨레〉 창간 때부터 지금까지 기자로 일하고 있다. 도쿄 특파원과 국제부장, 문화부 선임기자, 논설위원 등을 거쳐 지금 다시 문화부 책출판팀에서 일하고 있다.『대한민국 걸어차기』『지금 동아시아를 읽는다』를 썼고,『우익에 눈먼 미국』『시대를 건너는 법』『나의 서양음악 순례』『디아스포라의 눈』『속담 인류학』『희생의 시스템, 후쿠시마 오키나와』『멜트다운』『보수의 공모자들』『분열병과 인류』『폭력은 어디서 왔나』『내 서재 속 고전』 등을 우리말로 옮겼다.

# 삼국지 그림 기행

초판 1쇄 발행 2016년 2월 15일

지은이  안노 미쓰마사
옮긴이  한승동

펴낸곳  서커스출판상회
주소  서울 마포구 월드컵북로 400 5층 24호(상암동, 문화콘텐츠센터)
전화번호  02-3153-1311
팩스  02-3153-1389
전자우편  rigolo@hanmail.net
출판등록  2015년 1월 2일(제2015-000002호)

ⓒ 서커스, 2016

ISBN 979-11-955687-3-4  03910

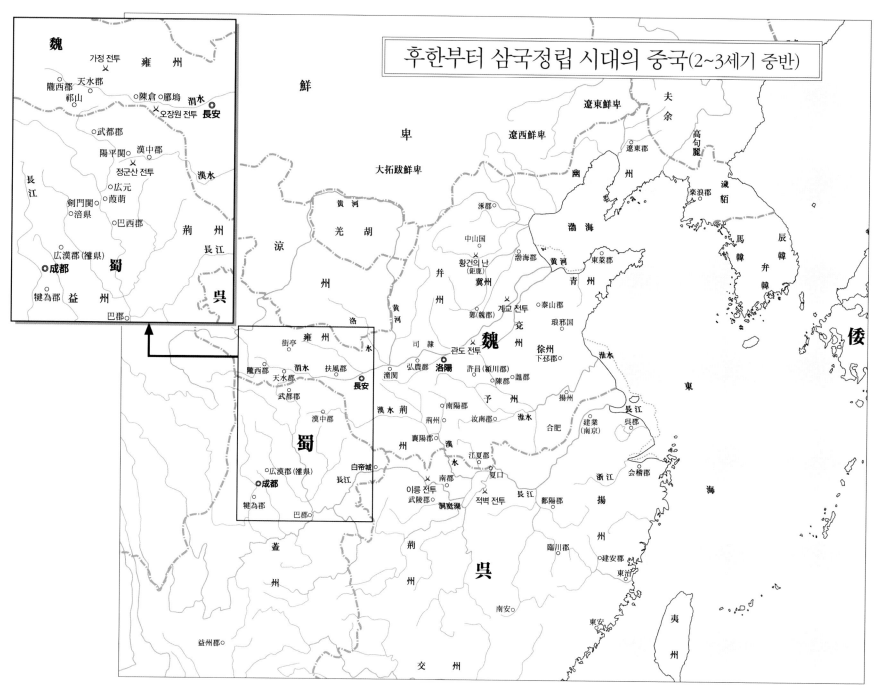

후한부터 삼국정립 시대의 중국(2~3세기 중반)

魏

가정 전투
雍 州
隴西郡　天水郡
祁山　　　　陳倉　郿塢　渭水
　　　　　　오장원 전투　長安
　○武都郡
　陽平関　漢中郡
　　정군산 전투　漢水
　　○広元
長江　　葭萌
剣門関
　○涪県
　　　巴西郡
荊 州
広漢郡(雒県)
◎成都　　蜀　　長江
犍為郡　益 州　　　吳
　　　巴郡

鮮

卑

大拓跋鮮卑

遼東鮮卑　夫　余
遼西鮮卑　遼東郡　高句麗
　　幽　州　　　濊貊
　　　　　楽浪郡

渤海
黄河　東萊郡
涿郡　　　　馬韓　辰韓
中山国　　渤海郡　青州　弁韓
황건의 난　黄河　　　　　韓
(鉅鹿)
冀州
鄴(魏郡)　계교 전투
羌　胡
　　　泰山郡
　　　琅邪国
兗州
徐州
　司隷　관도 전투
凉　　洛　　弘農郡　洛陽　許昌(潁川郡)
州　黄　潼関　　　　陳郡　譙郡
　河　　　　　　予州
　　　雍州　扶風郡　南陽郡　汝南郡　淮水
街亭　渭水　　　荊州　　　合肥
隴西郡　天水郡　　荊　襄陽郡　漢　揚州　建業(南京)
　武都郡　　　州　　　水　江夏郡　呉郡
　漢中郡　　漢水荊　　南郡　夏口　長江
蜀　　　　　水　이릉 전투　적벗 전투　浙江　会稽郡
広漢郡(雒県)　白帝城　武陵郡　洞庭湖　鄱陽郡　揚
◎成都　長江　　　　　　　臨川郡　州
犍為郡　巴郡　荊　　　　　建安郡
益州郡　　州　　呉　南安　東冶
交　州　　　南安
　　　東安
倭

東　海

夷
州

3

## 차례

삼국지 그림 기행

將進酒　　李白

君不見黃河之水天上來
奔流到海不復回
君不見高堂明鏡悲白髮
朝如青絲暮成雪

三國搖籃 [하남성 정주]

처음 황하를 봤을 때, 『삼국지』를 그리고 싶다고 생각했으나, 그때로부터 많은 세월이 흘렀다. 후한에서 삼국정립 시대에 걸친 중국의 역사는 동아시아인들과도 이어져 있다. 그 옛날 황하를 바라보던 낙양성 후궁에는 일찍부터 난세의 징조가 있었다.

# 1. 어머니 황하 [삼국요람]

이백李白의 시 「장진주將進酒(술을 권하며)」의 첫 구절을 떠올려 본다.

그대는 보지 못했는가 황하의 물 천상에서 내려와
세차게 흘러 바다에 이르면 다시 돌아오지 못하는 것을

정주시鄭州市(하남성) 숙소에서 황하黃河가 가깝다는 말을 듣고 바로 출발해, 한 시간 남짓 만에 대황하를 마주했다. 공원으로 조성된 언덕까지 리프트로 올라가 거기서 대하를 내려다볼 수 있었다. 눈 아래에 대황하가 도도하게 흘러가고 있었다. 건너편이 보이지 않는다. 강 속의 모래톱인가, 밀리 있는 건 전원田園인가, 어렴풋이 녹색의 얇은 비단을 펼쳐 놓은 듯 희미하게 보인다. 저 멀리 이 대하를 가로지르는 다리가 안개 속에 잠겨 있다.

10년 전 낙양洛陽에서 상류 쪽으로 더 거슬러 올라가 본 적이 있다. 거친 황토 대지는 몇만 년이나 계속 비에 침식당해 기괴한 땅거죽을 드러내고 있었다. 그러나 조금도 높이가 낮아지지 않아, 지하에서 계속 황토가 솟아나오고 있다는 느낌조차 주었다. 그 풍화된 황사는 계절풍에 밀려 올라가 멀리 일본까지 날아간다.

낙양 가까이에, 자동차 한 대만 지나가도 황진黃塵이 일어 앞이 보이지 않을 정도가 되는 마을이 있었다. 앞 유리창에는 황사가 쌓여, 비가 온 것도 아닌데 와이퍼를 작동시켜야 하고, 와이퍼가 없는 좌우의 창에는 순식간에 황사가 쌓인다. 만일 비라도 내리면 속수무책으로 온통 진창이 되기 마련이었다. 이런 황토 대지는 지구 생성 시기에, 바람에 실려 온 미세한 황토 가루가 쌓이고 거기에 비가 와서 굳어진 것이라고 한다. 실크로드를 자동차 도로로 현대에 부활시키려는 중국 정부의 의뢰를 받아, 1933년 탐험가 헤딘은 건설 루트 조사를 위해 중앙아시아로 가는 여행길에 올랐다. 이 길은 당시 난주蘭州, 감주甘州, 가욕관嘉峪關, 돈황敦煌을 거쳐 더 서쪽으로 가는데, 그 기록 중에도 모래먼지 가루 때문에 앞이 보이지 않았고, 그런 곳에서 살아가고 있는 사람들이 있다는 사실에 놀랐다는 기술이 보인다(『실크로드』).

정주시로 돌아가는 도중에, 황하가 강바닥이 주변 지역보다 높아지는 천정천天井川이 돼, 정주 시내가 강 수면보다 7미터나 낮다는 얘기를 들었다. 이것은 강물이 흙을 운반해 강이 얕아지면 제방을 높이 쌓고 그러면 강이 더 얕아지고, 그러면 또 다시 제방을 더 높이 쌓는 악순환의 결과였다. 이대로 가면 제방은 세월과 함께 점점 더 높아질 것이다. 준설선이 있는 곳도 있으나 그 배도 황사와 싸우고 있었다. 『삼국지三國志』는 이 웅대한 대하 언저리에서 태어났다. 아, 저 황하의 흙을 그림물감 삼아 그려 볼까, 하는 생각이 갑자기 들었으나 돌아갈 시간이 없었다. 나중에 중국에서 나를 도와준 나건비羅建飛 씨가 그림물감용 황토를 보내주었다. 이백의 시는 다음과 같이 이어진다.

그대는 보지 못했는가 고당高堂 명경明鏡에 비친 백발의 슬픔을
아침엔 푸른 실 같던 머리가 저녁에는 눈처럼 희어졌네

그리고 조금 건너뛰어,

옛날 성현들 모두 적막하고 오직 술꾼들만 이름 남겼네
진왕이 옛날 평락관에서 연회 베풀 적에 말술 마음껏 마시며 요란하게 즐겼지

옛날부터 성현聖賢이라 일컫던 사람들은 모두 죽었지만, 오직 술을 좋아한 이들만이 후세에 이름을 남겼다. 진왕陳王도 평락관平樂觀이라는 곳에서 연회를 베풀고 한 말에 1만 냥이나 하는 미주美酒를 마시며 놀았다지 않은가.

이백이 여기서 얘기한 '진왕'은 '진사왕陳思王' 즉 조조曹操의 차남 조식曹植을 가리킨다. 조식의 시를 좋아하는 나카무라 스나오中村愿(다케우치 요시미竹內好의 제자로, 『삼국지』를 비롯한 중국문학 연구자)는 그의 시만 읽어 봐도 『삼국지』(정사)와 『삼국지연의』(소설)의 차이를 알 수 있다고 한다.

王之渙

登鸛鵲樓

白日依山盡
黃河入海流
欲窮千里目
更上一層樓

黃河看戰 [하남성 정주]

당시의 영제    는 관직을 사고팔았는가 하면, 황후 일족과 환관, 대신
등은 세 파로 나뉘어 권력 싸움에 여념이 없어 민중은 안중에도 없었
다. 눈앞에 펼쳐지는 전란의 세월을 대황하는 말없이 지켜본 셈이다.

# 2. 황하 문명 [황하간전]

105년, 채륜蔡倫이 종이를 발명(개량?)했다. 그때까지는 목간木簡, 죽간竹簡 등에 문자를 썼다. 목간이어서 자연히 문장이 간결해지고, 한시漢詩가 저런 모양으로 지어진 게 아닐까, 하는 어리석은 생각을 했다.

영화에서 옛 중국의 도서관을 본 적이 있는데, 목간, 죽간이 가득 쌓여 있어 마치 목재 하치장 같았다.

한중시漢中市(섬서성陝西省) 동쪽 인근 양현洋縣이라는 곳에 나무들로 에워싸인 채륜의 묘가 있다.

그 한편에 있는 기념관에서는 종이뜨기 실연을 하고 있었고, 매점에서는 당시의 것과 똑같은, 즉 세상에서 맨 처음 종이뜨기를 해서 만든 것과 같은 종이를 팔고 있었다. 표백을 하지 않은 원초적인 자연의 색이 거기에 있었다.

여기 와서 처음 알게 된 것인데, 채륜은 환관宦官이었다. 환관의 악행에 관한 글을 많이 읽어 왔기 때문에, 내 마음속에도 편견이 자리 잡고 있었구나 하고 부끄러이 여겼다. 쓰와노津和野(일본 시마네 현 남서부에 있는 마을로 필자 안노 미쓰마사의 고향 – 역주)에도 제지 공장이 있어서, 예부터 세키슈 와시石州和紙로 알려져 있다. 쓰와노에서는 닥나무나 삼지닥나무를 쪄서 껍질을 벗긴 뒤 그 표피 부분을 다시 삶아서 절구로 찧는 등 섬유질을 철저히 조각낸 다음, 닥풀 뿌리로 만든 풀을 섞어서 삶는다.

채륜 시대의 원초적인 종이는 마나 나무껍질, 넝마 등을 찧어서 섬유를 추출해 만들었고, 닥풀 등의 접착제는 쓰지 않았던 듯하다. 그럼에도 섬유가 서로 달라붙는 천연 접착성이 있었던 것 같다. 이것을 가득 넣은 버킷 모양의 통을 후네라고 하며, 말 꼬리로 짠 발을 사용해 녹인 섬유를 떠낸다.

종이의 두께는 어떻게 떠내느냐에 달려 있는데, 종이뜨기가 끝나면 한 장 한 장씩 발에서 벗겨내 아직 마르지 않은 종이를 차례차례 겹쳐 놓는데, 희한하게도 밑에 있는 종이와 달라붙어 떨어지지 않는 일은 없다. 뜬 종이의 수분이 빠지면 아직 덜 마른 단계에서 한 장씩 떼어내서 말린다.

지금의 와시 제작 방법은 그 수순이 채륜이 살던 당시와 변함이 없다. 재료가 다를

뿐이다. 견포絹布가 세금 대체 역할을 했듯이 종이도 납세용으로 쓰였던 것 같다.

앞서 얘기한 닥풀 꽃은 노란 꽃잎이 5개로 꽃송이가 크다. 예전에 이웃집 마당에 있는 그 꽃을 보고 홀딱 반해서 씨를 받았다. 마당에 뿌렸더니 멋진 꽃이 달렸다. 우아한 모습과는 달리 튼튼해서 재배를 권할 만한 꽃이다.

앞서 말한 발 부분을 드럼으로 만들어 종이 뜨는 방식을 공업적으로 기계화한 것이 서양 종이인데, 이것은 섬유 배열이 드럼 회전 때문에 방향성을 띠게 돼, 흔히 말하는 종이눈이라는 게 생긴다.

마에서 껍질 등을 벗겨낸 뒤의 심을 겨릅대라고 하며, 땔감 등으로 쓴다. 어렸을 적 칼싸움 놀이를 할 때 우리는 그것을 칼로 사용하기도 했다.

그런데 채륜 기념관에서 한중시로 돌아가는 도중에 '따오기 보호구역'이라고 쓴 표지판을 봤다. 사도佐渡(일본 니가타현에 있는 섬 – 역주)에서 따오기를 번식시키기 위해 이곳에서 따오기를 제공받았다는 사실을 나중에야 알았다. 따오기는 중국에서도 귀중한 보호조였다.

132년에는 이미 혼천의渾天儀와 지진계가 만들어졌다. 일본은 그때가 야요이弥生 시대다. 저 나라에서는 갑옷을 입고 철제 무기를 갖고 싸웠다는 기록을 예전에 의심한 적이 있지만 철이나 청동이라는 글자까지 있는 '한자'가 이미 완성돼 있었던 점으로 미루어 봐도 황하 문명의 존재를 믿지 않을 까닭이 없었다.

생각해 보면 한자니 철기니 그런 한가한 얘기를 할 계제가 아니었다. 원래 공자가 기원전(기원전 552~479) 사람이었고, 상商, 주周 시대의 무기나 청동기를 생각하면『삼국지』시대의 문화와 인간 모습은 현대와 별로 다를 바 없었다고 생각해도 좋을 것이다(청동은 기원전 2500년 무렵, 철은 기원전 1200년 무렵부터 사용됐다).

『삼국지』에 등장하는 인물이 차례차례 태어난다.

155년 조조曹操가 태어났다.

156년 손견孫堅이 태어났다.

161년 유비劉備가 태어났다.

劉伶墓参 [하남성 신향]

황하 인근 신향(新鄕)에 있는 유령의 묘에 갔다. 환관(탁류)에 대항한 청류파 관료의 혈통을 이은 사람 중 하나로 대단한 호주가였다. 우리 차가 진창길에 빠져 어려움을 겪자 마을사람들이 대거 나서서 도와주었다. 그림에서 뒤편에 붉은 기가 보이는 것이 묘다.

# 3. 환관의 그림자 [유령묘참]

궁정을 마음대로 조종한 것은 나중에 얘기하게 되는 환관만이 아니라 '외척'의 존재도 두드러졌다. 그 무렵 황후가 되는 이는 명문가 출신만이 아니었다. 신분이 낮은 평민일지라도 미모와 운만 따라준다면 하룻밤 사이에 신데렐라가 됐다.

만일 그렇게만 된다면 황후의 아버지는 졸지에 황제의 아버지가 되고 그 형제는 황제의 형제가 됐다. 황후의 일족은 이윽고 자제력을 잃고 모든 관직을 차지했다. 양기梁冀도 그중 한 사람인데, 여러 관직에 올라, (141년에는) 대장군까지 됐다.

현명했던 당시의 질제質帝(재위 145~146)가 외척이라는 호랑이의 위세를 빌린 양기를 발호장군跋扈將軍(전횡을 일삼는 장군)이라며 멀리하려 했다는 걸 알아채고는 곧바로 황제를 독살할 정도로 횡포가 심해졌다. 질제를 독살했으니 상대적으로 당시 여오후蠡吾侯(나중의 환제桓帝, 재위 147~167) 입장에서는 자신을 옹립한 셈이 된다. 이윽고 시운이 바뀌면서 그토록 막강했던 양기도 환관들 손에 처분당하는 때가 온다.

외척과 환관의 폭정으로 나라가 무너질 것을 걱정한 당시의 지식인, 관료들이 손을 잡고 후궁정치를 비판했다. 그중에는 달관하고서 자연 속에 은거한 이도 있었다. 이들 지식인을 청류파淸流派라 불렀고, 이들과 달리 환관이나 외척의 위세를 빌린 문벌 무리를 탁류파濁流派라 했다. 유감스럽게도 청류도 탁류를 이길 순 없었다.

166년(연희延熹 9년), 수도권 장관이었던 정의로운 선비 이응李膺은 점쟁이 장성張成이 환관과 손을 잡고 당시의 황제를 마음대로 조종하자 그를 체포해 처형했다. 장성의 제자가 환제에게 "이응 등은 학생들을 부추겨서 사당을 만들고 조정에 대한 욕을 퍼뜨리고 있습니다" 하고 참소讒訴했다. 오늘날에도 참소로 인한 사건이 적지 않지만 그 무렵 참소를 이용해 농간을 부리던 환관의 횡포를 생각하면, 도무지 마음이 편치 않다.

이응 등의 청류파 200여 명이 투옥당했고, 고관 진번陳蕃은 면직됐으며, 뒤이어 169년에도 100여 명이 처형당하고 수백 명의 청류파가 추방당했다(당고黨錮의 금禁). 세상은 실로 암담했다.

그 청류파의 혈통을 이어 정치나 세속 도덕을 백안시했던 죽림칠현竹林七賢의 한 사람이 유령劉伶이다. 술을 무척이나 좋아했던 유령의 묘가 있는 곳을 조사해 놓은 동행의 나카무라 스나오 손에 이끌려 황하 인근 곽제촌郭堤村을 찾아갔다. 나카무라는 묘에 소주를 바치고 싶다고 했다. 마침내 길 끝 보리밭 속에서 흙을 돋워 놓은 묘 같은 것을 찾아냈다. 붉은 기가 펄럭이며 나부끼지 않았다면 그냥 보통의 흙무덤과 다를 바 없었다. 문화대혁명 때 묘보다 경작지를 더 중시하면서 묘는 한때 밭이 되었다가 다시 흙을 돋워 묘를 복원했다고 한다.

그때 우리가 탄 차가 진창에 빠져 도무지 빠져나오지 못했다. 동행한 오오미나토 여사가 마을 사람들에게 손짓발짓으로 도움을 청했다. 뜻이 통해 마을 사람 십여 명이 손에 손에 호미와 삽을 들고 나와 도와주었다. 우리는 불안에 떨며 지켜볼 뿐이었으나, 어쨌든 차는 보리밭을 짓뭉개고 유턴한 뒤에야 겨우 궁지를 벗어났다. 오오미나토 여사가 공항에서 산 듯한 담배를 그들 모두에게 나눠주며 감사의 예를 표했다. 나는 나카무라 스나오에게 "저 묘에 둔 술도 마을 사람들에게 드려야 하지 않겠느냐"고 했더니, 그는 다소 불만스러운 표정을 지었으나 다시 흙무덤까지 가서 무덤에 바친 술을 도로 들고 와 마을 사람들에게 헌상하고 해질녘 들판에서 팔이 떨어져라 손을 흔들며 그들과 이별했다.

이런 벽촌에 오는 일본인이 있는지 나카무라 스나오에게 물었더니 "오카쿠라 덴신岡倉天心이 왔었다"고 한다. 나중에 나카무라 스나오가 덴신의 일지를 보내주었다.

오카쿠라 가쿠조覺三(오카쿠라 덴신의 본명)의 『지나支那 여행일지』 중 1893년 8월 28일 일지에서.

"(전략) 비가 갬. 현을 지나 조그만 마을 버드나무 정다운 수로 끝에 유백륜劉伯倫의 묘가 있고, 한 조각 청석靑石 위에 명대의 글씨로 위은사유령묘묘魏隱士劉伶廟墓라 쓰여 있다. 애석하게도 호주가의 봉분 위에 술을 다 뿌리다(서양인을 만나다)."

13

長安夢幻 [섬서성 서안]

서안(옛날의 장안)은 진의 시황제 시대 이래의 고도. 교외에 세계유산인 시황제릉과 병마용갱, 박물관이 있다. 연전에 복원된 아방궁을 그렸다. 삼국시대의 막을 연 난폭한 장군 동탁은 낙양에서 장안으로 천도를 강행했다.

# 4. 묘와 슬픔의 조기 [장안몽환]

나카무라 스나오는 한문 전적典籍을 읽고 중국어를 할 줄 안다. 오카쿠라 덴신에 심취해 쓴 글도 많다. 우리가 젊었을 때 그가 덴신의 『백호白狐』, 『차의 책』, 『보석 같은 목소리의 사람에게』의 책 장정 일로 내게 온 것이 그와의 첫 대면이었다.

또 그는 이미 『삼국지』의 현지답사를 했기 때문에, 약삭빠르게도 나는 그를 내 『삼국지』의 군사고문으로 삼아버렸다.

그런데, 지금 다시 한 번 저 『보석 같은 목소리의 사람에게』, 즉 오카쿠라 덴신과 인도의 규수 시인 프리얀바다 데위 사이에 오간, 참으로 아름다운 사랑의 왕복서간을 떠올리지 않을 수 없다. 삼가 그 시 한 편을 올린다.

계고戒告

내가 죽으면,
슬픔의 조종弔鐘을 울리지 말고, 조기弔旗도 달지 마라.
인적 없는 먼 물가, 가득 쌓인 솔잎 아래 깊이
조용히 묻어다오 — 저 사람의 시를 내 가슴에 얹어.
내 만가晩歌는 갈매기들이 부르게 하라.
만일 비碑를 세워야 한다면
약간의 수선화와, 독특한 향을 내는 한 그루 매화를.
다행히 먼 훗날, 바다도 은은하게 빛나는 어느 날 밤,
감미로운 달빛을 밟는,
저 사람의 발자국 소리가 들려올 때도 있으리라.

거기에 비하면 시황제의 묘는 거의 작은 산이라고 해도 될 만큼 거대하다. 그 묘를 지키는 '병마용'은 1974년 3월 어느 날 농민이 우물을 파다가 우연히 발견했다. 나는 1985년에 아직 완전히 정비되지 않은 상태의 병마용과 시황제릉을 볼 기회를 얻었다.

나는 그곳에 섰을 때만큼 눈에 보이지 않는 힘에 압도당한 적이 없다.

진秦(기원전 221~206)보다 훨씬 앞선 옛 상商, 주周 시대의 왕묘에는 도용陶俑이 아니라 살아 있는 병사와 말을 3백에서 1천 구나 순장했고, 그 주검에는 사전에 방침이라도 정한 양 하나같이 머리가 없었다고 한다. 이 은왕殷王의 묘가 발굴된 것은 1928년으로, 고고학상 놀랄 만한 발굴이었다. 위대한 왕도 혼자서는 두려워 죽을 수 없었다는 얘기일까.

그러고 보면, 시황제도 마술사의 말을 믿고 불로장생의 약을 구하는 대선단을 만들었으나, 물론 헛수고에 그쳤다. 이 어리석은 시도와 공포정치를 비난한 유생들에게 격노한 시황제는 460명이나 되는 유생들을 생매장했다고 한다.

또한 시황제는 자신이 살아 있을 때부터 사후의 세계에서도 마음대로 살 수 있도록 여산驪山 기슭에 더할 나위 없는 광대한 지하궁전을 지었다.

시바 료타로司馬遼太郎의 『항우와 유방』에 이 묘에 대한 묘사가 나온다. 그 규모는,

"지상에 둘레 2킬로미터, 높이 100미터나 되는 웅대한 인공의 산을 만들었는데, 이 조산造山 그 자체는 토목공사의 극히 일부분에 지나지 않았다.

문제는 지하였다. (중략) 황제는 만승萬乘의 군대를 이끌었다는데, 등신대의 장군, 장졸 인형들이 엄청나게 만들어졌다"고 쓰여 있다.

세금을 내던 농민들도 관의 명령 하나로 노역에 강제 동원됐다. 그 때문에 논밭은 황폐해졌고 이듬해 세금을 낼 수 없게 돼, 노역에 동원된 그다음 해에는 처벌을 받는 죄수가 됐다. 이 때문에 농민들의 반감이 커져 마침내 반란까지 일으키게 된다.

시황제의 병마용 군은 세계유산으로서 정말 박력 있는 목록이라 할 수 있을 것이다. 최근 이 병마용 조상彫像에 제작 당시의 채색을 재현하는 연구가 진행되고 있다고 들었는데, 이왕 세계유산이 된 마당에 부디 손을 대지 않기를 바란다.

李陵窮絶 [섬서성 서안]

장안성 서문 바깥 저 멀리 흉노의 땅과의 경계 — 서역의 사막지대가 있다. 장정에 나선 전한의 무장 이릉은 화살도 떨어져 흉노에게 항복했다. 나는 사마천이 남긴 『사기』의 '열전'을 떠올리지 않을 수 없었다. 『삼국지』의 길은 언제나 『사기』와 잇닿아 있었구나 하는 생각을 했다.

# 5.「이릉」[이릉궁절]

　168년(후한後漢 건녕建寧 원년), 전년도 말에 환제桓帝가 죽고 영제靈帝가 즉위해 연호를 바꿨다. 환관의 횡포가 눈에 띄기 시작한 지 이미 10년이나 지났으나 새 황제 영제는 여전히 환관에 둘러싸여 황제에게 가는 외부 정보가 걸러졌기 때문에 정치는 환관들이 대행한다고 해도 좋을 지경이 됐다. 자연히 뇌물과 부패가 횡행하고 나라의 정치는 썩을 대로 썩어 마침내 환관들이 왕위 계승 문제에까지 개입하게 됐다.

　이대로 방치할 수는 없다며 이런 상황을 몹시 우려하던 대장군 두무竇武와 태위太尉 진번陳蕃이 환관 살해를 계획했으나 환관들의 쿠데타로 오히려 살해당했다. 이때의 일은『삼국지』초반에 자세히 나와 있다.

　얘기를 잠시 바꿔, 나카지마 아쓰시中島敦의 「이릉李陵」이라는 유명한 단편 얘기를 해보겠다.『사기』의 '열전'은 사마천司馬遷(기원전 145~86무렵)의 노작으로, 중요한 문헌이다.

　이광李廣이라는, 아주 매력적인 명장의 손자(이광의 장남 이당호李當戶의 아들)로 이릉이라는 남자가 있었다.

　『사기』에 따르면, 흉노를 공격한 이릉은 늘 전쟁에서 이겼는데, 그때(기원전 99년 가을) 한 번 적지에 고립됐고 요청했던 원군은 오지 않아 항복할 수밖에 없었다. 선우單于(흉노의 왕)는 딸을 그와 혼인시키고 후하게 대접했다. 이를 전해들은 무제는 남겨진 이릉의 어머니와 처자를 처형했다. 사마천은 "이광의 모습을 본 적이 있다"고 자랑할 정도로 존경해 마지않았다고 한다. 그 때문인지 흉노의 땅에 붙잡힌 이릉에게도 측은한 마음을 감추지 않았다.

　그것이 무제의 분노를 사서 사마천은 처형 대신 궁형宮刑에 처해졌고, 감옥에 3년 간 갇혀 있다가 대사령으로 석방됐다. 한때는 자살을 생각했을 정도로 낙담했으나 생각을 고쳐먹게 된 심경의 변화가 오랜 친구 임안任安에게 보낸 편지에 쓰여 있다(『한서漢書』). 눈물 없이는 읽을 수 없는 명문이지만 요약할 수밖에 없었다. 어려운 자구들은 읽기 쉽게 고쳤다.

　"(전략) 내가 보기에 그(이릉)의 인물됨은 타고난 기사奇士로, 늘 분발하며 제 한 몸 돌보지 않고 국가가 위급한 때에 목숨을 바치려고 했습니다. 원래 신하로서 구사일생을 기할 수 없는 결사의 각오로 국가의 난에 임한 것 자체가 이미 갸륵합니다. 그런데 지금 그가 단 한 번 실패했다고 해서 왕도에서 편히 처자를 지키고 있는 관리들이 이릉의 실패에 대해 떠들어대고 있는 것에 실로 통분을 금할 수 없습니다.

　이릉은 5천 명도 되지 않는 보병을 이끌고 흉노의 병마兵馬가 지키는 땅 깊숙이, 선우의 왕궁까지 치고 들어가 미끼를 호랑이 아가리 앞에 던져 넣으려 능수능란하게 강적 오랑캐병들에게 싸움을 걸고 억만의 군에 맞서 싸우면서 선우와 계속 싸우기를 십여 일, 적을 토벌했고 적은 빈사의 타격을 입어 상처를 돌볼 짬도 없이 수장首長들은 모두 두려움에 벌벌 떨었습니다.

　그 상황에서 적은 온 나라의 힘을 기울여 이릉을 포위했습니다. 천 리 전장을 전전한 끝에, 한군漢軍은 화살이 떨어졌고 길은 끝났는데 원군은 오지 않고 다치고 죽은 장졸들은 쌓여만 갔습니다. 그럼에도 이릉이 한 번 큰 소리로 군을 격려하면 장졸들은 모두 눈물을 흘리며 일어나 피를 닦고 눈물을 삼키며 화살 없는 활시위를 팽팽하게 잡아당겨 시퍼런 칼날에 맞섰고 죽음을 두려워한 자는 없었습니다. 나는 이따금 천자의 하문을 받았기 때문에 이릉의 공적을 추론한 것입니다.

　하지만 결국 궁형에 처해져 두고두고 천하의 웃음거리가 됐습니다. 이는 모든 형벌 중에서도 가장 치욕스러운 것입니다."

　『사기』집필을 마쳤을 때 사마천은 55세였다. 그의 저서는 그가 죽은 뒤에야 세상에 나왔다.

　후세의 사람들 중에 사마천이 위대한 역사가라는 걸 칭송하지 않는 사람이 없었다. 우리가 오늘날 저『사기』의 '열전'을 읽을 수 있게 된 것이 사마천이 궁형을 당한 치욕과 맞바꾼 것이라 생각하면 너무나도 가슴이 아프지 않는가.

張魯王國 [섬서성 한중]

시황제의 실제 아버지였던 여불위도 마지막에는 멀리 촉 으로 추방당해 스스로
독배를 들었다. 그림은 촉의 북부, 오지인 진령 의 산지 풍경. 후한 시대. 이곳에
장로가 일종의 독립왕국을 세웠으나 나중에 유비의 '촉한' 지배 아래로 들어간다.

# 6. 여불위 기담 [장로왕국]

『삼국지』와는 직접 관계가 없으나, 궁형 얘기를 한 이상 입 다물고 있을 수 없는 기담이 있다.

진秦 소양왕昭襄王(소왕昭王, 기원전 267년경)의 시대에 여불위呂不韋라는 큰 부자가 있었다.

소왕의 차남인 안국군安國君(나중의 효문왕孝文王)에게는 스무 명이 넘는 자녀가 있었다. 그중에 자초子楚라는 사람이 있었는데, 첩의 소생이기도 해서 조趙나라에 인질로 가 있었다.

여불위는 가끔 한단邯鄲에서 자초를 만날 기회가 있었고, 이 사람이야말로 장차 왕위를 이을 만한 인물이라는 걸 간파했다. 그 뒤 안국군의 본처인 화양부인華陽夫人이 "나는 아이를 낳을 수 없는 불행한 사람입니다. 부디 자초님을 후계자로 삼아주세요"라고 안국군에게 호소하기까지 하며 암시를 주었고, 여불위가 자초의 보호자가 됐다.

여불위는 한단 최고의 미인을 데리고 살았는데, 임신한 사실을 알았다. 자초는 이 여인에게 한눈에 반해서, "이 여인을 내게 주지 않겠소" 하고 부탁했다. 여불위는 내심 기분이 좋지는 않았으나 사재를 털어 가며 자초를 보살펴 온 것은 대어를 낚기 위해서라는 점을 생각하고 이미 몸이 무거워져 있던 그 여인을 바쳤다. 달이 차서 여인은 아들을 낳았다. 정政이라는 이름이 붙었다.(놀라지 마시라, 이 정이라는 아이가 나중의 시황제다)

기원전 257년, 진秦(소왕)은 조나라를 공격해 한단을 포위했다. 여불위는 감시관에게 큰돈을 바치고 자초를 탈출시켰고, 자초부인은 여불위의 딸 행세를 해서 모자 모두 무사했다.

이윽고 소왕이 죽자(기원전 251년), 안국군이 즉위해서 효문왕이 됐다. 그리하여 조나라는 자초부인과 아들 정에게 호위 군사를 붙여서 진에 보내주었다. 이 왕도, 그리고 나중에 뒤를 이은 장양왕莊襄王(자초)도 얼마 뒤 붕어崩御하고 태자 정이 진왕이 될 때가 왔다(이때 그의 나이 13세). 여불위는 상국相國이 돼 식객 3천 명을 모았다고 한다.

그 뒤에도 태후太后는 여불위와 밀통을 계속했다. "사실은 소설보다 더 기묘하다"고 흔히 얘기하는데, 여불위는 이 밀통이 발각될까 두려워 노애嫪毐라는 성기가 큰 남자를 찾아내 자신의 대행 노릇을 하게 했다. 여불위는 노애에게 궁형의 죄가 있다며 그

의 수염을 뽑은 뒤 환관 자리에 앉히고 뇌물을 뿌려 태후 곁에서 시중들 수 있게 만들었다. 가짜 환관이었기 때문에 그들 사이에 아이가 생겼고 두 사람은 옹雍의 이궁離宮으로 옮겼다. 거기서 또 아들을 낳아 아들은 두 명이 됐다.

하지만 소문은 새어나갔고 고발하는 자도 있어서 경리警吏를 시켜 조사해보니 노애의 비리뿐만 아니라 그 흑막에 여불위가 관련돼 있다는 사실까지 드러났다. 노애 일족은 모두 죽임을 당했으나 상국 여불위를 변호하는 사람들은 많았고 그때까지의 공적도 컸기 때문에 죽음을 면하고 촉나라로 추방당했지만, 그는 짐독鴆毒을 마시고 자살했다.

기원전 228년, 여불위의 애인이요 시황제의 생모이며, 장양왕의 처로, 노애를 정인으로 삼아 파란의 인생을 보낸 태후가 죽어 제태후帝太后에 봉해졌다.

또 여불위가 편찬한 『여씨춘추呂氏春秋』라는 책이 있다. 고단샤講談社 학술문고로 나와 있어 읽을 수 있는데, 그 교정을 본 마치다 사부로는 "나는 『사기』가 양서라는 걸 의심하지는 않지만, 「여불위전」에 관한 한 사마천이 필요 이상으로 재미있게 만든 게 아닌가 하는 생각을 한다"고 썼다.

그리고 앞서 얘기한, 사마천이 옛 친구 임안에게 보낸 편지에는 "이사李斯(원래 여불위의 식객)는 진의 재상인데도 오형(코를 자르고劓刑, 발을 자르고刖刑, 허리를 자르고腰切, 거세하고宮刑, 죽이는死刑 형벌)을 모두 받았고, (중략) 손자孫子는 다리를 잘린 뒤 『병법兵法』을 편찬했으며, 여불위는 촉으로 유배돼 『여람呂覽』을 세상에 전했고, 한비韓非는 진에 사로잡혀서 「설난說難」과 「고분孤憤」을 썼다"는 사실을 떠올리면서, 자신(사마천)도 고금의 역사를 쓰고야 말겠다고 결의하는 얘기가 나온다.

辺荒与華異
人俗少義理
処所多霜雪
胡風春夏起
翩翩吹我衣
肅肅入我耳
感時念父母
哀歎無窮已
有客従外来
聞之常歡喜
迎問其消息
輒復非郷里
邂逅徼時願
骨肉来迎已
当復棄児子
己得自解免
天属綴人心
念別無会期
存亡永乖隔
不忍与之辞

望鄕別離 [하남성 개봉]

조조의 스승이었던 후한의 대학자 채옹의 딸 채문희는 동란 중에 멀리 흉노 땅으로 끌려가 아이 둘을 낳았다. 어느 날 조조의 사자가 그녀를 한나라로 데려가기 위해 그곳으로 온다. 아이들에 대한 사랑과 고향에 가고 싶은 마음으로 찢겨진 채문희 이야기는 지금도 잊혀지지 않고 있다.

兒前抱我頸
問母欲何之
人言母當去
豈復有還時
阿母常仁惻
今何更不慈
我尚未成人
奈何不顧思
見此崩五内
恍惚生狂癡
号泣手撫摩
当発復回疑
兼有同時輩
相送告離別
慕我独得帰
哀叫声摧裂
馬為立踟蹰
車為不轉轍
観者皆歔欷
行路亦鳴咽

아이들과의 비정한 이별은 채문희에게 절창을 부르게 한다. —"우주가 광대하다면/ 받아 보라!/ 나의 원한을!" 흉노에게는 「호가(갈대피리)의 노래」로 민중 사이에 전해졌다고 한다. 〈문희귀한〉은 그림의 테마로 계속해서 그려졌다.

文姬歸漢 [하남성 개봉]

# 7. 채옹과 연리송 [망향별리]

174년, 조조曹操가 효렴孝廉에 천거됐다.

175년, 채옹蔡邕은 '희평석경熹平石經'을 세웠다. 이것은 지금까지 남아 있는 석비石碑의 문자. 나는 사진으로만 봤지만 이 문자의 아름다움은 정말 감동적이다. 채옹은 당시의 대학자. 문장, 고전, 수학, 서도, 천문, 음악, 미술에 두루 통달했다. 그『채옹랑집蔡邕郎集』은 지금까지 전해지고 있다고 한다. 나중에 동탁董卓에게 중용되지만, 그 동탁의 죽음을 깊이 애도했다가 왕윤王允의 손에 죽는다.

나는 의심이 많아서 178년, 푸른 뱀이 나타났다는 이야기는 믿지 않지만 '영제기靈帝紀'(『후한서後漢書』)에 담긴 그해의 기술은 푸른 뱀에 그치지 않고 이상한 천변지이天變地異가 잇따라 일어났다고 돼 있다.

4월, 지진이 일어났다. 또 관청의 암탉이 돌연 수탉으로 변했다.

5월, 흰 옷을 입은 남자가 덕양문德陽門으로 들어가 그대로 모습을 감췄다.

6월, 황제가 들어간 온덕전溫德殿 마당에 검은 요기가 자욱하게 끼었다.

10월, 영제靈帝가 16세가 됐을 때, 송황후宋皇后가 황후가 됐는데, 이 여인은 모반 사건으로 죽은 발해왕渤海王 비妃의 숙모에 해당하는 사람이다. 환관 왕보王甫가 송황후의 보복이 두려워 영제에게 참소讒訴했고, 그 때문에 송황후는 민사悶死했다.

그해에 영제로부터, 이런 변고가 거듭되고 있는 건 무엇 때문인지, 어떻게 하면 좋은지, 당시 조정의 학술고문이었던 채옹에게 "부디 학리學理를 상세하게 써서 밀봉한 뒤 올리도록 하라"는 하명이 있었다.

상주문上奏文은 개봉한 채 제출하는 것이 보통이었는데, 특별히 '밀봉'이라는 단서가 붙어 있었다고 한다.

채옹은 그런 천변지이가 일어나는 것은 모두 망국의 조짐이라고 생각했는데, 예컨대 "소인배들이 고위직에 있어서 부른 화를 살피셔서, 그들을 물리치고 현자에게 그 일을 맡기도록 하셔야 합니다"라는 내용 등을 상주문에 썼다.

채옹 정도의 학자가 괴변과 정치의 관계를 서로 연결지어 생각했다고 보긴 어려우나, "관계가 있다"고 간주해서 황제에게 충언을 간하는 기회로 생각했을지도 모르겠다.

영제는 채옹의 글에서 마음에 짚이는 바가 많았기 때문에 탄식할 뿐이었으나, 환관 조절曹節이 이 비밀 상주문을 훔쳐봤다. 그리고 보복을 획책했다.

즉 있는 일 없는 일을 문서로 꾸며 뿌리면서 온갖 참소를 다했다. 그 결과 황제 정무관으로부터, 채옹은 "충의로운 신하를 원망하고, 대신을 비방하는 등 지극히 불경스러운 자다. 효수형에 처해야 한다"는 탄핵을 당했다.

구명 탄원도 있고 해서 겨우 사죄死罪는 면했으나 가족과 함께 유형 처분을 받았다.

이윽고 은사恩赦의 기회를 얻어 수도로 돌아가게 됐으나, 그 송별연 자리에서 또 환관의 감정을 건드려 자객에게 쫓기는 처지가 됐다. 그걸 살핀 채옹은 오吳나라 태산太山의 양씨羊氏라는 인물에게 부탁해서 멀리 오나라 회계會稽로 망명했다. 그리하여 가련하게도 12년을 그 땅에서 보내게 됐다.

그런데 은사라는 조치는 주周나라 시대의 제도를 적어놓은 『주례周禮』 이래의 전통적인 제도라고 한다. 은사의 법은 지금도 있지만 법적으로 모순을 품고 있어서 탐탁지 않다.

채옹의 모친은 오래 병상에 누워 있었다. 그는 잠시도 그 곁을 떠나지 않고 병구완을 했고, 어머니가 죽자 그 묘 앞에 오막을 짓고 살면서 복상服喪했다. 나중에 그 오막 근처에 두 그루의 나무가 자랐는데 어느 틈엔가 그 가지가 서로 붙어 연리지가 됐다. "참으로 드문 일이다. 서것은 채옹이 어머니를 생각하는 마음이 드러난 깃"이라는 소문이 퍼졌다고 한다.

하지만 그런 드문 일이 실제로 있었다. 시마네현 마스다시益田市의 다카쓰高津 해변에는 줄기와 같은 굵기의 가지가 줄을 지어 도리이鳥居(신사 입구에 세우는 기둥문 - 역주)와 같은 모양이 된 소나무가 있어서 연리송連理松(국가 지정 천연기념물)으로 불렸으며, 나도 본 적이 있다. 그 뒤 소나무 해충에게 당해서 고사하고 말았다는 얘기를 들었다.

# 8. 채문희 [문희귀한]

채옹의 딸 채문희蔡文姬(채염蔡琰)의 이야기를 써보겠다. 『삼국지』 전편의 관점에서 보자면 관계가 없다고 해도 좋을 비중이지만 그 슬픈 이야기는 곧잘 그림의 주제가 된 모양으로, 〈채문희의 귀한〉을 주제로 한 많은 작품들이 있다. 거친 『삼국지』 이야기 속에 이 삽화가 들어 있는 것은 어쩐지 위로가 되는 느낌이다.

192년, 채옹은 옥사했다. 그의 딸 채문희는 아버지에 뒤지지 않는 박학의 재원才媛으로, 특히 음악에 뛰어났다. 위중도衛仲道라는 사람에게 시집을 갔으나 남편이 죽고 아이도 없었기 때문에 고향에 돌아와 있었는데……

194년경 낙양洛陽을 공격해온 북방의 이민족 호胡·강羌의 군사들은 남자들을 죽이고 여자들은 납치해 갔다. 납치당한 문희는 남흉노南匈奴 좌현왕左賢王의 처가 돼 두 명의 아이를 낳고 그 땅에서 12년을 살았다.

채문희는 습관도 의례도 다른 이민족 땅에서 슬픈 나날을 보내고 있었는데, 어느 날 조조가 보낸 사자(둔전사마屯田司馬 주근周近)가 그녀를 맞이하러 왔다. 이런 생각지도 못한 일이 벌어질 줄은…… 문희는 매달리는 아이들과도 이별하고 돌연 귀로에 오른다.

이때의 일이 시로 지어져 『삼국지 별권』 속에 실려 있다. 그 시를 구어적으로 무리하게 읽자면 대체로 다음과 같은 의미가 된다.

흉노의 세계에는 피도 눈물도 없었네
겨울엔 눈이 내리고 서리가 마음까지 얼렸네
봄도 여름도 호풍은 거세게 내 옷을 날리고 소리를 내며 귓전을 스쳤네
고향을 그리지 않은 날이 없었고 눈물이 마를 날도 없었네
중국에서 사람이 온다는 소식을 들을 때마다
혹시나 하며 부모의 소식을 물었으나 언제나 고향 사람은 아니었네
그런데 돌연 나를 맞이하러 사람이 왔네
정말 생각지도 않은 일
나는 풀려나 자유로운 몸이 되는 것인가

하지만 아이들을 데려갈 수 없네
지금 아이들을 버린다면 언제 다시 만날까 이제 영영 만날 수 없을지도 모르네
"엄마는 꼭 돌아올 거야" 하고 말해주는 사람도 있지만
아이들은 매달리며 "엄마 어디에 가는거야" 하고 묻네
"언제나 고운 엄마였는데"
"사람이 변한 것 같아 어떻게 된 거야?"
"우리는 아직 아이들인데 왜 함께 데려가 주지 않는 거야?"
매달리며 자꾸 말하네
환송해주는 사람도 떠나가는 나도 모두 눈물만 흘리네
나는 이 고통을 억누를 수 없네
그저 울면서 아이들의 머리를 쓰다듬을 수밖에 없네
함께 붙들려온 여자도 와서 이별을 고하며 부러워하며 울부짖네
말이 움직이지 않고 마차 바퀴도 굴러가려 하지 않네
아, 나는 미칠 것만 같네

나중에 등장하는 위의 조조는 채옹의 자손이 끊어지는 걸 애석해하며 흉노에 사자를 보내 돈과 보물을 주고 채문희를 되사와서 동사董祀와 재혼시켰다.

둔전도위屯田都尉였던 동사가 그 뒤 누명을 쓰고 사형을 선고받았을 때 채문희는 남편의 무죄를 호소해 사함을 받았다는 삽화도 있다.

채옹의 장서 4천여 권은 이리저리 흩어져버린 게 많지만 문희는 그중 4백여 편을 외우고 있었다. 조조가 그것을 문자로 바꿔 확보했기 때문에 채옹의 글이 오늘날까지 전승됐다. 그림 속에 쓴 시는 후세의 사람들이 채문희에 가탁해서 지은 위작이라는 얘기도 있다.

黃巾蜂起 [하북성 거록]

황후 일족, 환관, 대신 등의 끝없는 암투는 기아로 고통받는 민중의 대규모 봉
기를 촉발시켰고, 들판에 가득했던 농민들의 불만은 태평도의 교조 장각에 의
해 규합됐다. 각지의 농민들은 황색을 봉기의 신호로 삼아 거록에 집결했다.

# 9. 푸른 하늘 끝나다 [황건봉기]

178년, 영제와 그의 모친 동태후董太后의 배금주의가 모습을 드러냈다.

여러 관직의 지위 고하에 따라 임관할 때 돈을 받기로 했다는 얘기다. 지방관들도 이를 흉내 내 돈을 징수했다. 그렇게 해서 부임한 관리는 그 돈을 되찾기 위해 인민들을 희생 제물로 삼았다.

179년, 사마의司馬懿가 태어났다(위魏의 중신으로, 3국을 통일한 사마염司馬炎의 조부. ~251).

181년, 영제는 후궁에 시장을 만들어 놓고 놀았다. 자신은 상인으로 분장하고 여관女官은 판매원 역할을 하게 해서 서로 물건 훔치기를 하며 즐겼다. 또한 개에게 문관의 정장을 입혀 놓고 재미있어했다고도 한다.

그해에 제갈량諸葛亮(촉蜀의 승상, 자는 공명孔明)이 태어났다.(~234)

182년, 손권孫權(오吳의 황제)이 태어났다.(~252)

184년, 영제의 방탕과 매관매직은 당연하게도 민중을 고통에 빠뜨린 원인이 됐고, 농촌은 피폐 일로로 치달았다.

도교道教의 교설을 설파하는 태평도太平道의 사도 장각張角의 신도들이 봉기했다. 그런데 이 교설은 일제히 봉기하기에 좋은 조건들을 지닌 독자적 신흥종교였을 것으로 짐작된다. 그들이 신봉하는 종교는 강한 연대감을 낳았고, 가난이라는 공통 의식은 쌓이고 쌓인 인종忍從 때문에 폭발적인 투쟁심을 비축하고 있었다. 그들은 누런 두건을 머리에 두르고, 누런 깃발을 내걸고 자신들의 존재를 과시했기 때문에 자타 모두 '황건黃巾'이라고 불렀다.

거록鉅鹿(하북성 평향현平鄕縣. 그 옛날 항우項羽가 진의 대군을 쳐부순 곳)의 장각이 그 수령이 되어 태행太行산맥 형태邢台(지금의 하북성 형태시邢台市)의 산중에 들어가 사령부를 만들고 거기서 전국에 지령을 내렸다. 장각은 '태현양사太賢良師'라 자칭하며 실로 교묘한 신흥종교 수법으로 조직을 강화하고 지휘 계통을 정비했다.

황건의 무리들은 단결력도 신앙심도 두텁고 실제로 병이 낫는 자도 있었으며, 학대받은 자도 이 신앙의 단결 가운데 있으면 안정을 되찾을 수 있었다. 장각의 예언은 일종의 뜬소문이 돼 그들 사이에 퍼져나갔다.

황건군은 일종의 농민봉기지만 일본의 농민봉기와는 언뜻 보아 비슷하나 다른데, 배경에는 종교적이기까지 한 비장감이 있다. 먹고 살기 위한 싸움이기도 하다. 전투원은 많아서 꼬리에 꼬리를 물고 솟아나오듯 배출된다. 아마추어여서 전투 훈련 따위는 없다. 수는 많은데 실전에는 약하다. 조정에 대한 충절 같은 대의명분은 없다. 있다면 종교인데, 세상을 바로잡겠다는 신념이다. 이룰 수 없는 꿈을 위해 싸우는 것이니 참으로 가련하다.

창천蒼天의 때는 끝나고, 황천黃天의 시대가 온다

그것은 갑자甲子년, 천하는 태평해질 것이다

이 주문과 같은 소문은 대중의 마음을 파고들었다.

이야기를 다시 채문희를 납치한 흉노와 강족에게로 돌려, 강羌이라는 문자에 대한 벼락공부에 대해 써보려 한다.

羌이라는 글자는 양羊과 사람人이 하나로 결합한 형태다. 이 글자는 고대 목축민을 가리키는데, 그들은 중국 서북 지방에서 유목 생활을 했다(티베트계 소수민족으로, 고대 한족의 선조라는 설도 있다). 새외塞外라는 말이 있는데, 예의 장성長城 바깥이라는 의미다. 새외의 유목민은 양과 함께 초원을 옮겨 다닌다. 새내塞內의 사람들은 농경민족이기 때문에 정착 생활을 한다. 동動과 정靜으로 생활문화가 다르고, 농경인은 새외로 나가 경작지를 만들고 씨앗을 뿌리고 싶어 한다. 이것은 새외의 목초를 침식할 뿐 아니라 생태계를 파괴하는데, 땅은 한번 파헤치면 그곳은 다시는 초지로 되돌아가지 못한다고 한다.

한편 교역이라는 관점에서 보면, 서로에게 없는 것을 보충하는 게 좋다. 평화로운 때는 그럴 수 있지만 변덕스러운 천변지이 때문에 때로는 양식을 구하기 위해 농경지에 침입할 수밖에 없는 경우도 있다. 강족이 나쁘다는 인상은 한의 입장에서 보기 때문이라는 의미도 있다. 기마騎馬로 침입해서 바람처럼 달아나버리기 때문에 지키는 쪽이 어렵다. 기원전부터 『삼국지』 시대에 걸쳐 강족 및 흉노와의 알력이 특히 많았다고 한다.

鉅鹿山塊 [하북성 영소산]

황건 봉기의 사령부는 거록의 서쪽 태행산맥 속의 영소산에 세워졌다. 첩첩이 쌓인 지층의 산
괴는 스케치를 하는 나에게 황건의 의지를 강하게 호소하는 듯한 느낌을 주었다. 황건을 진압
하기 위해 출동한 관군들 중에서 이윽고 조조, 유비 등의 영웅들이 두각을 나타내게 된다.

# 10. 황건의 깃발 [거록산괴]

지금의 북경에서 그리 멀지 않은 곳에 거록시距鹿市가 있다. 황건군 사령부였던 요새는 서쪽의 태행산 깊숙이 들어간 곳에서 자동차도로가 갑자기 공사 중단 상태가 되면서 다다르게 된다. 앞서 가던 붉은 화물차는 냇물 얕은 여울 쪽으로 무턱대고 들어갔다가 아니나 다를까 물속에서 고장이 나 공사장 인부들 손을 빌려서야 내를 건넌 뒤 가까스로 마을에 도착했는데, 돌아갈 때는 어떻게 할지 좀 걱정이 됐다.

마을 사람이 가리키는 먼 산 능선의 약간 기복이 있는 중턱 근처가 주술사 장각이 웅거하고 지령을 내리던 근거지인 영소산靈霄山이라고 했다.

석회질 산들이 겹치면서 다이내믹한 습곡褶曲 지형을 연출하고 있었다. 산 끄트머리에는 약간 큼직한 노송나무처럼 보이는 나무가 눈에 띄었다. 마을사람에게 그 나무 이름을 물어보니 '柏(떡갈나무)'이라고 써보였으나, 그건 아닌 듯했다. 나는 떡갈나무 잎 그림까지 그려 보이며 저항했으나, 동행한 나카무라 스나오는 "그들이 떡갈나무라고 쓰는 것을 우리가 노송나무라고 해도 그뿐, 이상할 것 없다"고 했다.

나중에 시바 료타로의 『가도를 가다街道をゆく - 중국·강남 길』의 '보대교宝帯橋' 장에서 재미있는 구절을 만났다.

"우리는 중국에서 한자를 차용해서 그 고유 언어에 융합시켜 독자적인 언어문화를 만들었으나, 성城이라는 문자를 잘못 사용하고 있는지도 모른다. 점鮎이라는 문자는 중국에서는 메기를 가리키지만, 일본에는 문자만 건너왔기 때문에 그와는 전혀 다르게 은어가 됐다. 백柏이라는 글자는 중국에서는 상록수인 회檜(전나무 또는 노송나무)를 가리킨다. 그러나 그게 일본에 와서는 낙엽수인 떡갈나무가 됐다. 성城도 그와 다르지 않다."(성에 대해서는 시바의 책을 읽어보시기 바란다)

때마침 태행산 기슭 집들의 지붕에는 수확한 옥수수를 말리고 있어서, 모두 노란색 기와지붕을 기치로 내걸고 있나 싶었지만, 마을 사람들에게 황건적 따위를 연상하고 있을 여유는 없었다.

전면적인 봉기는 3월 5일로 정해졌고, 장각의 부하 마원의馬元義는 조정 내에서 호응하는 환관과 밀약도 맺어 은밀히 봉기의 때를 기다렸으나 장각의 제자 당주唐周라는 남자가 배신해 이 계획을 밀고했다. 마원의는 낙양 거리에서 거열형車裂刑에 처해졌다. 거열이라는 형벌은 죄인의 다리를 각기 다른 수레에 하나씩 묶은 뒤 수레를 움직여 몸을 찢어 죽이는 잔혹한 형벌이다.

초조해진 장각은 차남과 막내아우를 장군 자리에 앉히고 격문을 날려 전면 봉기 명령을 내렸다.

황건군은 정부 관련 관공서, 청사 등을 불태우고 닥치는 대로 약탈했다. 전국 각지에서 호응하는 움직임이 커지자 지방관들 대다수는 도망쳤다.

이 봉기에 대처하는 조정에서는 먼저 하진何進을 대장군에 추대했다. 그는 영제의 후인 하황후何皇后의 배다른 오빠였다. 근위좌군지령近衛左軍指令의 황보숭皇甫嵩은,

1. 당고黨錮의 금禁(청류파 추방)을 해제할 것, 그렇지 않으면 청류파 지식인들이 황건군과 손을 잡을 우려가 있었다.

2. 또한 황제가 쌓은 재물을 군인들에게 줄 것,

   등을 진언했다.

3월 무렵, 황보숭의 군대는 마을의 사당에서 농성하다가 황건군에게 포위당했으나, 주준朱儁, 조조 등의 도움을 받아 황건군을 격파하고 대반격의 계기를 잡았다.

6월, 노식盧植은 광종현廣宗縣에서 장각을 공격했으나, 전장에 시찰 나온 환관의 말을 듣지 않았고, 환관 좌풍左豊은 황제에게 참소해 노식을 단죄하게 만들었다. 동탁董卓이 그 자리를 이어받았으나 전과를 올리지 못했다.

7월, 장수張脩를 우두머리로 하는 '오두미도五斗米道'(일종의 도교적 신흥종교) 일파가 서쪽 한중漢中 땅에서 봉기했다.

10월에는 황보숭이 장각의 동생 장량張梁 군을 격파했다. 장각은 그때 이미 살해당한 상태였다. 이 토벌 작전에서 목숨을 잃은 황건군의 수급이 10여만에 이르러, 주검을 쌓아올려 본보기로 보여주려는 무덤산을 만들 정도의 전과를 올렸다고 한다.

宋都御街 [하남성 개봉]

황하 유역에 있는 개봉은 고래로 중국의 북방과 남방을 잇는 대운하의 요충지로, 북송의 문인 ᴬᴰ 황제 휘종徽宗 시대에 번창했다. 지금 그 시가지가 복원돼 있어서 그 시절을 추억할 수 있다. 즐비한 화구상 한 곳에서 중국제 동양화용 비단을 손에 넣었다.

# 11. 〈청명상하도〉 [송도어가]

취재 관계로 개봉開封에서 하루 묵기로 했다.

별로 기대하지 않았는데, 내가 묵은 방에서 시내를 내려다보니 흰 지붕들이 복잡하게 겹치는 등 어떻게든 개봉의 전통을 부활시키려 했다는 느낌을 주는 거리 풍경이 눈에 들어왔다.

나카무라 스나오가 "비교적 최근에 예의 다리 기초가 발견된 듯하다"고 했다. '예의'라는 긴 국보 〈청명상하도淸明上河圖〉에 묘사돼 있는 태고교太鼓橋를 말하는데, 다리 양 옆에는 가게들을 지어 놓았을 정도로 호화로운 다리였다.

이 두루마리 그림은 몇 차례의 전란을 겪으면서 때로 행방불명이 되기도 했으나, 지금은 베이징 고궁박물원에 소장돼 있다. 나는 아직 실물을 보지는 못했으나 복제품이 엄청 많고, 최근에는 인터넷으로도 볼 수 있게 됐다.

옛날 개봉은 황하 인근의 큰 도읍이었다. 전국시대 위魏의 수도였던 적도 있으나 진秦에 멸망당해 황폐해졌다. 『삼국지』에 나오는 진류왕陳留王의 영지는 이 부근 일대에 있었다.

그 뒤 송宋의 수도로 약 3백 년의 번영을 누리며 도예, 회화, 건축, 기예 등 문화의 난숙기를 맞는다. 나는 중국 회화 중에서도 이 시대의 작품을 가장 좋아한다.

도회지의 번창을 얘기할 때 '번영의 절정'이라는 말을 하지만, 그 한 시절의 개봉에 딱 들어맞는 말이라고 생각한다. 이렇게 얘기할 수 있는 것은, 내가 폭 24.8센티미터 길이 528센티미터 〈청명상하도〉를 뚫어져라 들여다봤기 때문이다. 같은 이름의 모작模作이 여럿 있으나 장택단張擇端이 그린 원 작품을 능가하는 것은 없다.

강에는 배가 떠 있고, 거리의 사람들이 기예를 즐기는 풍요로운 생활 등 몇 번을 봐도 물리지 않는다.

강은 황하에서 끌어 온 운하인 변하汴河인데, 나중에 황하는 몇 번이나 범람해 그 위치가 크게 바뀌었다. 토사가 마을을 덮쳐, 앞서 얘기한 다리는 6층이나 되는 지하에서 발굴됐다고 한다. 즉 청명상하도에 묘사된 개봉은 완전히 지하에 매몰돼 있었던 것이다.

만약 이 그림을 본 내가 장택단 화백 생존 당시에 살았다면 어떻게든 그 문을 두드렸을 것이라는 몽상을 한다.

여담이지만 이 도시를 안내해 준 나羅씨는 말했다. "개봉에는 송나라 시대에 이민을 온 유대인 자손들이 이름도 중국식으로 바꿔 살고 있다. 그래서 유대인 단체가 관광을 오고, 절이나 기타 건조물 중에는 유대 문화의 흔적을 볼 수 있는 것이 있는 것 같다."

그날 우연히 중국인과 함께 이곳으로 걸어오던, 유대인 후예라고 생각할 수밖에 없는 사람을 봤다.

키가 엄청 크고 수염을 기르고 있었다. 약간 구부정한 자세로 모직 스웨터를 입고 있었다. 스치듯 지나갔을 뿐이지만, 아, 나씨가 얘기한 게 이런 사람들인가, 하는 생각과 함께 개봉의 번영을 떠올렸으나, 그건 천 년이 지난 옛 얘기로, 그 유대인 후예는 이름도 쓰는 말도 완전히 중국인이 돼 있을 것이라는 감회에 젖은 것은 퍼뜩 정신을 차린 뒤였다.

리비 히데오가 쓴 『국경을 넘는 소리越境の声』에 '천년기 성시千年紀城市를 향하여 - 중국인이 된 유대인을 찾아가는 여행'이라는 장이 있다.

리비 히데오도 개봉을 방문했었다. 하지만 목적지는 쉽게 찾을 수 없었고, 가까스로 어느 택시 운전수를 만났다.

"병원 깊숙한 곳에 있는 오랜 건물 안으로 안내됐다. 그곳은 병원 보일러실이었다. 폐자재와 석탄을 밟으며 안쪽 방으로 들어가자 어슴푸레한 빛 속에서 석탄 보일러가 있었고, 그 그늘에 기하학적인 문양을 그린 우물 뚜껑이 희미하게 보였다. 그것은 시나고그(유대 교회당)의 우물이었다. 1천 년 전부터 그 장소에 그들이 있었다는 걸 보여 주는 남아 있는 유일한 증거인 그 유적에 나는 마침내 도달했다."

그는 중국에 예닐곱 번이나 찾아갔어도 만나지 못했다는데, 나는 정말 우연히 길거리에서 유대인의 후예를 만났던 것이다.

太行結集 [하북성 형태]

황색 깃발을 앞세우고 태행산 속의 사령부로 모여드는 농민들. 그러나 황건군에게는 통솔력이 없어 와해 속도도 빨랐다. 취재차 찾아간 영소산 일대에는 큼직한 노송나무들이 이곳저곳에 눈에 띄었다. 그게 무슨 나무냐고 물어보니 그곳 사람들은 '떡갈나무'라고 말했다.

# 12. 『삼국지 빛나는 군상』 [태행결집]

185년, 황건군에 대한 황보숭의 분전은 눈부셨지만, 반란군이 그것으로 사라진 건 아니다.

예컨대, 도둑떼인 흑산군黑山軍은 장비연張飛燕을 우두머리로 황건군에 호응하면서, 황하 이북을 그들의 큰 세력으로 지배한 적도 있으나 결국 투항해서 관군의 장병이 됐다. 그러나 각지의 호걸 영웅과 제휴하는 불온한 존재임에는 변함이 없었다.

다카시마 도시오의 『삼국지 빛나는 군상』 중에 재미있는 대목이 있다.

"중국의 도적떼나 그 수령은 강하게 보이는 이름이나 근사한 이름을 붙였다. 그 무렵 황건적 일파로 백파白波(지금의 산서성山西省 남부)라는 도적떼가 있었는데, 상당히 큰 무리였다. 그 이름이 아주 근사해서 일본에서도 도적을 시라나미白波라 부르게 됐다. 흑산黑山(지명에서 따온 것)도 꽤 괜찮은 이름이다."

그렇게 보면 폭주족의 이상한 이름도, 영화 〈웨스트사이드 스토리〉 불량배들의 '샤크단' '제트단' 따위도 근사하게 이름을 붙였다.

덧붙이자면, 거기장군車騎將軍이라는 호칭 등도 전통적인 군직軍職에만 으레 붙이는 것이 아니라 일종의 아호雅號 같은 호칭으로 편의적으로 명명하는 경우도 적지 않다고 한다.

나중에 각기 삼국의 토대를 쌓게 되는 세 명, 즉 조조(31세), 손견(30세), 유비(25세)도 이 토벌에 가담했다. 그들은 황건군과 싸우면서 점차 힘을 키워갔던 것이다.

예컨대 계산상으로는 그해 30세가 된 조조는 기도위騎都尉에 임명돼 영천潁川(황하의 지류 영천. 개봉의 서남쪽)의 황건적을 토벌하고, 제남국濟南國의 상相(집정장관)으로 승진했다. 이제 그의 역할을 보자면, 당시 관리들의 뇌물 부패가 횡행하고 대중을 꾀는 요상한 종교가 창궐했는데, 조조는 6백 개가 넘는 허술한 사당들을 해체하고 돈이 드는 기생집 출입을 일절 금지하는 등 일대 숙정 작업을 벌였으며, 대중을 유혹하는 제사를 엄금했다. 구린 데가 있는 악인들은 도망을 갔다.

그 옛날에 이학부理學部에서 공부했을 리도 없고, 또 배웠더라도 합리 정신이 몸에 배었을 리도 없는데, 미신에 휘둘리지 않고 이성적으로 행동할 수 있었던 조조를 나는 존경한다.

186년, 조정은 장온張溫을 거기장군으로 삼아 반란군 변장邊章을 토벌하도록 명했다. 그때 장온은 손견을 참모로 두었다. 장안長安에 당도한 장온은 칙명에 따라 동탁을 소환하려 했으나 동탁은 대답도 하지 않다가 이윽고 돌아온 뒤에도 반항의 기색이 역력했다. 손견은 그때 동탁을 참수형에 처해야 한다고 우겼다. 장온은 동탁의 실력을 알고 있었기 때문에 "잠시 상황을 보자"고 말했다.

187년, 손견이 건의관建議官으로 승진했다. 그 무렵 장사長沙에서 일어난 구성區星의 반란군과 영릉零陵, 계양桂陽에서 구성에 동조해서 반기를 들었던 주조周朝, 곽석郭石 등을 토벌했다. 조정은 손견을 장사長沙 태수로 기용했고, 다시 오정후烏程侯에 봉했다.

같은 해 경비耿鄙라는 사람이 양주涼州 자사刺史로 왔다. 그때 일에 대해서는 『삼국지 빛나는 군상』 이외의 책에서는 읽어 본 적이 없다. 그리고 이 책은 의심 많은 내 감성에 딱 들어맞았다.

어쨌거나, 그 책에서는 좌창左昌이라는 당시 자사가 난을 진압한다는 구실로 군자금을 모아 몽땅 자기 주머니에 넣어버렸다고 했다. 이와 비슷한 뉴스는 지금의 일본에서도 끊이지 않고 있으니, 그냥 입 다물고 있을 수는 없다.

그래서 그는 파직되고 대신에 송효宋梟라는 사람이 부임했다. 그래서 어떤 일이 벌어졌느냐 하면, 반란이 계속 일어나는 걸 안타까워한 이 사람이, 이는 "도덕 교육이 제대로 돼 있지 않아서 그렇다"고 생각한 나머지 『효경孝經』을 잔뜩 필사하게 해서 한 집에 한 부씩 나눠주려고 했다. 부하인 개훈蓋勳이라는 자가 "그건 너무 한가한 얘기 아닙니까" 하고 간언했으나 송효는 아니, 그렇게 하겠다며 조정에 보고했고, 조정은 어이가 없어 곧 그를 파직했다고 한다.

교육 지도자 중에는 때로 송효와 비슷한 짓을 하는 경우가 있다.

露天市場 [하북성 한단]

후한 말, 성내에 시장이 서는 날은 주변 마을이나 도회지에서 다양한 물자들이 모여들어, 그 번창함이 아마도 이런 식의 활기 넘치는 광경을 자아냈을 것으로 상상해서 그렸다. 그러나 성 바깥에는 이미 동란의 시대가 소리 없이 다가오고 있었다.

# 13. 면종복배 [노천시장]

오늘날 일본에서도 "젊은이들의 말이 어지럽고, 공공도덕이 어지러워진 건 텔레비전 탓이다. 도덕 교육을 철저히 해야 한다"고 단순하게 얘기하는 경향이 있다.

텔레비전을 비롯한 미디어의 보도는 시청률이라는 계산이 개입돼 있어 사실과 허구를 교묘하게 혼합하는 연출이 이뤄진다.

상업광고는 특히 선남선녀들의 정신을 흐리고 열광시켜 진실을 바로보지 못하게 한다. 미디어에도 문제가 있지만 이를 받아들이는 쪽이 냉정하고 비판적인 시각을 갖는 것이 가장 중요한데, 이는 전쟁 전부터 학습해 온 것이지만 아직도 바뀐 게 없다.

젊은이들에게 예의범절, 예컨대 인사하는 법을 가르쳐도 "그 사람에게 진심으로 사람을 공경하는 진정성은 어떻게 가르쳐야 하는가, 모양새만으로 되는 것이라면 면종복배面從腹背라도 좋다는 것인가"라는 걱정을 나는 한다.

예전에 "군인은 충절을 다 바치는 것을 본분으로 삼아야 한다"를 암송하고, "우향~우!" "발맞춰, 하나 둘 하나 둘"을 했던 군사교련은 마음을 문제 삼지는 않았다. 마음을 비우고 몸만 명령에 따르도록 하는 훈련이 군사교련이었다. 속으로 반항하더라도 표면적으로 따르기만 하면 문제없다는 사고방식일 것이다.

졸업식 등에서 〈기미가요〉 제창이나 국기에 대한 경례를 하지 않는 교사에게 벌칙을 부과하기까지 하면서 그것을 강제하는 것은 헌법이 보장하는 사상 신념의 자유에 대한 위반이라는 판결이 나왔다(2006년 9월22일, 도쿄 지방법원). 그리고 처벌을 받은 사람에게 배상금을 지불하라고 했다. 도쿄도 교육위원회는 놀란 모양이다.

"국가를 부르지 않는 자는 처벌한다"고 하면 소중한 국가나 국기를 지겨워하고, 귀중한 국기나 국가가 '싫은 것'이라는 인상을 고착시킬 우려가 있다. 애국심이라는 것도 마찬가지인데, 축구 응원에서 보듯 일본이 졌으면 좋겠다고 생각하는 일본인은 정말이지 없을 것이다.

애국심은 태어나면서 누구나 갖게 되는 것이므로 이것을 억지로 지도해서 배양하려고 하면 애국심에 대한 독특한 해석이 만들어지기 시작한다.

축구 게임에서 이겼을 때처럼, 내버려둬도 국가를 부르거나 국기를 휘날리고 싶어하고 자기 나라에 긍지를 갖도록 상황을 조성하는 데 힘을 쏟아야 하지 않을까.

188년 10월, 청주靑州(산동성山東省), 서주徐州(강소성江蘇省)의 황건군이 다시 봉기해 각지의 관청들을 습격했다.

그때 지방 호족 공손찬公孫瓚이 분연히 일어나 싸워, 적을 패주시켜 황하에 몰아넣고 일제히 공격을 가해 적군 수만 명을 죽이고 7만 명을 생포했다. 포획한 무기와 식량을 헤아릴 수 없을 정도의 큰 전과였다.

그 무렵의 군사 기록은 부풀리는 게 보통이었다고 하지만, 그걸 감안하더라도 대단한 전과를 올렸던 것으로 보인다.

또한 그해 장안에서 가까운 부풍군扶風郡 서쪽 진창陳倉의 성城이 왕국王國(양주凉州의 도둑떼)의 군에 포위당했다.

그때 황보숭이 좌장군에 기용됐고, 앞서 얘기한 장군 동탁은 그 지휘 아래로 들어갔다.

동탁은 "곧 구원부대가 돼 진창으로 급히 진군하겠다"고 말했다.

황보숭은 "진창은 성이 작고 지키기가 어렵다. 왕국의 군대는 강대하지만 성을 부술 힘은 없다. 좀 더 기회를 보는 게 좋겠다"고 해 서로 의견이 대립됐다.

실제로 80여 일에 걸친 포위에도 불구하고 함락되지 않았기 때문에 왕국군이 포위를 풀 낌새를 보였다.

그때 황보숭이 출격을 명하자 동탁은 "굶은 쥐 고양이를 문다는 얘기도 있다. 더구나 상대는 대군이 아닌가"라며 계속 황보숭과 대립했다.

황보숭은 자신의 군대만 이끌고 출격했다. 적장은 패주하다 죽었다. 대승을 거뒀다.

이 일이 있고 나서 황보숭과 동탁의 알력은 응어리로 남게 된다.

衆民危急 [하남성 낙양]

그림은 사천성 성도(成都) 시내에 즐비한 청나라 때 집들의 풍경 스케치. 이 풍경을 염두에 두고 후한 때 낙양 성 서민 생활을 상상해서 그렸다. 찐만두를 파는 가게, 투계(鬪鷄)에 열을 올리는 사람들…… 그러나 낙양은 머지않아 동탁의 무법군단에 의해 불바다가 된다.

# 14. 짐독 [중민위급]

이야기를 조금 앞으로 되돌려 보자.

영제靈帝의 두 번째 황후는 하何라고 불린 하층 계급 출신이었다. 그녀는 나중에 등장하는 하진何進의 배다른 누이였는데, 후궁으로 들어가기 위해 많은 뇌물을 뿌렸다는 소문이 돌았다.

그녀는 황자皇子 변辯을 낳았다. 그 뒤 180년에 황후가 됐고 부모 등 가족들도 관작을 받았다.

황건의 난이 평정된 뒤 고위 관료들로 새로운 세력을 이룬 황보숭, 주준, 원술袁術, 동탁 등으로부터도 추대받아 하진은 대장군이 됐다. 물론 누이의 후광 덕을 크게 본 것임은 두말할 것도 없다.

한편 왕미인王美人(미인이란 말은 후后의 지위에 붙이는 호칭)이 영제의 아들을 뱄다. 그런데 만일 남자 아이라면…… 그녀는 기쁨보다는 하황후의 질투가 두려워 약을 먹고 아이를 유산시키려 했을 정도였다. 그래도 왕미인은 꿈이 너무 좋아 눈 딱 감고 아이를 낳았다.

아들로, 협協이라고 이름을 지었는데, 걱정하고 있던 일이 현실이 됐다. 왕미인은 하황후에 의해 독살당했다. 격노한 영제는 하황후의 폐위까지 생각했으나 환관들의 무마로 단념했다. 남겨진 협 황자는 영제의 어머니 동태후의 손에서 자랐다.

『삼국지』에는 독살 장면이 자주 나오는데, 짐독鴆毒이라는 약을 사용한 듯하다. 『혹형酷刑』이란 책에서 그 짐독에 대한 설명을 읽었다.

"(요약) 짐鴆은 매보다 좀 크고 검은빛 나는 보라색 깃털. 긴 머리, 붉은 부리. 전설에 따르면 짐은 오로지 독사만 먹기 때문에 그 독이 체내에 침투하고 축적돼, 짐이 물을 마신 연못 주변에 있는 벌레들은 그것만으로 모두 그 독에 중독돼 죽었다. 이 짐의 깃털을 술에 담가 두면 독주가 된다. 이른바 짐주鴆酒로, 극소량만 마셔도 죽는다."

"(발췌) 오늘날 화학무기의 발전은 상상을 초월하는 각종 화학무기를 만들어냈고, 짐독은 이미 지난 역사의 산물이 돼버렸다. 짐이라는 새의 존재도 이미 분명하지 않다"고 그 글은 끝맺고 있다.

짐독이란 무엇인가? 비약秘藥이긴 한데 마법의 약은 아니며, 실제 효과가 있었다고 봐도 좋겠다.

188년, 하진은 조정의 위광을 안팎에 과시하기 위해 대규모 관병식을 행했다. 그리고 영제의 경호를 주로 하는 근위군이 조직됐는데, 그때 총사령관이 환관 건석蹇碩으로, 대장군인 하진보다 지위가 높았다. 하진이 환관 토벌의 일익으로 동탁을 부른 것이 그해였다.

189년, 병석에 있던 영제는 협 황자(나중의 헌제獻帝)의 장래를 염려해 건석에게 "협의 장래를 부탁한다"는 말을 남기고 죽었다. 부보를 접한 하진은 서둘러 달려갔으나 영제의 속마음을 파악한 건석은 하진을 없애버리기로 결심했다. 이런 낌새를 알아챈 하진이 가까스로 위기를 벗어난 사건이 있었다.

순리에 따라 변辯 황자(소제少帝)가 후계자가 되고 하황후가 후견인이 됐으며, 하진은 중요한 정무직을 맡게 됐다.

하진은 "환관을 다 제거해버려야 궁정의 정화가 완수된다"고 생각하고 하황후에게 종종 진언했으나, 하황후는 경험을 통해 보더라도 "역사적인 존재인 환관은 필요악이다"라고 생각하고 하진에게는 늘 자제하도록 당부했다.

왕미인 독살사건 때 환관들의 중재로 사건을 무마한 사실을 나는 떠올렸다.

그러나 하진은 조정의 실권을 장악하고 나서 단호하게 환관을 배제하겠다는 결의를 다졌다. 그와 똑같은 생각을 했던 원소袁紹를 비롯해 원술, 순유荀攸 등 뛰어난 인재들이 모였다.

근위군을 통솔하던 건석은 밀서를 돌려 하진의 책모를 자충수로 만드는 비책을 짰다. 곽승郭勝이라는 환관이 그 밀서를 손에 넣었는데, 하진과 동향으로 친한 사이였기 때문에 이 밀서의 내용을 하진에게 흘렸다. 건석은 즉시 체포돼 처형당했다.

何進暗殺 [하남성 낙양]

낙양의 왕궁을 무대로 외척, 환관, 대신이 서로 뒤얽혀 싸우는 암투는 파국을 향해가고 있었다. 황건의 난이 일어난 지 5년, 영제가 붕어하자 하태후의 오빠 하진은 환관들의 추방을 꾀했으나 오히려 궁중에서 암살당했고 정국은 더 한층 걷잡을 수 없이 혼란스러워진다.

# 15. 하진 암살 [하진암살]

환관 주살誅殺에 관한 계획을 들을 때마다 하황후는 환관을 감쌌다.

하진의 동생 하묘何苗도 환관의 주살에는 반대했다. 하진은 주살을 주저하면서도 원소를 경시총감 자리에 앉혔다. 원소는 지방 무관에게 환관들의 움직임을 감시하게 하고 동탁에게 군을 움직이도록 재촉했으며, 대장군 하진의 명령이라고 속이고 환관의 친족 체포까지 강행했다.

그러나 환관들도 실로 만만치 않았다. 거세했기 때문에 수염은 나지 않는다고 했으나 원래 남자였으므로 어엿한 체력을 지니고 있었고, 생각은 굴절돼 있었다.

환관 중에서도 고위직이었던 장양張讓은 하황후의 누이를 양자의 아내로 맞았다. 그런 인연으로 장양은 눈물을 흘리는 연기를 통해 하황후에게 호소했다. 하황후는 그 눈물을 진정으로 받아들이고 하진에게 충고를 했는데……

한편 점점 위기감에 사로잡혀 가던 장양 등은 어느 날 하진이 장락궁長樂宮으로 하황후를 찾아갈 때를 엿보며 궁중에 잠복하고 있다가 하진을 살해했다.

하진 암살의 책사 장양 등은 "하황후의 폐위를 무마한 게 누구였더냐, 궁정 안이 어지럽다고 하는데 청렴한 선비가 어디에 있단 말인가" 하고 마구 내뱉고 다녔다.

8월, 원소는 일거에 병력을 궁중에 투입하고 불을 질렀다. 환관으로 보이는 자는 사정없이 철저히 죽였고, 수염이 적은 보통의 남자들은 말할 것도 없고 "하진의 죽음은 동생 하묘 탓"이라고 보고 하묘까지 죽였다.

환관 장양과 단규段珪는 소제少帝와 진류왕陳留王(왕미인의 아들 협) 두 황자를 데리고 낙양 북문을 통해 도망가 이윽고 나루터에 당도했다.

왕윤王允의 명으로 급히 달려간 민공閔貢이 뒤쫓아 두 황자를 구출해 말을 구해 타고 마침내 북망산北邙山까지 가서야 본대와 합류했다.

189년 8월, 대장군 하진의 초빙을 받은 동탁은 수하의 부하들을 이끌고 낙양에 도착하고 있었다.

그러나 그 하진도 그때는 죽고 없었고, 환관들은 모두 살해당했으며, 이른바 외척 문벌도 붕괴돼 패권은 환관 주살군의 손에 장악돼 있었다.

원소, 원술, 조조(경시총감), 정원丁原(헌병대사령관) 등이 그 이후의 시대를 구축하려 하고 있었다.

황자들이 북망산에 있다는 사실을 안 동탁이 그 기회를 놓칠 리 없었다. 낙양 교외까지 가서 황자들을 빼앗아 낙양에 입성하려고 마음먹었다. 그것뿐이었다면 충신의 행동으로 봐도 이상할 것 없었으나, 동탁은 실로 '들개山犬'라는 별명을 얻을 정도의 인간이었다.

동탁을 인명사전에서 찾아보면 "삼국시대의 막을 연 일세의 효웅梟雄"이라고 돼 있다. 효웅이란 피도 눈물도 없는 용맹하기만 한 남자라는 의미다.

앞에서 "황자들을 빼앗아"라고 썼는데, 그 황자는 한 왕조 최후의 황제였다. 동탁은 소제를 폐하고(나중에 하태후와 소제 두 사람을 독살한다), 진류왕을 헌제로 옹립했다.

그때 새 황제는 10세였다. 어머니는 독살당했기 때문에 그는 그 얼굴도 몰랐다.

동탁은 제 마음대로 황제를 세우고 자신이 황제 자리에 앉은 거나 다름없이 굴었다. 천하는 어지러워지고 한 제국은 마침내 '삼국지' 시대로 전개돼 간다.

동탁이 언제 태어났는지는 확실하지 않다. 농서군隴西郡(감숙성甘肅省 동부 일대) 임도臨洮 태생. 젊었을 때 강족羌族 속에 들어가 여러 수장들과 사귀었다. 향리로 돌아와 있을 때 강족의 유력자들이 찾아왔다. 그는 농사일에 쓰던 소를 잡아 대접했다. 강족 사람들은 몹시 감격해 가축을 1천 마리 넘게 보내주었다.

나중에 농서군 관리가 됐을 때 호족胡族이 침입해 와 약탈하고 일하던 주민들을 납치했다. 젊었을 때 이민족과 사귀어본 경험을 살렸던지 동탁은 군을 이리저리 누비면서 지휘해 눈부신 전과를 올렸다. 그때 포상으로 받은 비단 9천 필을 "이것은 병사들 모두에게 주는 포상이다"라며 나눠주었다는 이야기도 전한다.

그를 그다지 좋아하지 않는 내가 보기에, 그것도 그런 인물들이 능수능란하게 구사하는 스탠드 플레이(스포츠에서 관중을 의식한 인기몰이 행동 – 역주)로 생각된다.

宦官誅殺 [하남성 낙양]

하진과 손을 잡은 원소의 반격은 빨랐다. 궁궐의 문들을 폐쇄해 퇴로를 차
단한 뒤 병사들을 궁중 깊숙이 투입해 환관들을 남김없이 살해했다. 영제
의 장남(변 , 소제)과 진류왕(협 , 나중의 헌제)은 환관들이 데리고 도망쳤다.

# 16. 병참기지 [환관주살]

184년, 최고사령관 장온張溫은 장군 주신周愼에게 황건적 추격 명령을 내렸는데, 그때 군사고문이었던 손견(나중에 오吳나라를 세우는 손권孫權의 아버지)이 주신에게 진언했다.

"유중楡中에는 곡물 재고가 없어서, 도적들은 군량을 바깥에서 조달해야 합니다. 제게 병사 1만 명만 빌려주십시오. 그들의 식량 보급로를 끊어 놓겠습니다."(『삼국지』)

그러나 주신은 이 의견을 받아들이지 않았기 때문에 매복 공격을 당해 군량마저 적의 수중에 떨어졌다. 동탁 군도 마찬가지로 강족, 호족 반란군에게 포위당했다. 그때 동탁은 물고기를 잡는 것처럼 위장해 퇴로인 강을 둑으로 쌓아 막고 병사들을 이동시킨 뒤 둑을 터서 강물이 일시에 쏟아지게 함으로써 추격자들을 강 건너편에 꼼짝 못하게 붙들어 놓았다. 그 싸움에서 관군은 뼈아픈 타격을 받았으나 동탁군만은 손실을 입지 않았다고 한다.

병량兵糧은 병기만큼 중요하다는 사실이 『삼국지』 곳곳에 기술돼 있다. 옛날부터 "배가 고프면 싸울 수 없다"는 말이 있지 않았던가. 태평양전쟁 때는 죽은 병사들 중 70퍼센트가 굶어 죽은 전장도 있었다고 한다.

기아 상태가 오래 계속되면 먼저 영양실조가 찾아온다. 예컨대 여러 내장들이 손상되기 시작하고 포만감을 관장하는 신경이 교란돼 먹어도 포만감을 느낄 수 없게 된다.

나는 이등병 시절에 그런 지경까지 간 경험이 있다. 그 반대로 거식증拒食症이라는 것도 있는데, 비슷한 증세로, 기아 증상은 그 둘 중의 하나로 시작된다. 그런 상태까지 가면 이미 뭐든 배부르게 먹으면 낫는 단계는 지났다. 오히려 먹고 싶다는 생각을 갖게 만드는 신경이 작동하지 않게 된다. 입원하는 수밖에 없는데, 그것이 불가능한 전장에서는 그 단계까지 가면 이미 굶어죽는 사태가 기다리고 있을 뿐이다.

"입고 먹는 것衣食이 충족돼야 예절을 안다"라는 말은 기아 체험에 바탕을 둔 것인데, 유감스럽게도 사실이다. 부족한 의식을 채우는 데 교양 예절 따위는 아무 소용이 없다.

"인육을 먹는다"는 무서운 사태에 눈살을 찌푸리지 않을 사람은 없겠지만, 그것은 잘 입고 먹는 사람들 생각이고, 기아 상태라는 특수한 상황에서는 그런 일도 벌어질 수 있다. 더욱이 내장이 교란되기 시작한 사람한테서 그런 염치나 예의를 기대하는 건 무리고, 그 일보 직전의 사태 판단이 가능한 사람들에게나 적용될 수 있는 얘기라고 생각한다. 『삼국지』 시대에는 그랬는데, 지금도 그런 경우가 없다고 할 수 없다.

농지 축소 정책 등은 전쟁 때와 종전 직후 시골에서 암거래 쌀을 들여오고, 운동장을 갈아엎어서 고구마를 재배해 본 사람들에게는 상상도 할 수 없는 일이다. 옛날부터 벼농사를 지어온 논도 나무를 심어야 보조금이 나와 수익이 커진다는 얘기가 있고, 미국에서 쌀을 사오지 않으면 자동차도 팔아먹을 수 없는 역학관계 탓이라는 얘기도 들었다.

그런 농업 정책도 평시라면 상관없겠지만 만일 전쟁이라는 비상사태가 발생하면, 사람들은 곧바로 식료품을 '사재기'하러 이리 뛰고 저리 뛰고, 한편에서는 '팔기를 꺼리는 사태'가 벌어지기 시작한다.

태평양전쟁 때 그랬다. 수요는 많고 공급은 적거나 없는 거나 다름없는 상태가 됐다. 정부는 통제경제로 어떻게든 헤쳐 나가기 위해, 그 방법으로서 배급이라는 수단을 고려했지만 유통 수단도 이미 마비돼 있었다. 가장 먼저 쌀을 대상에 올렸으나 절대량이 부족한 마당에 배급한다고 해봤자 실정에 맞지 않았다. 그 전쟁 당시의 배급량은 한 사람당 하루 2홉3작이었다.

사면이 바다로 둘러싸인 일본에서 달리 방법이 없었다. 이에 비해 무기가 부족했던 베트남이 미군을 격퇴할 수 있었던 것은 식량 사정이 일본과는 전혀 달랐기 때문이라는 시각도 있다. 미리 말해 두지만, 나는 전쟁을 하자는 게 아니다. 군비를 강화하는 것도 좋지만, 오히려 농업정책에 힘을 쏟았으면 더 좋겠다는 얘기다. 현재 일본의 식량 자급률은 40퍼센트밖에 되지 않는다.

전쟁에는 식량이 필수 불가결하지만, 거꾸로 인간은 먹기 위해, 즉 식량을 확보하기 위해 전쟁을 시작했다. 『삼국지』의 시대는 특히 더 그랬다.

皇帝更迭 [하남성 낙양]

난폭한 장군 동탁은 수도로 오라는 하진의 부름에 따라 황하 인근에서 소제 등을 보호
하면서 낙양에 입성한다. 그리하여 조정의 권력을 장악한 동탁은 야망을 드러내며 마음
대로 황제를 갈아치운다. 제위에 오르게 된 헌제와 궁을 떠나는 소제와 하태후의 모습.

# 17. 들개 동탁 [황제경질]

189년, 의견 차이로 동탁이 황보숭에게 원한을 품게 된 것은 앞서 얘기했다.

그때 조정에서 동탁에게 "내무대신 자리를 줄 테니 모든 군대를 황보숭에게 맡기고 상경하라"는 명령이 떨어졌다.

동탁은 그 칙명을 두 번이나 거부했다. 동탁은 경계해야 할 인물이라는 생각이 점차 사람들 사이에 퍼졌다. 대장군 하진의 부름을 받은 것이 그 무렵이었다.

8월, 그러나 하진은 이미 살해됐다. 낙양에 입성하기 전에 북망산으로 피신한 황자들을 탈취하겠다는 건 실로 동탁다운 술수였다.

들개라는 별명을 얻은 동탁의 군대는 3천 명 남짓이었으나, 몇 번이나 문을 드나들게 해서 그 몇 배나 되는 대군으로 보이게 만들었다.

변경의 군세軍勢였던 만큼 억세다는 느낌을 주었기 때문에, 낙양의 대장군 원소는 완전히 주눅이 들어 있었다. "동탁을 토벌하려면 여행의 피로가 쌓인 지금 해야 합니다"라고 포신鮑信은 진언했지만 받아들여지지 않았다. 포신은 고향인 태산泰山으로 돌아가버렸다.

9월, 동탁의 유명한 여포呂布 포섭 사건도 거의 동시에 진행됐다. 정원丁原은 환관 주살 계획에서 활약했으나, 아직 근위기병대 사령관을 맡고 있을 무렵, (활과 말타기에 뛰어난 기량을 갖고 있었고 용감했으나 어쩐지 기분 나쁜) 여포를 부관으로 데리고 있으면서 특별히 총애했다.

동탁 입장에서는 여포가 탐난다기보다는 오히려 헌병대 사령관 정원이 방해물이었다. 그래서 정원을 죽이고 그 부하를 자신의 수하로 삼기 위해 거친 방법을 생각했던 것 같다.

이에 대해서는 『삼국지연의』가 솜씨 좋게 묘사하고 있거니와, 거기에는 경박한 여포를 꼬드기는 자가 있었고, 여포는 정원의 머리를 선물로 들고 동탁에게 달려갔다. 동탁은 그를 근위기병 사령관으로 삼았다. 잘 대우해 준 것이다. 서로 잘 통했던 여포와 동탁은 의기투합해서 부자지간이 되자는 맹약까지 맺었다.

대망의 낙양에 도착한 동탁은 조정의 관리들을 모아 놓고 말했다.

"진류왕을 제위에 앉히고자 하는데, 이의 있는 사람은 말해 보시오."

"소제少帝에게 아무런 과실이 없는데, 마음대로 황제를 바꾸는 것은 문제가 있지 않은가" 하고 노식盧植이 말했다. 회의는 즉각 중단됐다.

그래서 하태후를 협박해 자신의 아들 소제를 폐위시켜 홍농왕弘農王(홍농은 지금의 하남성 낙양 인근)에 봉하자는 제안을 하게 만들었다.

그렇게 해서 동탁은 이미 독살된 제2부인(왕미인)의 아들 협協을 제위에 앉혀 헌제獻帝라 칭했다. 제1부인의 아들 소제는 홍농왕이 돼, 하태후와 함께 궁정을 떠날 수밖에 없었다. 나중에 동탁의 명으로 하태후도 홍농왕도 독살당했다.

동탁은 태위太尉 자리를 차지했다. 예전 일본군의 대위와는 달리 후한의 그 시절 직책은 태위부太尉府(군사), 사도부司徒府(정치), 사공부司空府(수리 토목) 등 3대 중요 포스트(이를 삼공三公이라고 한다)의 최고책임자였다. 거기에다 원래 장군의 권한도 그대로 유지하면서, 말하자면 3종의 신기神器와 같은 상징인, 깃발(기치)과 큰 도끼와 근위병을 황제로부터 하사받았다. 당연히 모든 것을 제 마음대로 했다.

그는 그 권위를 이용해 두무竇武와 진번陳蕃을 비롯한 청류파의 재심사를 명했다. 진번 등의 명예를 회복시켜 그 자손들을 영구추방이라는 처벌에서 구제해 주었다. 앞서 얘기한 채옹도 이때 복권됐다.

이윽고 상국相國이라는, 최고행정장관의 지위를 확보했다. 실질적으로는 제왕이 된 거나 마찬가지였다. 일본에서는 다이라노 기요모리平淸盛(1118~1181. 일본 헤이안 시대 말기의 무장 – 역주)도 상국으로 불렸으나 동탁에 비하면 규모가 작다.

동탁이 극적으로 권력의 중추를 장악한 것이다.

천하는 소란스러워졌다.

反董同盟 [하남성 낙양]

동탁의 전횡에 군웅들이 일제히 반기를 들고 원소를 맹주로 내세워 토벌군을 결성했다. 원소, 조조, 손견, 유비 등의 군기가 펄럭이고 있다. 열세라고 판단한 동탁은 돌연 낙양에 불을 지르고 서쪽인 장안으로 천도를 강행했다.

# 18. 토벌군 거병 [반동동맹]

어느 날 궁정 감찰관 요룡종要龍宗이 직무 보고를 하러 왔을 때 칼을 맡겨 놓지 않고 차고 왔다. 동탁은 자신의 위세를 과시할 좋은 기회라고 생각하고 그 자리에서 그를 때려 죽였다. 아무도 말리는 자가 없었고, 모두 그 서슬에 움츠러들었다.

어느 때는 하묘(하진의 동생)의 묘와 영제의 묘를 파헤쳐 부장품을 약탈해 가는가 하면 또 어느 때는 부하에게 낙양 귀족들의 저택을 약탈하도록 부추겼다. 우쭐대던 병사들도 황녀를 강간하는 등 포학이 도를 넘었다. 또 봄 축일에 많은 마을 사람들이 모여 있던 사당을 덮쳐 남자들의 목을 베고 빼앗은 짐수레에 여자와 몰수한 재물을 싣고, 도적을 토벌했다며 승리의 함성을 지르면서 의기양양하게 성내로 돌아갔다.

천하를 제 마음대로 쥐고 흔들던 동탁은 이런 포학하기 이를 데 없는 짓을 하는 한편으로 신중하게 인재를 등용하는 발탁 인사도 했다. 당고黨錮 사건에 관련된 청류파 지식인들을 각료로 임명하기도 했다.

원소, 원술, 조조, 노식 등의 유력자들에게도 협력을 구했으나, 예컨대 조조 등은 나름의 이유를 대며 향리로 돌아가버렸고, 그 밖의 사람들도 모두 향리의 근거지로 돌아갔다.

190년, 새해가 되자 관동關東 일대의 제후들은 동탁 토벌을 위해 군사를 일으켰다. 그 무장들의 면면은 다음과 같은데, 그중에는 발탁 인사로 동탁이 신뢰했던 유력자의 이름도 보인다.(* 표시)

후장군後將軍 원술

*기주冀州 목牧 한복韓馥

*여주豫州 자사 공주孔伷

*연주兗州 자사 유대劉岱

하내河內(하남성 황하 이북 지역) 태수 왕광王匡

발해渤海 태수 원소袁紹

진류陳留 태수 장막張邈

동군東郡(하북성 남단) 태수 교모橋瑁

산양山陽 태수 원유袁遺

제북국濟北國(산동성 남부) 상相(왕의 보좌관) 포신

분무장군奮武將軍(글자 그대로 무예를 떨치는 장군) 조조

파로장군破虜將軍 손견

또 동탁의 측근인 인사 담당 정무비서 주필周珌, 근위시무관 오경伍瓊도 내통하고 있었다고 한다. 견고한 동탁 타도 연합군은 원소가 중심이 됐고, 조조는 분무장군으로 그 일익을 담당했다. 이들 군세를 지도 위에 그려 전체를 내려다보듯 살펴보면 하남, 하북 일대의 군이 일제히 낙양을 향해 깃발을 휘날리고 있는 게 보일 것이다. 그토록 대담했던 동탁도 내심 불안했는데, 무엇보다 원소 등의 연합군이 홍농왕을 추대하지나 않을까 겁을 냈다.

1월, 동탁은 시종장 이유李儒를 불러 홍농왕 독살을 명했다. 거듭 얘기하지만 동탁은 하태후도 독살했다. 상국이 된 동탁은 자신이 마음대로 부릴 수 있는 최고지도자들인 태위 황완黃琬, 사도 양표楊彪, 사공 순상荀爽 세 사람 외에 핵심 관료들을 소집해, "고사故事를 살펴보니 지금 천도遷都해야 한다고 나왔다"고 단언했다. "천도는 거두어주십시오"라고 말하면 그 자리에서 목이 달아났다. 처형당한 이들 뒤에 남겨진 가족들의 처지를 염려해주는 눈물은 없다. 전쟁은 그렇지 않아도 위험한 동탁을 더욱 흉포한 인간으로 만들어버렸다. 양표, 황완 두 사람은 놀라서 사죄했다. 2월, 동탁은 장안으로의 천도를 강행했고, 낙양에 불을 질렀다. 궁전만이 아니라 긴 역사와 문화도, 건조물도, 일반 대중의 생활 터전도 태연자약하게 파괴한 뒤 동탁은 떠났다.

이야기가 좀 빗나가지만, 이 무렵 유표劉表가 형주荊州(장강 중류 지역의 호북, 호남 지방)의 자사가 됐다. 당시 형주에서도 도적떼가 횡행하고 있었다. 그중에서도 종적宗賊이라는 무리가 있었는데, 일족이 도적 집단을 조직하거나 마을 전체가 하나의 도적단이 되는 경우도 있었다. 유표는 적당한 구실을 만들어 그들 종적의 수령 55명을 한곳에 불러 모아 한꺼번에 죽여버림으로써 난을 평정했다.

曹操出廬 [안휘성 박주]

조조의 고향 안휘성 박주를 찾아갔다. 황건적 반란 진압군 기병대 사령으로 중앙에 복귀하기 전에 조조는 이곳에 숨어서 독서와 사냥을 하며 천하의 형세를 지켜봤다. 그림은 고기를 잡는 그물을 쳐놓은 박주시 교외의 강변 풍경.

# 19. 조조의 등장 [조조출려]

『삼국지』 중 「위서魏書」의 처음은 "대조무大祖武 황제는…"으로 시작된다. 이것은 조조를 두고 하는 얘기다. 조조는 패국沛國의 초현譙縣, 지금의 안휘성安徽省 박주시亳州市에서 태어났다.

젊었을 때의 품행은 좋지 않았으나 병법 등의 독서에 매진하고 시를 지으며(중국문학 전공자 요시카와 고지로吉川幸次郎 등도 조조의 시를 높이 평가했다) 자유롭게 살아가는 그의 기지와 행동에는 남다른 점이 있었다고 한다.

그는 전한 시대에 재상을 지낸 조참曹參(?~기원전190)의 자손이다. 아버지는 조숭曹嵩인데, 조숭은 조조의 증조부에 해당하는 조등曹騰의 양자였다. 왜냐하면 조등은 중상시中常侍라는 벼슬을 했지만 환관이어서 자식이 없었기 때문이라고 한다. 또 조숭은 하후씨夏候氏 집안 출신으로 하후돈夏候惇의 숙부였으므로, 조조는 나중에 활약하게 되는 하후돈과는 사촌형제 간이다.

책을 좋아했으나 매 사냥이나 활쏘기에 열중했고, 행실도 좋았다고는 할 수 없다. 양국梁國의 교현橋玄과 남양南陽(하남성 남서부)의 하옹何顒 두 사람은 조조가 예사 인물이 아니라는 걸 간파하고 있었다는 얘기가 있다. 교현은 "이제부터는 난세다. 이 세상을 구할 수 있는 사람은 당신밖에 없다" "평화로운 세상이라면 큰 악인이겠지만, 난세에는 영웅이다." "자중자애하는 게 좋다. 나도 가족의 장래를 부탁해야 한다면 당신과 같은 인물에게 부탁하고 싶다"고 말한 것으로 전해진다.

이는 말하자면 하나의 보증 같은 것이 돼, 조조를 바라보는 세간의 눈이 완전히 달라졌으며, 조조 자신도 이 평가를 삶의 지침으로 삼았다고 한다.

조조는 22세가 됐을 때(174년) 장래가 촉망되는 '효렴孝廉'이 됐다. 효렴이란 특별한 관리 임용 대우로, 20만 명에 한 사람밖에 선발하지 않을 정도로 귀한 자리였다고 한다.

그 뒤 그는 낙양의 북부위北部尉(현의 경찰부장)가 됐으나, 너무 엄정한 집무 자세 때문에 털어서 먼지 날 수밖에 없는 동료 관리들로부터 경원당해 돈구현頓丘縣의 장관으로, 외관상 그럴듯하지만 실은 좌천을 당했다. 하지만 결국 다시 중앙으로 호명당해 건의

관建議官이라는 중책으로 복귀했다. 하씨가 황후가 되고 하진이 권세를 강화하던 시절의 일이다.

때마침 당시 영제가 참소를 믿어 황후 송씨宋氏 일족을 처형하는 사건이 일어났다. 그때 처형당한 자들 중에 조조의 인척이 있었던 것도 관직을 떠나는 이유가 됐지만, 정치 중추부가 너무 부패했다는 걸 체험으로 알게 된 조조는 그때가 물러날 때라고 생각한 듯하다. 이미 치세治世라고 할 수 없는 상황이었다. 어쨌든 동탁이 실권을 쥐고 있었다.

긁어 부스럼 만드는 짓은 하지 말아야 한다. 조조는 동군東郡 태수에 임명됐으나 취임하지 않고 병을 이유로 향리인 초현으로 도망치듯 돌아갔다.

조조는 33세가 됐다(187년=중평中平 4년). 그는 조용한 고향에서 독서삼매에 빠져,『손자병법』을 읽고 그 주석을 남기기도 했다.

『신정손자新訂孫子』에는 "무제武帝(조조)가 주를 달 때, 오·손자吳孫子 82편 중에서 후세에 추가한 것으로 보이는 몇십 편인가를 빼고『사기』당시의 옛 체제로 되돌린 것으로 생각되기도 하지만, 확실하지는 않다. 다만 우리가 읽고 있는『손자』의 텍스트는 (중략) 모두 위魏의 무제가 주를 보탠『위무주손자魏武注孫子』에서 가져온 것이라는 점만은 확실하다"고 돼 있다.

조조는 시인일 뿐 아니라 자신이 현장에서 싸운 경험을『손자』의 주로 살릴 수 있는 행동적인 학자이기도 했다.

『손자』중에 다음과 같은 얘기가 나온다.

"(군사는) 바람처럼 신속하게 나아가게 하고, 숲처럼 숨을 죽여 대기하게 하며, 불 태우듯 침탈케 하고, 어둠처럼 분간하기 어렵게 한다. 산처럼 묵직하게 머물고, 벼락처럼 세차게 움직이며, 마을을 잽싸게 급습할(그리하여 군량을 모을) 때는 병사들에게 분담을 시키고, 땅을 (빼앗아) 넓힐 때는 그 요점要点을 나눠 지키게 한다. 이렇듯 만사를 면밀히 계산한 뒤에 움직인다."

已矣哉
國無人莫我知兮
又何懷乎故都
既莫足與爲美政兮
吾將從彭咸之所居

屈原悲憤 [하남성 진류]

『삼국지』를 그릴 때 항상 『사기』에 적힌 내용을 연상했다. 채옹蔡邕은 참언 때문에 유형에 처해졌
는데, 그때 떠올린 것이 전국戰國 시대 굴원屈原의 고사. 그림 속에 보이는 굴원의 모습은 도쿄미술학
교를 쫓겨난 오카쿠라 덴신을 생각하며 요코야마 다이칸橫山大觀이 그린 명작 〈굴원〉에서 따왔다.

# 20. 연합군의 휴일 [굴원비분]

189년 12월, 조조는 사재를 털어 의용군을 모집하고 진류군陳留郡 기오己吾에서 군사를 일으켰다. 총 5천 명의 병력이었다고 기록돼 있다. 반동탁 연합군 책임자가 원소였던 사실 등은 앞서 얘기했다. 덧붙인다면, 원소는 여남군汝南郡 여양汝陽(하남성) 사람이다. 증조부 원안袁安으로부터 삼공三公의 지위에 오른 자가 4대에 걸쳐 이어졌을 정도의 명문가 출신이었다. 원씨 가문에 대한 평판은 높았고, 원소는 몸도 마음도 넓었기 때문에 주변에는 많은 인재들이 모여들었다. 조조 또한 죽마고우 또는 유협遊俠의 벗이었다는데, 이 두 사람은 이윽고 천하를 두고 다투는 라이벌이 된다.

190년 2월, 낙양으로 도읍을 옮긴 동탁은 조조 등 연합군의 거병 소식을 듣자 천자를 장안으로 옮기게 한 뒤 낙양의 궁정을 불태웠다는 얘기는 앞에서 했다. 동탁 타도 연합군은 낙양을 멀리 에워싸고 포위했으나 선봉으로 먼저 치고 나서는 부대가 없었다. 조조가 선두에 서서 낙양 서쪽 성고成皐(하남성 사수현汜水県. 개봉開封에 가깝다)의 요새를 공격했다. 장막張邈의 군사도 함께 싸웠으나 서영徐榮이 이끄는 동탁의 정예군에 패배해 많은 희생자를 냈고 조조도 타고 있던 말이 다쳐 패주할 수밖에 없었다. 조조가 산조酸棗까지 달아나 연합군의 상황을 보니 동탁 타도 연합군 장병들은 술판을 벌이는 데 여념이 없었고, 적극적으로 싸우겠다는 의지가 없었다. 조조는 낙담하면서도 자신의 전략을 간곡하게 설명하며 일어서 싸우자고 독려했으나 술판에 빠진 장병들에게는 이미 싸울 의욕이 없었다. 이 무렵의 상황을 조조는「호리蒿里」라는 제목의 시로 남겼다. 사람들이 죽으면 혼은 태산泰山 남쪽에 있는 호리산으로 돌아간다는 미신이 있었다고 한다.

관동 각주의 정의에 불타는 호걸 영웅들이
동탁 무리 토벌하려 군사를 일으켰다
처음에 원소를 맹주로 앞세워
한 왕조 다시 일으켜 세우겠다 맹세했으나
막상 군사를 모아놓고 보니

어느 군도 먼저 출정하려 하지 않네
금방 드러나는 사리사욕
이윽고 서로 싸우는구나
회남淮南에서 사촌동생(원술)이 황제를 칭하자
북방에서는 사촌형(원소)이 제 맘대로 옥새를 새기네

전쟁은 갑옷에 이가 들끓을 만큼 끊일 새 없고
죽은 병사들 수를 헤아릴 수 없어
백골은 들판에 뒹구는데
아무리 가도
닭 울음소리조차 들리지 않네
살아남은 민중은 겨우 백에 하나
아, 생각만 해도
내 창자가 끊어지려 하는구나

이 시에 쓰여 있는 원소의 야망은 다음과 같은 것이다.

발해군 태수인 원소는 한복과 공모해 유주幽州(지금의 하북성에 해당한다)의 유우劉虞를 황제로 앉히려고 했고, 어디선가 옥새를 손에 넣어 조조에게 과시하기도 했다. 나중에 얘기하겠지만, 원소가 한복을 협박해 기주冀州를 손쉽게 빼앗은 사실로 보더라도 실은 자신이 황제가 되려 했다고 생각할 수밖에 없다. "그럼 그렇지" 하고 쾌재를 부른 건 도적의 군사라 불린 동탁이었다. 동탁 타도 연합군이라는 이름을 내건 "너희들이야말로 도적의 군대가 아니냐. 황제(헌제)는 여기에 있어" 하고 동탁은 떠벌렸지만, 사실 그대로다. 실은 나도 동탁 무리를 처음부터 도적의 군대로 단정하고 『삼국지』를 읽었다. 한 왕조의 실태는 이미 그런 단정이 현실에 부합하지 않을 정도로 망가져 있었는지도 모른다.

妖婦 貂蟬 [호북성 양번]

동탁은 헌제를 앞세워, 장안으로 천도했으나, 폭정이 도를 넘자, 사도 왕윤은 여포를 끌어들여 동탁을 암살했다. 나관중의 소설 『삼국지연의』에서는 가공의 미녀 초선이 여포의 질투를 불러일으켜 동탁을 죽음에 이르게 한다.

# 21. 동탁의 최후 [요부초선]

조정의 중책을 맡고 있던 대신 왕윤王允은 여포와 공모해 동탁을 살해했다. 이는 역사적 사실인데,『삼국지연의』의 해당 대목을 요약하면, 다음과 같다.

왕윤에게는 초선貂蟬(가공의 인물)이라는 양녀가 있었는데, 그 무렵 16세의 아름다운 소녀로 자랐다는 설정이다.

"만일 은혜를 갚을 길이 있다면, 만 번을 죽더라도 하겠습니다. 무엇이든 분부해 주십시오."

왕윤은 대답했다.

"동탁에게는 여포라는 거칠고 용맹한 남자가 있어 부자의 연을 맺고 있다. 동탁은 왕위를 노리는 민중의 적이다. 둘 다 호색한인 데다 오만하다. 동탁을 제거하지 않으면 안 되는데, 그걸 할 수 있는 자는 여포밖에 없다."

초선을 중심으로 동탁, 여포를 엮은 다음, 미인계를 써서 여포가 동탁을 죽이게 만들겠다는 얘기다.

왕윤은 진주를 박아 넣은 왕관을 만들게 해 여포에게 선물했다. 그 증정 연회가 한창 무르익었을 때 기회를 엿보다 초선을 불러들이자 여포는 그 수려한 모습에 마음을 빼앗겼다. 왕윤은 만일 자신의 딸이 마음에 든다면 장군의 측실로 바치겠다고 하는데, 이 극적인 계략을 여포는 알아차리지 못한다.

또 다른 날 왕윤은 동탁에게 왕림해 주십사 하고 초청한다. 좋은 향을 피우고 한껏 치장을 한 응접실에 산해진미를 있는 대로 다 동원했다.

왕윤은 "천문을 살펴보니, 한 왕조는 이미 명운을 다했습니다. 태사太師님이 왕조를 이어받는다면, 그것은 하늘의 뜻일 겁니다."

"그다지 틀린 얘기는 아니라고 봅니다다만, 만일 그렇게 된다면 사도司徒님은 필시 원훈元勳이 되겠지요"라며 동탁은 웃었다. 그때 초선이 들어와 춤을 추었다.

왕윤은 "이 딸아이를 태사님께 바치고자 합니다"라고 말했다. 동탁으로서는 듣던 중 반가운 소리였다.

초선이 동탁의 처소로 향하다가 도중에 여포의 수레와 스쳐 지나갔다. 왕윤이 여포에게 얘기한 건 다음과 같은 내용이었다.

동탁이 초선에 대한 소문을 듣고 "내 아들 여포에게 시집보내기로 약속했다지. 오늘은 내가 그걸 확인하러 왔다"고 하는데, 이 늙은이가 어찌 그것을 거절할 수 있었겠습니까. "오늘은 길일이니 마음이 변하기 전에 데려가고 싶다"며 강제로 데려가버렸습니다……

여포는 납득을 했으나, 그 뒤 동탁이 초선과 함께 하룻밤을 보낸 사실을 알게 됐다. 초선은 여포에게 자신의 슬픈 심정을 눈빛으로 표현했다. 여포는 동탁으로부터 "내 처소에 출입을 금한다"는 통보까지 받는다.

초선은, 당신에게 가기 전에 몸을 더럽히고 말았으니 얼굴을 들 수도 없다, 나를 죽여 달라, 그래서 저 세상에서 당신 첩이 되고 싶다는 둥 여포에게 하소연했다.

왕윤은 여포와 몰래 만나 계책을 세웠다.

"당신이 한 왕조 쪽에 서 준다면, 반드시 충신으로 사서에 이름을 남기게 될 것"이라고 말했다. 천자를 대신해 정무를 보라며 미오郿塢(장안 서쪽 1백 킬로미터 지점)에 있는 동탁을 궁정으로 불러들여, 무장병을 문 안쪽에 숨겨뒀다가 그가 들어올 때 주살한다는 계책을 세웠다. 동탁을 부르러 가는 위험한 역할은 이숙李肅이 맡기로 했다.

동탁에게는 왕위 계승으로 가는 화려한 날이었다. 초선에게 "내가 천자가 되면 너는 귀비貴妃가 되게 해주겠다"고도 했다.

하지만 현실은 그렇게 되지 않았다. 그가 탄 수레가 의장병들을 남겨두고 20명 정도밖에 되지 않는 호위병들과 함께 조정의 문을 지나갈 때 돌연 완전무장한 병사들이 수레를 에워쌌고, 여포가 홀로 달려들어 동탁의 목을 찔렀다.

저 반란군의 총공격을 받고도 무사했던 동탁의 목숨이 극적인 종말을 고한 것이다.

초선은 가공의 인물이지만, 그게 사실이었다고 해도 이상하지 않을 정도로 이 이야기는 잘 짜여져 있다.

鄜塢秋色 [섬서성 미현]

서안 서쪽 오장원 인근 미현의 농촌에 동탁의 사당이 있다. 여기에 오벽(흙을 쌓아 만든 장벽)로 둘러싸인 동탁의 성이 있었다. 포악의 극에 달한 자의 말로라고 해야겠지만, 사당은 완전히 망가져 옥수수 건조장이 돼버렸다.

# 22. 동탁 사당의 마당 [미오추색]

동탁이 죽었을 때, 그의 신임을 얻었던 채옹이 그 일을 생각하며 눈물을 흘린 일을 왕윤은 용납하지 않았다.

채옹은 "어떤 형벌이라도 받겠으니 목숨만은 살려 주시오. 역사서를 써서 남기고 싶습니다" 하고 탄원했고, 또 몇몇 유지들도 그의 구명을 탄원했지만 받아들여지지 않았다.

동탁의 비정하고 야만적인 전횡은 어떤 책을 읽어 봐도 소름끼치는 얘기로 점철돼 있다. 그러나 그는 채옹을, 앞서 얘기한 태산의 양 씨로부터 다시 불러들여 후하게 대접하고 그의 의견을 애써 경청했다.

왕윤은 "옛날, 전한 무제가 사마천을 죽여버렸다면 『사기』와 같은 책이 쓰여 후세의 비방을 받는 일은 없었을 것이다. 채옹이 쓰고 싶다는 사서도 그 비슷한 결과를 초래할 게 분명하다"고 믿어 의심치 않았다.

당시 사리분별이 있는 사람들은 모두 왕윤의 생각이 지나치다고 보고 그렇게 하지 말라고 간했다. 완강했던 왕윤도 반성을 하고 처형을 중지시켰으나, 이미 때가 늦어 채옹은 결국 투옥당했다.

서안에서 그리 멀지 않은 곳에 미현縣이라는 마을이 있고, 거기에 동탁이 최후를 맞은 장소와 사당이 있다고 들었기에 거기로 갔다(2005년 10월 17일).

가던 도중에 공사 중인 고속도로 사정 때문에 먼 길을 돌아갈 수밖에 없었다. 통행을 금지시키려면 그 훨씬 전의 분기점에 '공사중 통행금지'라는 표지판을 세워둬야 하는 게 아니냐고 했더니, 통역자가 "그렇게 할 정도면 중국이 아니다"고 하는 바람에 웃었다.

차를 돌려 길을 우회하려고 했으나 이번에는 작은 냇물이 막아섰다. 그 냇물을 흙으로 쌓은 둑길이 가로지르고 있었다. 그래도 물은 그 둑길 아래로 빠져나가는 듯, 그 주변에 드물게 맑은 물이 고여 있고 두 여인이 빨래를 하고 있었다.

그 난관 앞에서 차를 되돌려야 할지, 그 좌우 어느 쪽을 택해서 가야 할지, 아니면 무모하게 둑길 위를 질러갈지 좌고우면하고 있었다. 잠시 뒤 벤츠 한 대가 와서 도움

닫기 하듯 속도를 내더니 그 둑을 넘어갔다. 다음에 온 삼륜차는 둑에 차 밑바닥이 걸렸다. 사륜구동차가 왔다. 두 대 모두 오른쪽으로 돌아 농로를 타고 갔다. 왼쪽 좁은 길에는 우리가 탄 차가 길을 가로질러 흐르는 냇물에 바퀴가 빠져 멈춰 서 있는 게 보였기 때문이다.

그 전의 여행길에 곽제촌郭堤村에서 차가 오도 가도 못하는 상황에 빠졌을 때보다 더 심각해서, 땅 주인들과 교섭해 사례금을 준 뒤 불도저의 도움을 받았다.

나는 속으로 〈공포의 보수報酬〉라는 옛날 영화를 떠올렸다. 몸이 나른해지는 중동의 여름에 유정油井에서 사고가 나 원유 분출구를 폭파해서 그 구멍을 막아야 할 상황이 발생했다. 이브 몽탕이 역을 맡은 남자가 니트로글리세린을 잔뜩 실은 트럭을 운전해 목숨을 걸고 산을 올라가는데, 한 발 앞서가던 트럭이 대폭발을 일으켜 산길에 웅덩이를 만든다. 그래서 앞으로 전진할 수 없게 됐지만, 가지 않으면 돈을 받을 수 없다. 그들은 흙탕물 속에 들어가 자동차에 줄을 묶은 다음 잡아끌고 가느라 사투를 벌인다. 그건 그래도 영화니까 어떻게 해서든 일단 궁지에서는 벗어난다.

빨래를 하고 있던 두 아낙은 시종 표정 변화가 없었다. 3시간 남짓 악전고투한 끝에 마침내 우리 차가 움직이기 시작했고, 보장할 수 없는 시골길을 달려 동탁의 제사를 지내는 묘까지 갔을 때는 벌써 해가 기울고 있었다.

가을은 바야흐로 옥수수 수확 계절이어서, 농가에서는 그것을 지붕 위에서 길바닥까지 빈틈없이 널어놓고 말려야 한다. 왕년의 잔인하고 용맹했던 효웅梟雄 동탁 묘의 형편없이 망가져버린 재각齋閣, 섬돌부터 회랑, 뒤뜰까지 온통 옥수수가 깔려 있다. 마을 사람들은 "폭군인데, 여기서 살해당했다는 얘기를 전해들은 적이 있다"는 등의 얘기들을 했다. 이 사당을 찾아오는 호사가들은 거의 없는 듯했다. 묘 앞에 그을린 막과자 가게 같은 게 있었다. 노파가 가게를 지키고 있었다. 가게 뒤로 가보려 했더니 이웃집 개가 계속 짖어댔다.

192년, 채옹은 옥사했다.

烏巢夜襲 [하남성 관도]

동탁이 암살당하자 군벌들은 일제히 주도권 쟁탈에 나섰다. 몰래 제위를 노리고 있던 원소는 헌제를 옹립하고 제후의 신뢰를 받고 있던 조조를 치기 위해 대군을 남하시켰다. 그림은 관도 결전 때 오소를 야습하는 조조군.

# 23. 원소의 황제 공작 [오소야습]

동탁이 사라지자 원소는 그 틈을 노려 유우劉虞를 자신들의 황제로 추대하려고 마음먹고 유우에게 사자를 보냈다.

유우는 동해공왕東海恭王(광무제光武帝의 아들)의 피를 받은 자손이었다. 감릉甘陵의 집정관 시절 그의 동방 이민족 정책은 온후해서 상대방의 신뢰를 얻었다. 그것을 마지막으로 관직에서 물러나 향리에서 조용히 살아가고 있었는데, 그 인품에 대한 신뢰 덕에 다시 관직에 복귀해 달라는 요망이 있어 궁내대신을 맡고 있었다.

이 황제 추대 계획에 대한 상담을 받은 조조는 원소의 제안에 찬성하지 않았고, 자신이 제위를 노리고 있던 원술도 반대했으며, 유우 자신도 황제가 될 뜻이 없어, 자꾸 황제를 하라고 하면 흉노의 땅으로 도망가버릴까 하는 생각마저 갖고 있었다.

그 무렵 희한한 사건이 일어났다.

헌제는 장안으로 옮겨가 있었으나 낙양으로 돌아가고 싶었기 때문에 시종무관 유화劉和(유우의 아들)에게 계책을 알려주었다. "장안을 떠나 동탁한테서 도망친 것으로 보이게 만들어 놓고, 실제로는 무관武關을 나와 유주의 유우에게로 가거라. 유우한테서 군사를 지원받아 장안으로 나를 맞이하러 오너라" 하고 말했던 것이다.

유화는 원술의 영지를 지나갈 때 이 헌제의 계책을 까발렸다. 원술은 유화를 거기에 붙잡아 놓고 "유우의 군사가 도착하면 우리도 함께 장안으로 가자"며 유우에게 보내는 편지를 쓰게 했다.

유우는 편지를 읽고 수천의 기마병을 출동시켰다. 이 사실을 알게 된 공손찬公孫瓚은 "이는 원술의 음모가 분명하다. 파병을 중지하는 게 좋겠다"고 진언했으나 유우는 듣지 않았다.

공손찬은 이 계책에 자신이 반대한 것을 원술이 알게 되면 어떻게 될지 불안해졌다. 그래서 그는 사촌동생 공손월公孫越에게 1천 기의 기병을 주어 원술에게 원군으로 보냈다. 원술과의 우호관계는 일단 순조로워졌고, 그 결과 유화는 사로잡혀 그가 지원받게 돼 있던 유우의 군사를 원술이 차지했다. 이 사건으로 유우와 공손찬의 관계는 한층 더 험악해졌다.

이윽고 유화가 도망을 쳐서 원소 밑으로 갔다. 원술에게 공손월이 왔을 무렵 원소가 주묘周昂를 시켜 원술을 공격했다. 이에 대해 원술은 손견과 공손월에게 반격하게 했는데, 그때 공손월이 전사했다. 공손찬은 "원소가 공손월을 죽인거나 같다"며 격분해서 군사를 출정시켰다. 원소는 발해태수 인완印緩을 공손범公孫範(공손찬의 사촌동생)에게 보내 공손찬과 대립할 의사가 없다는 뜻을 보이고자 했으나, 공손범의 군사가 공손찬의 군사에 합류해 청주淸州, 서주徐州 등의 황건군을 평정하고 여세를 몰아 계교界橋까지 진공했다.

기주冀州의 한복은 겁이 많은 성격으로 알려져 있었다. 그 점을 파고들어 191년 7월, 원소는 한 지략가를 한복에게 보냈다. "공손찬이나 원소가 공격해올 기미가 보입니다. 원소는 각하(한복)와는 오랜 지기에다 반 동탁 결의를 함께한 사이입니다. 이 기주를 우호적인 상대(공손찬보다는 원소)에게 넘기고 각하는 안전과 명성을 얻는 쪽이 현명한 것으로 사료됩니다."

이는 잘 계산된 협박이었다. 그러나 한복 밑에 있던 명장들은 터무니없는 소리라고 반발하며 군대의 힘을 동원해서라도 그것을 물리치려 했으나 한복은 기주를 원소에게 넘겼다.

기주 목사가 된 원소는 주한朱漢을 순찰관으로 삼았다. 그는 이전에 한복한테서 냉대받은 사실을 잊지 않고 있었다. 그리하여 원소의 뜻에 부합할 것으로 보고 한복의 거처를 포위했다. 한복은 놀라서 누각 꼭대기까지 도망쳤다. 그러자 주한은 한복의 아들을 붙잡아 망치로 두 다리를 쳐서 부러뜨렸다. 이 사건을 보고받은 원소는 즉각 주한을 처형했다.

이런 험악한 세상에 질린 한복은 장막張邈에게 몸을 맡겼다.

어느 날 원소가 보낸 사자가 장막에게 와서 뭔가 귀엣말을 하는 걸 봤다. 가련한 한복은 피해망상에 젖어 자리에서 일어나 측간으로 가서는 어이없게도 자살해버렸다.

界橋逆襲 [하북성 한단]

원소는 계교 전투에서 강적인 공손찬의 정예(백마 기병대)에 역습을 가해 격파하고 화북 최대의 군벌이 됐다. 온통 흰색으로 치장한 공손찬의 백마 기마대는 이민족으로부터 '백마의종'으로 불리며 두려움의 대상이었다고 한다. 그림은 그들의 늠름한 모습.

## 24. 계교 전투 [계교역습]

공손찬과 원소가 맞붙은 계교 전투는 그림처럼 아름답다.

그때까지 공손찬이 이민족과 싸울 때는 언제나 수천 마리의 백마를 탄 사수射手가 말을 몰아 연전연승했기 때문에 '백마의종白馬義從'(백마의 의사義士)이라는 별명을 얻었다. 공손찬의 군대는 보병 3만여에, 좌우에 5천의 기병을 날개처럼 전개하면서 방진형方陣形을 짜고 깃발을 휘날리며 포진했다.

원소는 직접 말을 타고 출정했지만, 선봉은 국의麴義의 정예병이 맡았다. 공손찬군은 쉴 새 없이 공격했고, 국의의 군대는 몸을 숨겨 적군이 가까이 오기를 기다렸다가 좋은 기회가 오면 일제히 일어나 강력한 노궁弩弓을 한꺼번에 발사했다. 가까이서 쏘아 명중률이 높았기 때문에 공손찬군은 이리저리 흩어지고 많은 전사자를 낸 채 패퇴했다.

이 싸움에서 공손찬군은 원소 휘하의 문추文醜와 맞서 싸웠으나 상대가 되지 못했다. 그때 거기에 뛰어들어 문추를 상대로 싸운 젊은 무장이 있었다. 그는 주인인 원소에게 의심을 품고 공손찬에게 투항해온 청년이었다. 공손찬은 그 무장을 유비劉備, 관우關羽, 장비張飛에게 소개했다. 젊은이의 이름은 조운趙雲이며, 이후 오랜 세월 유비에게 충성을 다하게 된다.

계교 전투에서의 공손찬의 패배는 유주 목사 유우와 공손찬의 대결을 재촉했다. 그러나 유우의 군은 너무 고상해서 역전의 용사인 공손찬의 적수가 되지 못했다. 진수陳壽에 따르면, "공손찬은 거용居庸으로 패주하는 유우를 뒤쫓아 가족도 모두 포로로 붙잡았다. 바로 그때 동탁이 죽었고, 천자는 유우에게 6개 주를 맡겼다. 그러나 공손찬은 유우를 무고誣告해서 참형에 처하게 만들었다"(「공손찬전」)고 한다.

인민의 호감을 샀던 유우의 죽음을 애석해하지 않는 사람이 없었다.

그 전년도에 흑산黑山의 도적 우독于毒, 백요白繞의 군세가 위군魏郡에 밀려들었다. 동군東郡 태수는 이를 막아낼 수 없었다. 조조는 수하의 군을 이끌고 동군에 들어가 복양濮陽(지금의 하남성 동북에 있는 복양시)에서 백요를 토벌했다. 원소는 조조를 태수로 천거하고, 동무양東武陽에 정무 관청을 두었다. 이것을 시작으로(192년도 한 해 동안) 휴고眭固의

군과 흉노 어부라於夫羅 등을 토벌했다.

이야기가 되돌아가지만, 연합군이 공격해도 물리칠 수 없었던 동탁은, 그의 심복 여포를 자객처럼 이용한 수단에 의해 어이없이 살해당함으로써 하루아침에 조롱거리가 됐으며, 장안은 왕윤이라는 책사와 호랑이와 표범을 연상시키는 용맹한 여포의 천하가 됐다.

그 무렵 도읍지를 떠나 전선의 방어기지에 파견돼 있던 동탁 휘하의 장군들, 근위군 사령관 우보牛輔, 교위校尉 이각李催, 곽사郭汜, 장제張濟 등은 이 테러리스트적 정변이 여포의 만용으로 실행됐다는 것을 알았고, 이어 우보가 심복 부하의 손에 살해당한 사실을 알았다. 그리하여 그들은 군대의 무장을 해제하려고 했으나 우보의 부하였던 가후賈詡가 "지금 무장을 해제하면 여포가 바라던 대로 된다. 하나로 뭉쳐 장안을 공격하자. 동탁의 원수를 갚자. 싸우지 않고 도망쳐서는 안 된다. 만일 우리가 이기면 천자를 받들고 천하를 통일하자"는 계책을 내 놓았다.

생각을 바꾼 이각 등은 군대를 이끌고 장안으로 향했고 그곳에 도착하자 예전 동탁군 장병들도 잇따라 모여들어 10만여의 대군으로 불어났다고 한다. 장안은 포위되고 열흘 만에 성은 함락됐으며, 왕윤은 살해되고 여포는 패주했다. 이각 등은 동탁을 대신해 조정을 마음대로 움직였다. 그것은 혁명에 이은 군사혁명이었다.

동탁이 죽은 뒤 정권은 대혼란에 빠져, 한때 이각, 곽사 등이 실권을 쥐었으며, 그 무렵 서쪽의 한수韓遂, 마등馬騰 등이 항복(의 모양새를 갖춰?), 군세를 이끌고 장안에 도착했다.

마등은 시중侍中 마우馬宇 등과 공모해 안팎이 호응하는 가운데 장안을 습격하려 했으나 실패하고 양주涼州로 달아났다(한수는 이미 진서장군鎭西將軍으로 복귀해 있었다). 한수와 마등의 장남 마초馬超는 나중에 반란을 일으켰다가 조조에게 패한다. 그 뒤 마초는 촉蜀의 장군으로 활약했다.

天水遠望 [섬서성 한중]

섬서성 한중에서 서북으로 기산祁山을 빠져나가 감숙성甘肅省의 천수天水에 이르는
길에는, 실로 보기 드문 웅대한 풍경이 이어진다. 삼국시대, 제갈량諸葛亮이 군대
를 이끌고 위로 진공해 갈 때 작전을 잘못 짠 마속馬謖이 패주해 달아난 길이다.

# 25. 청주병과 원수 갚기 [천수원망]

192년 4월, 청주青州의 황건군 1백만 대군이 연주兗州를 공격해 집정관을 살해했다. 연주 목사 유대劉岱가 분노해 출격하려는 것을 제북국濟北國 집정관 포신鮑信이 제지하며 전투상황이 불리하다고 했으나 귀를 기울이지 않았다. 그 결과 유대는 허망하게 전사했다.

포신은 유대 사후의 연주 목사로 조조를 맞아들였는데, 그 바로 뒤에 치른 황건군과의 전투에서 육탄전이 벌어졌다. 포신은 필사적으로 조조를 감싸며 싸우다가 전사했다. 나중에 조조는 황건군을 격파했다. 그때 포신의 주검을 찾아 헤맸으나 끝내 찾지 못하자 포신의 모습을 새긴 목조상을 만들어 후하게 장사를 지내주었다고 한다. 그 싸움이 끝난 뒤 30만하고도 수만 명의 병사, 그 밖에 백여만의 남녀가 조조 진영에 항복했다.

조조는 그중에서 정예병을 선발해 청주병青州兵이라 칭하며 자신의 지휘 아래에 두었다. 이 청주병과 조조는 묘한 관계를 유지했는데, 그 뒤 조조가 죽을 때까지 청주병은 그의 심복 노릇을 하면서 눈부신 전과를 올렸다.

『손자』에도 "항복한 병졸은 잘 대접하고 먹인다. 그것이 적을 이기고 힘을 키우는 것이다"라고 돼 있다. 조조가 『손자』의 주해註解를 썼다는 것도 납득할 만하다.

193년, 사촌형제인 원술과 원소 사이가 틀어졌다. 유우를 옹립하는 건에 대해 견해가 달랐고, 황제가 되고자 한 원술의 야망이 화를 불렀다.

흑산의 도적군 어부라의 잔당들이 원술 쪽에 붙었고, 또한 원술은 공손찬과, 원소는 조조와 손을 잡았다. 조조는 공손찬을 쳐서 패주시켰고, 원술은 조조가 근거지로 삼고 있던 연주를 공격했다. 조조는 이를 격퇴하고 큰 전과를 올림으로써 급속히 두각을 나타내게 된다(공손찬은 장성의 바깥, 보통 새외塞外라고 불리는 곳에서 태어났다. 4개의 행정구 중에서는 가장 서쪽인 요서군遼西郡의 하급 관리가 됐으나 미남자였고 또 장래성이 있었기 때문에 태수가 딸을 주고, 탁군涿郡의 노식盧植에게 유학을 보내 배울 수 있도록 주선까지 해주었다. 동문의 제자 중에 유비가 있었다).

서주 목사였던 도겸陶謙도 원술 진영에 합류해 태산군泰山郡을 비롯한 그 인근 지역

을 공략하고 점거했다. 조조는 먼저 광정匡亭에 주둔하고 있던 원술군의 장군 유상劉詳을 공격해 지원하러 온 원술군을 쳐부수고 패주하는 원술을 뒤쫓았다. 여름에 조조는 정도定陶에 진을 쳤다.

천하는 어지러워져 서주徐州의 하비下邳(서주 동쪽 60킬로미터 지점)에서 궐선闕宣이라는 자가 선수 치는 사람이 장땡이라는 식으로, 천자를 자칭하며 군사를 일으켰고, 서주의 도겸이 그 뒤를 쫓았다. 그런데 관직에서 물러난 조조의 아버지 조숭曹嵩은 태산 기슭의 화현華縣에 자리 잡고 있었다. 때는 봄이었다. 조조는 태산군 태수였던 응소應劭에게 자신의 아버지를 연주까지 호위하라고 명했다. 응소는 명령대로 조숭을 맞으러 갔으나, 그 한편에서는 도겸이 조숭을 붙잡으려고 기병대를 파견했다. 조숭은 이 기병대를 응소의 군대로 오인해 맞아들였다가 먼저 조조의 동생이 살해당했고, 조숭은 도망치려 했으나 뚱뚱한 첩이 거치적거리는 바람에 결국 살해당했다.

아버지를 잃은 조조는 격노해 서주의 도겸을 급습해서 십여 곳의 성채를 함락하고, 나아가 하비 서쪽 팽성彭城에 진을 치고 있던 도겸군을 철저히 쳐부수었다.

여름이 왔다. 군량 문제로 공격을 중단하고 있던 조조는 근거지인 견성鄄城을 순욱荀彧, 정욱程昱 두 사람에게 맡기고 다시 도겸을 치기 위해 출발했다. 5개 성을 공략한 뒤 도겸이 있는 담성郯城으로 서둘러 갔다. 조표曹豹와 유비의 군대가 이를 저지하려 했으나 조조는 이마저 격파하고 양분현襄賁縣까지 함락시켰다. 조조 군이 통과한 모든 마을은 주민들도 전부 대학살을 당했다고 한다.

『정사 삼국지』의 주를 단 배송지裴松之가 인용한, 손성孫盛이 쓴 책(일설에는 『이동잡어異同雜語』)에는 "원래 죄 있는 자를 벌하고 인민을 따뜻하게 보살피는 것은 고대의 좋은 규범이다. 책임은 도겸에게 있는데 그가 지배하는 지역까지 파괴한 것은 잘못된 것이다"라는 기술이 있다고 한다.

董卓參上 [하남성 영보河南省 靈寶]

하코네의 산은 천하에 험준……이라는 노래로 일본인들에게도 알려져 있는 저 유명한 함곡관函谷關을 서안西安 쪽에서 바라보았다. 중앙에 보이는 누각은 복원된 왕년의 관문. 삼국시대 개막에 단서 역할을 한 서부 지역 출신의 난폭한 장군 동탁은 이곳을 통과해서 낙양의 왕궁으로 올라갔다.

# 26. 조조군의 참모 [동탁참상]

순욱荀彧은 조조의 지략가였는데, 여러 가지를 읽어보는 중에 유비에게 제갈량(뒤에 나온다)과 같은 존재보다 낫거나 그에 뒤지지 않는 인물이 아니었을까 하는 생각이 들기 시작했기 때문에, 조조군의 다른 참모격 부장部將들의 개략적 사실들을 정리해 봤다.

순욱荀彧(163~212). 189년, 27살 때 효렴孝廉(글자의 뜻은 부모에 효도하고 청렴하다는 것. 관직에 올라도 기대할 수 있는 인물이라는 판정)에 천거된다. 처음에는 원소 휘하에 있었으나 원소가 천하를 평정할 수 있는 인물이 안 된다고 보고 191년 조조에게 몸을 맡긴다. 정욱程昱과 함께 근거지인 견성鄄城을 지켰다.

196년, 조조는 황건적을 격파하고 헌제를 옹립하려 했다. 반대하는 부하도 있었으나 순욱이 강력히 권했기 때문에 그것을 단행하고 천자의 이름을 앞세워 천하를 호령할 수 있게 됐다. 그때까지도 순욱이 천거하는 인물이 모두 유능했으므로 순욱은 "사람을 보는 눈이 있다"고 조조는 높이 평가했다.

198년, 장막張邈과 여포呂布를 친 조조는 이윽고 '관도官渡 전투'에서 원소와 대결하게 되는데, 순욱은 원소를 "명문가 출신이라는 것만 그럴듯할 뿐 시기심이 강하고 군 통솔력은 없다"고 판정하고 조조에게 원소와의 대결을 권한 뒤 후방에서 조조에게 격려 편지를 보내 크게 사기를 북돋아주기도 했다.

나중에 원소가 의지하게 되는 장군 안량顔良, 문추文醜는 전사하고 참모 전풍田豊도 원소의 시기심 때문에 살해당했는데, 이는 모두 순욱이 예상한 것들이었다고 한다.

정욱程昱(141~220). 동군東郡 동아현東阿縣 태생으로, 그 지역에서도 황건적 난이 일어났으나 그곳 호족 설방薛房 등과 함께 현성縣城을 지켰다. 순욱과 함께 조조가 자리를 비웠을 때 여포의 공격으로부터 견성을 지켜냈다.

'관도 전투' 때 겨우 7백 명의 군사로 견성을 지켰으나, 병력이 적어 원소가 무시할 것이라며, 조조가 보내주겠다는 원군을 거절했다. 조조는 "참으로 대단한 배짱이다"라며 감탄했고, 나중에 분무장군奮武將軍 안국정후安國亭侯에 봉했다.

조조는 '적벽赤壁 전투'에서는 손권, 유비 연합군에게 패했으나 중원을 평정한 뒤 정욱에게 "연주 전투에서 여포에게 패했을 때 그대가 격려해 주지 않았다면 오늘은 없었을 것"이라며 감사했다.(지금의 하남성 정주시 언저리에서 황하를 거슬러 올라가면 도중의 지류 낙하洛河 부근에 낙양이 있고, 함곡관을 지나면서 황하는 거의 직각으로 구부러져 북상한다. 그대로 서쪽으로 직진하는 지류가 위수渭水로, 장안은 이 강 근처에 있으며, 고대부터 이 일대를 중원中原 또는 중국이라고 불렀다.)

그런데 중원 평정을 축하하는 대연회 자리에서 정욱은 "족한 줄 아는 이는 치욕을 겪지 않는다"며 물러날 결의를 다졌다.

위魏나라 건국 뒤 위위衛尉가 됐으나 중위中尉 형정邢貞과 싸워 면직이 됐고, 나중에 문제文帝(조비曹丕) 때 재상 자리를 맡게 됐으나 그 자리에 앉기 전에 죽었다.

순유荀攸(157~214). 순욱의 조카뻘이다. 하지만 순욱보다 6세 위다. 13세 때 묘지기를 지원한 남자의 거동을 괴이쩍게 여겨, 순유의 숙부가 조사해 보았더니 살인 전과가 있는 남자였다.

성인이 돼 하진何進 밑에서 황문시랑黃門侍郞(궁정 사무를 관장하는 자리)에 임명됐다. 동탁이 낙양에 들어가 장안 천도를 기도하는 등 무도한 짓을 했을 때 뜻을 함께하는 동료들과 더불어 동탁 암살을 꾀했지만 계획이 누설돼 하옹何顒과 순유는 체포돼 투옥당했다. 하옹은 이를 참아내지 못하고 자살했으나 순유는 차분했다고 한다.

때마침 동탁이 여포 손에 살해당한 덕에 살아남아 나중에 조조에게 기용돼 여남汝南 태수에 임명됐으며, 그 비상한 두뇌를 평가받아 군사軍師가 됐다.

198년 장수張繡를 공격할 때 조조는 순유의 진언을 무시하다 패한 적이 있기 때문에 그의 의견을 더욱 존중했고 마침내 장수를 격파했다. 이어 여포가 진을 친 하비성下邳城을 공격해 대승을 거두었다.

가후賈詡라는 뛰어난 인재도 있다.「가후전」을 참고할 만하다.

兵站急襲 [하남성 관도]

원소와 조조가 자웅을 겨룬 관도 전투 때, 조조는 한때 궁지에 몰려 전의를
상실한 듯했으나, 심복인 순욱의 필사적인 사기 진작으로 다시 떨치고 일어
섰다. 서황과 사환의 부대에게 적의 병참을 급습케 해 활로를 찾았다.

# 27. 조조와 여포 [병참급습]

194년, 조조가 서주徐州에서 싸우고 있는 사이, 본거지 연주兗州에서는 생각지도 못한 사태가 벌어지고 있었다. 진류陳留 태수 장막이 여포와 손을 잡고 합주兗州를 차지하려고 획책했던 것이다.

이전에 동탁 타도 동맹을 맺었을 때 연합군의 분쟁 조정 역할을 맡았던 원소가 조조에게 (자신의 황제 지향에 비판적인) 장막을 암살하라고 말했다. 조조는 원소에게 "집안 싸움을 하고 있을 상황이 아니다"고 간언하고 그 말을 듣지 않았다.

장막은 조조의 속내를 알고 조조도 거기에 호응해, 두 사람은 맹우盟友 관계를 더욱 군혔다.

어느 날 원소 곁을 떠난 여포가 하내河內의 장양張楊을 찾아가던 도중에 장막 진영에 들러 의기투합해서 협력을 맹세하고 떠났다는 소문이 돌았다.

이 소문을 전해들은 원소는 더욱 장막을 미워했다.

장막은 "맹우 관계를 맺은 조조도 이번에는 도와주지 않고 오히려 공격해 오지 않을까"하는 의심에 사로잡혔고, 조조가 두 번째 도겸陶謙 토벌에 나서 자리를 비운 틈을 타 장막의 동생 장초張超는 조조의 심복인 진궁陳宮 등을 포섭했다.

조조의 빈자리를 지키고 있던 진궁 부대는 여포를 환영하는 부대로 바뀌었고, 하필이면 여포가 연주 목사가 됐다.

연주의 여러 군들은 모두 이에 복종했다. 말하자면, 조조는 진궁과 여포에게 연주를 빼앗긴 것이다.

본거지 견성만은 순욱과 정욱 덕에 무사했다. 견성을 공격했지만 항복을 받아내지 못한 채 애를 먹은 여포는 복양濮陽에 주둔했다.

서둘러 견성으로 귀환한 조조는 곧바로 복양을 공격했으나 믿었던 청주병이 무너지고, 공격을 위해 자신이 직접 붙인 불에 손바닥 화상까지 입고 말에서 굴러 떨어져 호되게 경을 쳤지만, 참모인 루이樓異의 도움 덕에 가까스로 궁지를 벗어났다.

그 뒤 태세를 재정비한 조조는 공성 도구를 만들게 하는 등의 준비를 거쳐 다시 복양을 공격했다. 이 공격은 백 일이나 계속됐으나, 메뚜기 떼 발생 등으로 식량이 떨어

지자 싸움은 잠시 답보 상태가 됐다.

가을 무렵에 원소가 동맹을 맺자고 제안했고, 이어서 "귀공의 가족을 업鄴(하북성 남부)으로 모시고 싶다"고 했다. 조조는 다소 그럴 생각이 있었던 듯하다. 그러자 정욱이 따지고 들며 반대했다. 원소와의 동맹 추진은 흐지부지 중단됐다.

그 무렵 곡물 가격이 치솟고 사람이 사람을 먹을 정도의 기근이 발생했다. 사람을 먹는다고 하면 얼굴을 찌푸릴 분이 있을지도 모르겠다. 평화 시대에는 상상도 할 수 없지만, 놀라지 마시라, 인간이 인간을 먹는다는 게 꼭 '옛날 얘기'인 것만은 아니다.

그해에 도겸이 병으로 쓰러져, 유비가 서주 목사가 됐다.

195년 여름, 조조는 여포군의 설란薛蘭과 이봉李封이 점거하고 있던 거야鉅野를 공격했다. 여포가 구원하러 달려왔으나, 설란 등이 패배해 참수당한 것을 알고 도주했다.

그 뒤 여포는 산양군山陽郡 동민東緡에 진을 치고, 진궁과 함께 병사 1만여의 군세로 반격을 시도했다.

그때 조조는 보리 수확 때문에 일손이 부족했으나 부녀자들을 동원해 수비병으로 분장시킨 뒤 성벽에 배치했다. 여포군이 근접해 왔을 때를 기다려 복병으로 급습해 큰 전과를 올렸다. 여포는 서주의 유비 진영으로 도망쳤다.

10월, 조조는 천자로부터 연주 목사직을 하사받았다.

조조는 장막 등 여포의 잔당이 버티고 있는 옹구雍丘를 격파하고 장막의 가족도 처형했다. 또 원술에게 구원을 청하러 달려가던 장막은 부하들의 손에 살해당했다. 연주가 마침내 평정됐다.

그해에 장안에서 내부 항쟁이 일어났다. 헌제는 낙양으로 도피하려 했으나, 예전 동탁군의 교위校尉로 장안을 탈환한 이각李傕, 곽사郭汜의 군에 쫓겨 어쩔 수 없이 황하 북쪽으로 건너가 하동河東의 군도郡都인 안읍安邑(지금의 산서성 하현夏縣)에서 난을 피했다.

**馬超敗走 [섬서성 동관]**

동관湖關은 위하渭河가 황하에 합류하는 지점으로, 옛날부터 전략의 요충지다. 마초는 여기서 조조에게 반기를 들었다. 후한 왕조의 안정을 추구했던 조조는 직접 정벌에 나서 마초를 토벌했다. 그림은 황하를 건너 서북 오지 쪽으로 달아나는 마초군의 패잔병들.

# 28. 낙양의 봄 [마초패주]

196년, 정월 초 조조는 무평현武平縣에 원술이 임명한 진국집정관陳國執政官 원사袁嗣의 항복을 받아냈다. 이를 계기로 조조는 "천자를 맞이하면 어떨까"하는 생각을 했고, 순욱과 정욱은 적극적으로 찬성했다. 조조는 그리하여 사촌동생 조홍曹洪을 안읍으로 보냈으나 근위장군 동승董承이 원술군과 손을 잡고 길을 막아 나아갈 수가 없었다. 황건의 잔당인 수만 규모의 군세가 원술 편에 가담하고 있었으나 마음을 바꿔 손견에게 접근했다. 2월, 조조는 그들을 공격해 모두 항복을 받아냈다. 헌제는 조조를 건덕장군健德將軍에 임명했고, 그 뒤에 진동장군鎭東將軍으로 진급시켰으며, 그의 아버지 조숭의 작위를 이어받게 했다.

7월, 헌제는 양봉楊奉(원래 이각의 부장部將)과 한섬韓暹(백파군白波軍의 부장)의 호위를 받으며 무사히 낙양으로 돌아갔다. 뒤이어 조조가 수도 낙양에 들어섰을 때 한섬은 도주했다. 완전히 파괴된 낙양에도 마침내 평안한 봄이 돌아왔지만 그토록 황폐해진 낙양을 도읍으로 삼기에는 너무 문제가 많았다. 9월, 헌제는 영천潁川의 군도郡都 허許(조조가 거처한 성)를 새 도읍으로 삼아 옮겨 갔다. 조조는 군을 장악한 자로서 최고의 권한을 부여받았다. 여담이지만, 조조는 「해로薤露」라는 시를 남겼다.

돌이켜보건대 한 왕조도 22대, 맡은 바 소임 정성껏 다하지 않고
원숭이沐猴 꼴에 관복 입고, 아는 것은 적은데 큰일을 꾀했다
망설이며 결단하지 못해 우왕좌왕하던 군왕을 붙잡아 갔구나
흰 무지개 해를 꿰뚫더니, 자신이 먼저 재앙을 만났다
도적 같은 신하가 나라를 장악해, 군왕을 죽이고 도읍을 파괴했다
제실帝室의 토대는 분탕질로 뒤집히고, 종묘사직은 불타 없어졌다
서쪽으로 천도할 수밖에 없자, 울부짖으며 그곳으로 갔도다
저 낙양성곽 바라보니 은의 멸망 슬퍼한 미자微子가 애달프구나

이 시를 읽고 해설을 참고삼아 나 나름대로 다시 옮겨 보았다.

한나라도 이십여 대를 헤아리자, 궁정이 부패했다
원숭이가 관복을 입은 듯한 하진何進은 대사를 그르쳐
황자皇子들은 환관의 손아귀에 떨어졌다
흰 무지개가 해를 꿰뚫은 것은 불길한 정변의 조짐
독재자 동탁은 황자를 살해하고
종묘를 불태운 뒤 도읍을 옮겼다 울부짖는 백성을 내쫓았다
패배한 낙양 성에서 생각하노니, 미자의 「보릿가을의 노래」

(「보릿가을의 노래」는 상商나라 주왕紂王의 형 미자微子가 주周나라에 의해 멸망한 상의 폐허를 보며
비통한 마음을 담아 노래한 시)

조조는 부하인 조지棗祗, 한호韓浩 등의 건의를 받아들여 둔전屯田 사업을 추진했다. 계속되는 전란과 메뚜기 떼 피해, 흉작 때문에 군대는 극도의 식량 부족에 직면해 있었다. 굶주리면 약탈하고 남으면 버렸기 때문에 사람이 사람을 먹는 사태가 발생할 지경이 돼 싸울 수도 없었기 때문에 결국 자멸하는 군대도 있었다. "진秦은 농업을 국가의 기초로 여겼고, 한漢 무제武帝도 둔전으로 서역을 평정했다." 조조는 그렇게 말하고 각지에 개척 사업을 벌여 식량을 확보했기 때문에 순조롭게 도적떼를 평정하고 토벌할 수 있었다. 일본에서도 메이지 시대에 홋카이도에서 둔전병 제도를 실시한 적이 있으며, 사진도 남아 있는데, 그다지 오래 지속되지는 않았다.

어쨌든 식량은 무엇보다 중요한 에너지원인데, 포식하는 지금 시대에는 무기·탄약, 석유 등이 우선이라고 생각하는 사람들이 많다. 지난 태평양전쟁 때 전장에서도 국내에서도 영양실조가 속출해 도무지 싸울 수가 없었다. 영양실조는 뭐든 먹기만 하면 해결되는 것처럼 여기는데, 그렇게 간단한 문제가 아니다. 일본의 농업 정책은 빈곤하다고 할 수밖에 없다. 이런 식으로는 아무리 석유 비축을 늘리고 군비 증강을 꾀해도 전쟁은 할 수 없다. 물론 전쟁은 하지 않는 게 좋다는 건 두말할 필요도 없지만.

劉備入蜀 [사천성 광한<sup>廣漢</sup>]

'유랑 영웅' 유비 일행은 근거지를 확보하는 것이 초미의 관심사였다. 모신<sup>謀臣</sup> 제갈량은 천연의 요새(험준한 산하)로 둘러싸인 촉<sup>蜀</sup>(사천) 땅을 그 목표로 정했다. 유비 일행이 촉 땅을 밟은 것은 211년의 일. 그림은 진령산<sup>秦嶺山</sup> 속(한중<sup>漢中</sup>)의 풍경.

# 29. 원술과 여포 [유비입촉]

196년 양주楊洲에 있던 원술이 유비의 서주徐州 땅을 침공했다. 유비는 가까스로 이를 막았고, 1월쯤 원술은 (그때는 유비와 함께 있던) 여포에게 교묘한 언술로 내응해 달라고 유혹하는 편지를 보냈다. "설마 유비가 한 달이라도 버틸 것이라는 생각은 하지 못했습니다. 만일 장군이 내부에서 이 전투에 힘을 보태주신다면 우리 군은 틀림없이 이길 것입니다. 여기 식량으로 쌀 20만 석을 보내드립니다. 협력해주신다면 목숨을 바쳐서라도 은혜에 보답해드리겠습니다."

그런 의미의 내용이었다. 여포는 기뻐하며, 늘 그러했듯 태도를 바꿔, 돌연 유비가 있는 하비下邳를 공격해 그의 처자를 인질로 삼았다. 유비는 도망치다 여포에게 항복했다.

그러나 원술이 약속한 쌀은 오지 않았다. 분노한 여포는 유비를 소패小沛(지금의 강소성江蘇省 패현沛縣)에 주둔케 하고, 자신은 서주 목사를 자임했다. 원술은 대군을 동원해 유비를 공격했고, 유비는 여포에게 원군을 부탁했다.

중재에 나선 여포는 패성沛城 가까이에 포진해 원술과 유비 쌍방으로부터 사자를 불러 주연을 베풀었다. 여포는 멀찍이 창(화극畫戟)을 세워 놓고 "저것을 쏘아 보이겠소. 만일 성공한다면 쌍방 모두 군사를 철수시키고, 실패한다면 마음대로 싸우시오" 하고 거침없이 말했다. 야담과 같은 이 주연 얘기는 『삼국지연의』의 명장면 중 하나다.

197년, 원술은 수춘壽春(지금의 안휘성安徽省 수현壽縣)에서 바라던 황제를 자칭했다. 말하자면 벼락출세 격으로 황제가 된 뒤 관할 영지의 백성들은 굶주림에 시달렸으나 그의 궁전에는 고기와 쌀이 넘쳐났다.

원술은 어떻게든 여포를 포섭하기 위해 "그대의 따님을 내 아들에게 시집보내 주지 않으시겠소?"하는 의사를 한윤韓胤이라는 자를 사자로 보내 전달했다. 실은 황제가 됐다는 걸 추인받고 싶은 것이 주요 목적이었다는 얘기도 있다.

패국沛國 집정관 진규陳珪가 이 계책을 간파하고, "지금 조조의 위세가 대단합니다. 이럴 때 원술과 연을 맺으면 역적이란 소리를 들을 뿐입니다" 하고 여포에게 간했다. 여포는 곧바로 사람을 뒤쫓아 보내 시집가던 딸을 도로 데리고 오게 했고, 사자 한윤을 조조에게 보내 참수당하게 했다.

진규는 여포에게 "조조에게 제 아들 진등陳登을 사자로 보냅시다" 하고 요청했다. 하지만 여포는 도무지 허락하지 않았다. 그때 때마침 "여포를 좌장군左將軍에 임명한다"는 칙사가 왔다. 여포는 완전히 기분이 들떠 그 임관에 대한 감사장을 진등에게 들려 출발하게 했다. 진등은 조조에게 가자 여포가 위험인물이라는 것, 빨리 처리해버리는 것이 좋다는 것 등을 몰래 진언했다.

조조는 "그런가, 그대들만 믿겠다. 그자의 움직임을 주시해 주게" 하고 말했다. 진등은 나중에 여포 토벌에 공을 세워 복파장군伏波將軍에 봉해졌다. 그 뒤 손책孫策과 싸워 패했으나, 동성東城 태수가 됐다가 39세에 죽었다.

얘기는 조금 되돌아가지만, 사자 한윤이 죽음을 당한 것에 발끈한 원술은 장훈張勳, 교유橋蕤 등에게 여포를 공격하라고 명했다.

여포는 매우 위태로웠으나 진규의 지략대로 원술을 응원하려 한 한섬, 양봉 등에게 밀서를 보내 "함께 싸우지 않겠는가. 원술을 격파한다면 그 전리품은 모두 장군들의 것이다"라고 약속했다. 두 장군은 때를 보다가 내응하면서 원술군의 부장部將들을 베어 죽였다. 원술의 군대는 혼란에 빠져 다수의 사상자가 났다.

이미 원술에게 황제의 면모는 없었다. 병사도 양성하지 않고, 조조에게 패하기도 한 끝에 결국 사촌형인 원소에게 황제 칭호를 넘겼다.

고래로 전리품은 전쟁에 뒤따르는 축복이었다. 장군들은 미술품을, 일개 병사들도 목걸이 등을 얻어 걸치고 기쁨에 들떴다.

"전리품이 승리한 자들의 몫이 되는 관습을 사람들은 조금도 부정한 것이라고 생각하지 않는다."

(머시. 미국 초창기의 군수장관. 『속담·명언 사전』)

呂布脫落 [안휘성 서주]

무력이 출중한 여포였으나 동탁을 죽인 뒤에도 원소에게 가망 없는 자로 버림받고, 유비를 배반하고, 마침내 고립되자 조조군에 포위당했다. 딸을 안고 포위망을 빠져나가려던 여포. 그러나 결국 붙잡혀 목이 달아나. 군웅 쟁패전에서 탈락했다.

# 30. 진의록 부인 [여포탈락]

198년, 곧잘 마음이 바뀌는 여포였지만, 또다시 마음이 변해 원술과 제휴했고(조조에게 반기를 들었고), 이따금 원술과 싸우던 유비가 자리를 비운 사이 하비성下邳城을 빼앗았다.

이 공방전 때 조조는 유비를 구원하러 하후돈을 보냈으나 여포군 고순高順의 반격을 당해 패퇴했다. 그때 하후돈은 왼쪽 눈을 다쳤다. 그때의 부상 때문인지 애꾸눈이었던 것은 분명한 듯하다.

『삼국지연의』에는 조성曹性이라는 남자가 쏜 화살에 눈을 맞은 하후돈이 화살을 쥐고 이를 뽑아냈는데 눈알까지 뽑혀 나오자, 그는 "부모의 피"라 외치며 바로 그것을 삼켜버렸다고 돼 있다.

그 하비성이 조조의 맹공을 받자 여포는 허사許汜를 사자로 세워 원술에게 원군을 요청했으나 응답이 없었다. 결국에는 자신이 깨버린 딸과 원술의 아들 혼담 건이 마음에 걸렸던지 딸을 솜으로 싸서 말의 등에 묶고 자신이 직접 데리고 가려고 성을 나섰으나 경계망을 돌파하지 못하고 되돌아오고 말았다.

여담이지만, 여포가 원술에게 사자로 보낸 이는 진의록秦宜祿이었다는 기술도 있다 (『정사 삼국지』). 뒤에 남겨진 진의록의 부인(두씨杜氏)은 대단한 미인이었던 것으로 보인다.

이 여성을 본 관우가 자기 아내로 삼고 싶다고 조조에게 얘기했다. 조조는 그렇게 해주겠다고 건성으로 대답했으나 여포가 패배한 뒤, 즉 진의록의 소식이 불분명해졌다고 생각한 듯한 관우가 다시금 조조에게 그 얘기를 하자, 조조는 '이거 상당한 미인인 모양이로군' 하고 생각한 듯, 사람을 보내 그 부인을 데려와 그대로 자신의 첩으로 삼고는 관우에게는 입을 싹 닦아버렸다.

조조는 그녀와 그녀가 데려온 아들(진랑秦朗. 훗날 조조의 손자 명제明帝의 상담 상대)을 애지중지했으나, 관우로서는 솔개가 유부를 낚아채 간 격으로, 난데없이 당했다는 심사였을 게 분명한데, 관우도 조조도 그다지 칭찬할 만한 인물들은 아니었구나 하고 "신臣(필자)은 생각하나이다"라고 했더니, 존경하는 벗 나카무라 스나오는, 남편을 여읜 여성이 많았던 난세 때의 일이어서 지금과는 다르다, 항간의 얘기를 가지고 억측을 하는 건 어른답지 못하다며 내게 반성을 촉구했다.

얘기를 다시 되돌린다. 경계망을 돌파할 수 없었던 여포는 "조조에게 항복할까" 하고 망설이기도 해 부하들의 신뢰에 흠집을 내기 시작했고, 조조의 포위 작전이 이어진 3개월간 조조군은 사수泗水, 기수沂水의 물을 성 내로 끌어들여 흘러넘치게 했다. 여포군도 마침내 전의를 상실하고 투항했다.

그는 자신의 실력을 활용하라며 조조에게 목숨을 구걸했으나 배신의 이력을 덮을 길이 없었다. 여포는 자신의 처형을 촉구한 유비에게 "너야말로 신용할 수 없는 남자" 따위의 악을 쓰면서 목 졸려 죽었다.

여포의 참모 진궁陳宮은 예전에 조조 밑에서 충절을 다한 남자다. 장래가 촉망되는 남자인데 아깝다며 처형을 망설였으나 어쩔 수 없다. 진궁은 침착한 태도로 형장으로 향했다. 조조는 그의 사후 그 가족을 후하게 대접하고 보호해주었다고 한다.

또 전에 장막과 싸웠을 때 장막이 조조의 부하 필심畢諶의 어머니와 처자를 붙잡아 협박했다. 조조는 필심에게 군신의 관계를 끊고 "가족 있는 곳으로 가도 좋다"고 말했다. 필심은 감사했고 조조도 가족을 생각하는 그를 위해 눈물을 흘리며 보내주었다. 그 필심이 이번에는 포로가 됐다. 조조는 어버이를 생각한 그를 잊지 않고 노국魯國의 상相으로 삼았다.

199년, 역경易京(지금의 북경 남쪽)에서 원소군에 포위당한 공손찬은 흑산의 도둑黑山賊 장연張燕에게 구원을 요청해, 봉화를 올리면 원소를 공격해 생포하기로 했다.

그런데 흑산적에게 보내는 밀서가 원소의 손에 들어가 거짓 봉화를 올리는 바람에, 그것을 구원부대가 온 것으로 오인하고 공격을 시작했다가 오히려 복병의 습격을 당했다.

대패하고 성으로 도망간 공손찬은 농성 작전을 펴게 된다. 원소군은 성 망루 아래까지 지하도를 파서 그 기둥에 불을 지르고 역경 성 내로 물밀 듯 쏟아져 들어갔다.

패배한 공손찬은 처자 등 식구들을 목 졸라 죽이고 자신도 자살했다.

龍門石窟 [하남성 낙양]

고도 낙양 인근에 세계유산으로 지정돼 있는 용문석굴이 있다. 북위 때 493년 무렵부터 조성하기 시작한 거대한 석불군 — 그중에서 가장 크고 볼만한 것이 이 노사나불 인데, 당 의 여제 측천무후와 닮았다고 전해진다. 나는 이십여 년 만에 재회했다.

# 31. 밀서 '조조 암살' [용문석굴]

199년, 원소는 마침내 하북河北을 제압했다. "원술한테서 황제 자리 따위 물려받지 않아도 좋다. 조조만 격파하면 자동적으로 제왕이 되는 거야" 하고 속으로 생각하고 있었다고 쓴 책이 있었다. 나도 그랬을 것이라고 생각하지만, 누가 원소의 마음속에 들어가 보지 않은 다음에야 어찌 확실하다고 할 수 있으랴. 역사에는 이런 기록이 적지 않다.

이미 여포를 처형한 조조는 유비를 환대하고 좌장군에 임명했다.

그 무렵 원술이 수춘을 버리고 원소에게 간다는, 말하자면 체면 살려가며 투항하려 한다는 정보가 입수됐다. 조조는 유비를 총대장에 임명하고 주령朱靈과 노초老招를 부장副將으로 세워 그것을 저지하려 했으나 원술은 서주에 들어가기 전에 병사하고 말았다.

그런데 조조의 참모 정욱과 곽가郭嘉가 "원술을 막는 것은 차치하고, 유비에게 군사를 맡기면 무슨 일이 벌어질지 불안합니다" 하며 간했다.

이때 유비는 거기장군車騎將軍 동승董承한테서 밀명을 받고 있었다.

헌제 자신이 황제라고는 하나 실권은 조조 손에 있었다. 따라서 조조를 없애고 싶다는 바람은 헌제 한 사람만이 아니었고, 신하들 중에도 그런 움직임이 있었다. 헌제는 동승을 불러 관대를 하사했다. 그 관대 속에 "조조를 주살하라"는 칙령이 들어 있었다고 한다.

유비는 이 위험한 칙령의, 말하자면 하청을 받아 기회를 노리고 있었다. 그런데 그가 원술을 막으려고 파병돼 자리를 비운 사이에 계획이 발각돼 200년 1월, 동승 등 주모자 전원이 처형당했다.

신臣(필자)은 자문자답한다.

"분명 『삼국지연의』에서도 이 관대 속의 편지가 움직일 수 없는 증거였다고 적고 있으나, 생각해보면 조조를 죽이라는 한마디라면 구두로 해도 충분할 텐데, 군이 문서로 만들어 증거를 남기지 않아도 될 일이었는데……"

"아니, 문서로 작성하지 않아도 되는 것이라면, 어떤 말이든 헌제가 한 것이라 치부하면서 무슨 짓을 할지 알 수 없는 상황이 돼버리지 않을까. 따라서 황제의 비밀 조서가 명령의 증거가 된다."

그런데 그 시점에서 헌제가 조조를 없애고 싶어 했다는 건 그 이유도 그것을 뒷받침할 기록도 없다. 이 '밀조密詔'는 동승의 연출이었던 것으로 생각되며, 거기에 유비가 동조하려 했다는 것이 진상에 가깝다고 존경하는 벗 나카무라 스나오는 얘기했는데, 필자는 즉각 거기에 찬성했다.

그건 그렇다 치고, 앞서 얘기한 정욱과 곽가 등의 걱정은 현실이 됐다. 유비는 서주자사 차주車冑를 죽이고, 하비의 수비는 관우에게 맡긴 뒤 자신은 본거지인 소패에 진을 쳤다. 동해군東海郡 태수 창패昌霸를 비롯해 군현의 유력자들이 차례차례 유비 쪽에 가담해 그 병력이 수만 명으로 불어났다. 유비는 심복 손건孫乾을 사자로 삼아 원소와 손을 잡고 전투태세에 만전을 기했다. 이에 대해 조조는 유대劉岱와 왕충王忠군에게 공격을 명했으나 기세가 오른 유비의 적수가 되지 못했다.

200년, 조조는 원소와 천하를 다투고 있었는데, 돌연 동쪽 정벌을 결단했다. 원소보다 상대하기가 더 버거운 유비를 먼저 정벌해야겠다고 생각한 모양이다.

한편 관도官渡에도 장병들을 남겨두었다. 어쨌든 큰 적인 원소와의 싸움을 염두에 두고 있었던 것이다. 피할 수 없는 관도의 결전은 이미 그 전초전에 돌입해 있었다.

유비는 "조조군은 관도에 주둔하고 있고, 원소보다 먼저 나를 공격해 올 리 없다"며 대수롭지 않게 여기고 있었기 때문에, 조조군이 군기를 늠름하게 휘날리며 다가오는 것을 보고 기겁했다. 당황한 유비는 처자를 내팽개치고 성을 탈출해 원소 진영으로 도망쳤다.

조조는 어렵지 않게 유비군을 격파했다. 이때 유비의 처자와 하비의 수비를 맡고 있던 관우가 포로가 되었다. 그리고 조조는 관우를 편장군偏將軍으로 후하게 대접했다.

『삼국지연의』에는 사로잡힌 몸이 된 관우가 매일 밤 유비 부인의 숙소 앞에 서서, 말하자면 불침번을 선 것으로 돼 있다. 조조의 가신들은 이를 흥미 본위로 이상하게 여기면서 몰래 그 모습을 엿본 것으로 전해지고 있다.

白馬先勝 [하남성 관도]

관우는 조조에게 사로잡힌 적이 있다(200년). 그때 조조는 원소와 대결전
을 앞두고 있었다. 관우는 전투가 시작되자마자 적장 안량을 발견하고 그
머리를 베어 조조의 후의에 보답했다. 그림은 안량군과 싸우는 관우군.

# 32. 관도 전투 – 관우의 분전 [백마선승]

199년 8월, 조조는 황하 북부 여양黎陽(하남성)에 선제공격을 가했다. 장패臧覇 군을 청주靑州로 진격하게 해 동쪽으로부터의 침공을 차단하고 우금于禁 군을 황하 수비대로 배치했다. 9월에는 황하 남쪽 관도에도 수비대를 두고, 조조는 허도許都로 귀환했다.

11월, 원소는 형주荊州 양穰에 있던 장수張繡에게 자기 진영에 가담하도록 사자를 보냈으며, 참모 가후賈詡에게도 동시에 편지를 보냈다. 장수는 강한 쪽에 가담해야 한다고 생각하고 있었으나, 가후는 대군 속에 작은 군사로 참가해봤자 중용되기 어렵다고 보고, 이번에는 군세가 적은 쪽에 가담해서 환대받는 게 낫다고 생각했다. 게다가 "사촌형제 간인 원술과도 적대한 원소에 비해 인물은 조조 쪽이 낫다"고 장수를 설득했고, 장수는 그의 말대로 조조 편에 전군과 함께 항복했다. 조조는 기뻐하며 장수를 중용했다.

그런데, 197년의 일이지만, 장수는 남양南陽의 완宛에 있을 때 한 번 조조에게 항복한 적이 있다. 그때 조조가 조카 장제張濟의 아내를 빼앗아 간 것을 원망하며 반기를 들었다는 이야기가 있다.

199년 12월, 조조는 관도에 군사를 집결시켰다.

조조군의 주요 부장部將은 장료張遼, 허저許褚, 서황徐晃, 순유荀攸, 우금于禁, 조홍曹洪, 조인曹仁, 하후돈夏侯惇, 하후연夏侯淵, 관우關羽.

이에 맞선 원소군은 군감軍監인 심배審配, 봉기逢紀, 참모에는 전풍田豊, 순심荀諶, 허유許攸, 장군에는 안량顔良, 문추文醜, 저수沮授, 곽도郭圖 등 모두 뛰어난 무인들이었다.

원소의 기반은 황하 북부 기주冀州, 유주幽州, 병주幷州(지금의 하북성 중부에서 산서성 북부에 걸쳐 있는 지역), 청주靑州를 포함한 큰 세력이었다. 조조의 패권하에 있는 황하 남부 일대는 연이은 전란 때문에 피폐해져 있었다고 봐도 된다. 원소는 집안으로 보더라도 4대에 걸쳐 삼공三公을 배출한 명문이었고, 그 지배권역에는 전란의 피해를 입은 곳도 많지 않았다.

전풍과 저수의 작전은,

1. 식량 확보가 급선무라는 것.

2. 천자 편에 서기 위해 조정에 사자를 보내고 전리품 등의 공물을 헌상한다. 이에 실패하더라도 그것은 조조의 방해 탓으로 돌린다.

3. 배, 무기 등을 정비하고 급전을 피한다.

이에 대한 심배와 곽도의 의견은 "적에게는 천자를 허도에 모신다는 대의명분이 있으나 승산은 병력이 압도적으로 많은 이쪽에 있다. 지금이야말로 속전속결을 펼칠 때다"라는 것이었다.

200년 2월, 원소는 주전파의 적극책을 택해 내분을 피하고자 군을 통할하는 권한을 저수의 군과 곽도의 군, 순우경淳于瓊의 군에게 삼분해 나누어주었다. 그리고 진격이 시작됐다.

조조군의 장병들은 다소 긴장했으나, 조조는 침착했다.

원소군 진영에서는 저수와 전풍이 열심히 속전속결은 안 된다고 간언했으나 채택되지 않았고, 결국 전풍은 칼을 쓰고 옥에 갇히는 신세가 되고 말았다.

여양에 거점을 둔 원소는 군을 둘로 나누고, 그 한쪽을 맹장 안량에게 맡겨 황하를 건너게 해 백마白馬(지금의 정주시鄭州市 북동부)에 있던 동군東軍 태수 유연劉延을 공격하게 했다.

한편, 조조는 장료와 관우에게 이를 맞아 싸우게 했는데, 이 전투에서 관우는 적군의 깃발을 보자마자 한복판으로 돌진해 안량을 베고 백마의 포위망을 무너뜨리는 데 성공했다. 관우는 안량의 머리를 조조에게 가지고 돌아와 그것을 보은의 표시로 삼고, 유비에게 돌아가게 해달라고 간원했다. 조조의 진을 떠날 때 이별 편지를 썼고, 또 조조한테서 선물받은 비단 등 산처럼 많은 포상품에는 손도 대지 않은 채 받았을 때 그대로 봉인해 놓고 떠났다고 한다.

인생에 이별이 없다면
누가 은애恩愛의 소중함을 알리

(『소동파 시선』)

義人關羽 [하남성 허창]

안량을 베고, 유비에게로 돌아가는 관우를 조조는 만감이 교차하는 가운데 떠나보냈다.(『정사 삼국지』) 그림은 패릉교 옆에서 유비 부인과 함께 조조에게 이별을 고하는 관우 일행(『삼국지연의』). 하남성 허창시 교외에, 이 고사에서 따온 춘추루, 패릉교 등이 있다.

# 33. 관도 전투 - 보급선 [의인관우]

조조는 떠나가는 관우를 뒤쫓아가서 치려는 부하 부장들을 제지하면서 "쫓아가지 말라"고 엄하게 지시했다. 이때의 일은 『삼국지연의』에서도 특필되고 또 그림으로 그려지기도 하면서 계속 회자되고 있다.

나는 하남성 허창시許昌市(옛날의 허도許都)에 있는, 관우에게 제사지내는 관제묘關帝廟에 갔다. 거기에는 조용한 시냇물이 있고 오래된 나무들이 무성한 정원 속에 장려한 건물이 있었다. 떠나가는 관우가 건넜다는 전설의 패릉교灞陵橋도 있었다. 지금은 화강암으로 멋지게 만들어 놓은 그 다리 옆에 떠나가는 관우의 석상이 세워져 있다.

여담이지만, 『삼국지연의』에 따르면, 관우는 왼팔에 독화살을 맞은 적이 있는데, 의사에게 그것을 뽑아내 달라고 부탁했다. 나는 그가 바둑을 두면서 수술을 받고 있는 그림을 본 적이 있다. 그 뒤에도 뼈가 욱신욱신 아팠다는 이야기가 관우의 대담성을 말해주는 에피소드로 전해진다.

바둑은 그 옛날부터 이미 두고 있었다. 나카무라 스나오에 따르면, 바둑은 춘추春秋시대부터 시작돼 진, 전한을 거쳐 후한 시대에 성행했다는 이야기가 중국 전문 서적에 기록돼 있다고 한다.

이제 원소의 대군은 황하를 남으로 건너 연진延津을 향해 나아간다. 저수沮授는 "이 연진에 본대를 남겨 두고, 관도에는 일부의 병력만으로 공격하는 게 현명하다"고 진언했으나, 원소는 그 말을 듣기는커녕 저수의 지휘권을 빼앗고 전군을 한꺼번에 관도로 쇄도하게 할 작정이었다. 그런데 도중에 백마白馬에서 안량의 목이 날아갔다는 통지를 받고는 일거에 계획을 바꿔 연진으로 향했다.

이를 안 조조군은 백마에서 운반해 온 무기 등을 미끼삼아 길에 흩뿌려 놓고 언덕 남쪽에 매복한 채 기다렸다. 그리하여 원소군을 충분히 끌어들인 뒤 일거에 기습해 부장 문추의 목을 베었다. 원소군은 진로를 바꿔 관도 북쪽의 양무陽武에 집결했다. 관우가 유비한테로 돌아온 것이 이 무렵이다.

8월이 됐다. 원소는 모래언덕을 따라 포진했다. 조조군은 여기서도 이길 수 있다는 보장이 없었고, 병력도 적었다. 따라서 저수나 전풍이 말했듯이 지구전으로 조조군이 피로해지기를 기다리는 게 현명했을지도 모르지만, 그런 의견은 묵살당했다.

또 그 무렵에는 아직 원소 진영에 있던 허유許攸가 "이대로 조조를 묶어 두고, 다른 길로 허도를 급습해서 천자를 맞아들이면 일거에 결판을 낼 수 있습니다" 하고 진언했으나 받아들여지지 않았다.

원소 쪽이 흙으로 산을 쌓아 활을 쏘려 하면, 조조군은 돌을 날리는 대포 같은 투석기를 만들어 원소군의 망루를 만드는 족족 파괴해버렸다.

이런 격전이 계속되고 있을 때, 허도 주변에서는 원래 황건군이었던 유벽劉辟 등이 조조로부터 이반했고, 원소는 유비군에게 유벽을 지원하도록 했다. 조조의 사촌동생 조인曹仁은 "유비군은 원소로부터 빌린 것이니 걱정할 것 없습니다"라며 이를 무사히 격퇴했다.

원소의 관도 전선은 늘어져 보급로가 길었다. 그 때문에 군량 수송도 큰 문제였다. 조조군은 많은 운반 수레들이 왔다는 정보를 입수했다. 서황徐晃과 사환史渙은 이 수송부대를 공격해 치중輜重(군수) 물자들을 불태워버렸다. 원소는 다시 순우경淳于瓊에게 군사 1만을 주어 북상해서 본대로부터 40리 정도 떨어진 오소烏巢에 주둔하게 했다. 이때 저수가 별동대에게 치중대輜重隊를 호송하게 하도록 해야 한다고 진언했으나, 이 또한 받아들여지지 않았다.

그때의 치중대가 어떤 형국이었는지 알 수 없으나, 시바 료타로의 『항우와 유방』의 시대는 노병, 부녀자가 그 역할을 했다고 한다. 일본 군대에는 "치중, 수졸輸卒(운반병)이 군대라면 나비, 잠자리도 새"라는 자학적인 노래가 있었다. 수송의 보조 역할을 자조하는 노래였는데, 치중이 얼마나 중요한 것인지 알게 될 때가 올 것이다.

벌써 10월이었다. 관도 공방전은 거의 반년을 끌고 있었다. 쌍방 모두 피로의 기색이 짙었다. 그럴 때 원소군의 참모였던 허유가 조조군에 투항했다. 종종 진언을 했으나 받아들여지지 않았기 때문에 원소에 대한 기대를 접고 왔다고 했다.

袁紹壞滅 [하남성 관도]

201년, 원소 대 조조의 관도 전투는 군세가 열세였던 조조군의 역사적인 승리로 끝났다. 진영에 불을 지르자 앞다퉈 구조선으로 도망치는 원소군을 묘사했다. 저 이치노다니 전투(일본 헤이안 시대 패스마구에서 벌어진 전투)를 연상시킨다. 스마 포구는 황하에 해당한다. 원소는 2년 뒤 실의에 차서 병사한다.

# 34. 관도 전투 - 오소 급습 [원소괴멸]

허유가 조조군에 투항한 이유는, 무제기武帝紀에 따르면, 그가 돈 문제로 말썽을 일으켰기 때문에 원소 진영에서 도망친 것이라고 한다. 또 허유 가족이 법에 어긋나는 짓을 해 심배審配가 그 처자를 감옥에 처넣었다. 이에 허유가 격노해 조조군에 투항했다는 설도 있다.

어느 쪽이 맞는지 분명하지는 않지만, 어쨌든 그는 조조 진영 쪽으로 넘어가,

"조공曹公의 군량은 이미 바닥을 쳤겠지요. 원소군은 1만대가 넘는 치중 수레를 고시故市와 오소烏巢에 집결시켜 놓고 있습니다. 이를 급습해서 불태워버리면 원소군은 자멸할 것입니다" 하고 말했다.

많은 사람들이 그의 말을 믿지 않았으나, 순유와 가후는 허유의 계책대로 하자고 조조에게 권했다. 정예를 선발해 원소군으로 위장한 깃발을 들게 하고, 말 입에는 소리를 내지 못하도록 나뭇조각을 물려 묶은 뒤 한밤중에 은밀하게 오소로 서둘러 가게 했다. 보초 앞을 지나갈 때는 "원소님의 구원부대다"고 하면 무사통과였다.

오소에 도착한 것은 날이 새는 새벽녘이었다. 병사들은 일거에 순우경군을 덮쳤고, 아닌 밤중에 홍두깨 격으로 당한 원소군은 방어전도 보람 없이 완전히 무너졌다. 원소와 그 자식들은 군을 버리고 황하를 건너 도주했다.

조조군은 포로를 잡아, 거짓 항복한 자는 구덩이에 묻었다고 한다. 지도와 기타 전리품들이 엄청났다. 그중에는 허도와 조조군에서 원소와 내통하던 자의 편지까지 있었는데, 조조는 이를 무시하고 모조리 불태워버렸다.

"죄를 미워하되 사람은 미워하지 마라"는 것은 이럴 때 조조의 입장에 선 자가 하는 말이지 내통 편지를 쓴 자가 할 수 있는 말은 아니다.

『삼국지』에 주석을 단 배송지裴松之는 관도 전투의 극적인 승리를 긍정하고 있지만, 원소군 병력이 조조군의 열 배가 됐다고 볼 수는 없고, 전과 기록도 그것을 미화한 것으로 본다고 썼다. 관도 전투가 조조의 압도적인 승리로 끝난 것은 역사적인 사실이다.

나는 그 옛 전장에 가봤다. 커다란 판화풍의 그림을 그려 넣은 기념비에는 오소를 불태우는 장면이 새겨져 있었다. 그 주변은 농가뿐으로, 때마침 면화 수확철이어서 바빴다. 그 지역은 또 마을의 명산지라는 말도 들었다.

그 뒤 강의 흐름이 바뀌어 황하는 멀어졌고, 전쟁이 언제 있었냐는 듯 거기에는 보리가 파종되고 오동나무가 자라고 있었다.

원소군의 저수는 조조에게 붙잡혔으나 투항한 것은 아니라고 말했다. 예전부터 아는 사이였던 조조는 "좀 더 일찍 맞이하고 싶었다. 앞으로 그대의 의견을 들려주게나" 하고 말했다. 그러나 저수는 오히려 죽여 달라고 했다. 조조로부터 후한 대접을 받았으나 나중에 원소 진영으로 도망가려다 살해당했다.

관도의 조급한 전투에 반대한 전풍은 원소에게 체포당했다. 그가 말한 대로 했다면 지지 않았을지도 모른다고 원소도 생각했으나, "전풍은 그럴 줄 알았다는 듯 즐거워하고 있나이다"라고 누가 얘기하자, 원소는 전풍을 죽였다.

앞에서도 얘기했지만, 조조는 관도의 승리 덕에 순욱의 지도력을 인정하지 않을 수 없었다.

그를 믿고 작전을 밀고나간 것이 승리의 최대 요인이었다고 할 수 있다. 순욱의 진의는, 남몰래 왕을 보좌하는 것, 즉 미묘한 얘기이기는 하나 조조의 배후에서 한실漢室 재건의 꿈을 꾸고 있었던 것이 아닐까 하는 시각도 있다. 그러나 운명이라고 해야 할까, 순욱은 자해를 하게 된다.

진수陳壽의 원문에, 순욱은 "한탄하며 목숨을 끊는다"고 돼 있고, 그 주에 인용된 「헌제춘추獻帝春秋」에는 "자살했다고 손권에게 보고했다"고 기록돼 있다. 하지만 배송지는 이 「헌제춘추」가 엉터리 기술이 많은 책이라고 써 놓았다.

이렇게 해서 조조는 대군을 자랑하던 원소와의 관도 전투에서 극적인 승리를 거두었다.

마침내 하북 통일의 시대를 맞이한다.

博望沮止 [하북성 양번]

관도 전투에서 원소 휘하에 있던 유비는 패배한 뒤 조조군의 추격을
받자 형주의 유표에게 도움을 청하러 간다. 그림은 조조군의 남진을 막
으려 스스로 박망성에 불을 질러 적에게 타격을 가하려는 유비 군사들.

# 35. 원소의 종말 [박망저지]

201년, 원소는 관도 전투에서 패하기 전에 유비에게 여남汝南을 공략하게 했다. 여남의 도적 공도共都 등도 유비와 합류했다. 조조는 채양蔡揚의 군대로 대적하게 했으나 공도에게 격파 당한다.

관도의 승리 뒤인 9월, 허도로 돌아온 조조는 그 기회에 유비를 쳐서 나중의 두통거리를 제거해버려야겠다고 생각한 듯 남정南征 태세를 갖췄다.

그 대군을 당해낼 수 없다고 본 유비는 형주荊州의 유표劉表에게 도움을 청하러 간다. 유비는 전에도 미축麋竺, 손건孫乾과는 인사를 나눈 사이인데, 그때 그런 자리를 주선한 미축은 대부호였다. 유비가 여포에게 하비를 빼앗긴 직후 먹는 것조차 여의치 않은 상태였을 때, 미축이 그를 경제적으로 도와주었다는 얘기가 있다. 처가 적군에 사로잡힌 유비를 위해 자신의 누이를 부인으로 삼게 하고, 일꾼 2천 명, 거기에다 거액의 군자금도 제공했다는 것이다.

유표는 유비를 최고의 예를 갖추어 맞이한 뒤 신야현성新野縣城을 주고, 군세도 보충해 주었다. 그 뒤 유비를 흠모하는 인재들이 차차 모여들자, 그렇게 통이 컸던 유표조차 자신이 위협당하고 있는 듯한 의심에 사로잡히기 시작한다. 그리하여 유비에게 신야의 북쪽 도시 박망博望으로 가서 남하해 오는 조조군(하후돈, 우금 등)을 막으라고 명령했다.

박망의 유비는 진지에 불을 붙인 뒤 달아났고, 이를 뒤쫓는 하후돈의 군대를 복병을 매복시켰다가 치게 하고 협공해서 대승을 거두었다. 유표의 계획은 나쁘지 않았으나 유비의 명성을 드높이는 데 힘을 보태준 결과가 됐다.

202년 5월, 원소는 병을 얻어 뜻을 이루지 못한 채 병사했다. 막내 아들 원상袁常이 그 뒤를 이었고(본가를 떠나 큰아버지의 가계를 잇고 있었다), 형 원담袁譚은 스스로 거기장군車騎將軍이 돼 여양黎陽에 진을 침으로써, 두 사람은 사이가 틀어졌다. 원상은 부하 곽원郭援을 하동河東 태수에 임명했다. 또 한 명의 부하가 흉노의 선우單于와 협정을 맺어 대군을 데리고 왔다.

원상군의 곽원과 대치한 것은 조조군의 사예교위司隸校尉 종요鍾繇였는데, 관중關中(섬

서)에는 원래 마등馬騰 세력이 포진하고 있어서, 적대하는 원상, 조조 쌍방으로부터 제휴 제의를 받고 있었다. 종요 쪽이 설득력이 있었기 때문에 마등은 조조군에 가담했고, 그 아들 마초馬超가 군을 이끌게 됐다.

203년 3월, 조조는 여양을 공격해 원상 등을 패주시켰다. 뒤이어 가후를 여양에 주둔하게 했다.

7월, 조조는 15년이나 끈 전란으로 황폐해진 전후 세상 형편을 걱정하고, 젊은이들의 풍속이 어지러워진 것을 통탄했다. 학문을 장려하기 위해 "큰 현에는 교육을 할 수 있는 곳을 설치하고 준재를 뽑아 영재 교육을 실시하며, 과거 선현들의 가르침을 이어받아 천하에 이익이 되도록 하라"는 포고를 발령했다.

8월, 조조는 유표를 치고, 서평西平(하남성, 허창 남쪽 80킬로미터)에 주둔하고 있었는데, 업鄴을 떠나자 원상과 원담이 기주冀州의 패권을 두고 다투기 시작했다. 결국 원담이 패주한 끝에 조조에게 구원을 청하러 갔다. 망설이는 자들이 많았으나 순유는 귀순을 받아들이도록 권했다. 원상의 형편이 좋지 않다고 본 여광呂曠과 여상呂翔도 군을 이끌고 조조군에 항복했다.

204년, 그런 상황 속에서 조조는 원상군을 치는 일에 그해 1년을 보내게 되는데, 연전연승을 계속한 끝에 마침내 원상군의 치중, 그리고 그의 (자칭, 왕위를 보장하는 도장인) 인수印綬와 깃발節, 큰 도끼鉞까지 몰수하는 전과를 올렸다. 원상의 부장部將들도 차례차례 항복했다.

마지막 장군 심배審配의 형의 아들 심영審榮이 수비하고 있던 성의 동문을 열고 조조군을 끌어들인 결과 심배도 참수당하고 원상군은 섬멸당했다.

위세가 대단했던 원씨 집안은 종말을 맞게 되는데, 조조는 예전에 함께 싸운 원소의 묘에 참배하고, 원소의 처와 그 가신들의 생활까지 보살펴 주었다고 한다.

205년, 원담은 그 뒤 조조에게 등을 돌린 뒤 조조군의 공격을 받아 평원平原(지금의 산동성 평원현)에서 남피南皮(지금의 하북성 남피현)로 패주했지만, 굽히지 않고 저항하다가 결국 사로잡혀 참수당했고, 기주는 마침내 평정됐다.

長江群靑 [사천성, 호북성 삼협]

고대 중국에서는 북의 황하는 '하河', 남의 장강은 '강江'이라고 불렸다. 대륙을 횡단하는
이 두 대하는 삼국 영웅들의 흥망을 삼킨 채 지금도 도도하게 흘러가고 있다. 삼협三峽의 배
위에서 장강 연안을 그렸다. 군청색 안료 라피스 라줄lapis lazul은 베이징에서 입수했다.

# 36. 유표의 소식 [장강군청]

형주荊州는 중국 대륙의 중앙부로, 오늘날의 호북성, 호남성, 하남성 경계가 만나는 곳에 있다. 큰 세력권이다. 이 형주에는 기득권을 지니고 있어 보이는 실력자 유표劉表(142~208)가 있었다.

유표는 산양군山陽郡 고평高平 사람으로, 노魯의 공왕恭王의 후예다. 청류파의 한 사람이었기 때문에 그곳으로 도피해 있었으나 대사면령 뒤, 앞에서 얘기한 대장군 하진에게 기용돼 궁성의 경비사령이 됐다.

190년, 형주 자사 왕예王叡가 손견에게 죽임을 당한 뒤 유표가 그 후임에 임명됐다. 유표도 동탁 토벌에 가담해 양양襄陽(지금의 호북성 북부)에 진을 쳤다.

또 원술이 손견과 합동으로 유표의 형주를 공격한 적이 있는데, 손견이 사망한 뒤 패했다.

원술은 또 이각과 곽사가 장안에 쳐들어갔을 때는 유표를 제 편으로 끌어들이려고 형주 목사에 임명했다. 유표는 천자에게 공물을 바치기는 했으나, 한편으로는 원소와 손을 잡고 있었다. 부하 등희鄧義가 "이건 이상하니까, 그만두는 게 좋다"고 진언했으나 받아들여지지 않자 병을 핑계로 사직했다.

또 장사長沙 태수 장선張羨이 반기를 들었다. 그 싸움은 몇 년이나 계속됐는데, 장선이 죽자 싸움은 멈췄고, 그 아들 장역張懌을 태수에 임명한 뒤 장사를 병합하는 등의 과정을 거쳐 그 영지는 수천 리, 무장 병력은 10만이 넘는 큰 세력으로 확장됐다.

관도 전투 때 원소는 유표에게 구원을 청했으나, 유표는 건성으로 대답하고는 출병하지 않았으며, 그렇다고 조조 편을 들지도 않았다.

유표 휘하의 많은 지혜로운 신하들은 "이럴 때 쌍방 모두 지치기를 기다려 의심을 사는 것은 득책이 아닙니다. 조조는 지모가 있는 인물입니다. 반드시 원소를 처부술 때가 옵니다. 지금은 형주가 조조를 따르는 것이 현명합니다" 하고 진언했다.

유표는 실정을 정찰하기 위해 한숭韓嵩을 조조에게 파견했다. 한숭은 귀국한 뒤 조조의 영명함과 위광, 그 권세에 대해 말하면서 귀순의 뜻을 표하기 위해 유표의 아들을 "시동역(일종의 인질)으로 삼아 일하게 하는 것이 어떠할지요"라고 보고했다.

유표는 한숭을 조조의 스파이가 아닌가 억측을 하고 있었기 때문에, 조조에게로 돌아섰다고 단정하고는 참수하려 했다. 부인 채씨蔡氏가 간곡히 간언한 덕에 한숭은 처형을 면했다는 설이 있다.

유비는 201년부터 208년까지의 7년간 유표의 배려 속에 살아가게 된다. 그 전인 184년, 황건의 난 때 거병했던 시절부터 계산하면 유비가 두각을 나타내고 나서 이미 10년 세월이 흘렀다.

207년, 유비가 융중隆中에 있던 제갈량諸葛亮(181~234)을 찾아간 것이 바로 이해다. 두 사람에 대해서는 나중에 자세히 얘기하게 될 것이다.

그해에 원상은 패배했고, 아버지 원소와 우호 관계를 맺고 있던 오환족烏桓族(지금의 중국 동북부를 근거지로 삼고 있었다. 투르크족이나 몽골족이 아닌가 생각되고 있다)의 답돈蹋頓이 지배하는 땅으로 도망갔다. 조조는 이 오환족을 소탕해서 하북 일대의 안전을 확보하려 했다.

조조의 장군들은 그 계획을 실행에 옮기면 허도가 비게 되는데, 그렇게 되면 유비가 유표에게 허도 공략을 진언하게 될 것이라며 반대했으나, 참모 곽가郭嘉는 유표가 유비를 활용할 수 없을 것이라고 보고 조조에게 원정을 권했다. 이 원정은 당초 생각한 것보다 장기전이 돼 상당히 고전했으나, 결과적으로는 요서遼西의 유성柳城(지금의 중국 동북부)을 함락시켜, 답돈 등 오환족의 수령들을 참수하고 20여 만의 포로를 얻는 등 대승으로 끝났다.

원상은 다시 공손강公孫康의 땅으로 도망갔으나 그 보람도 없이 공손강의 손에 참수당했고, 그 머리는 조조에게 보내졌다.

중원은 조조의 천하가 됐다.

207년, 앞서 얘기한 채문희蔡文姬가 중원에 돌아온 것이 바로 이해였다.

涪城交歡 [사천성 면양]

익주益州(도읍은 성도) 목사 유장은 유비를 맞아들여 한중에 세력을 확보한 장로를 치려고 했다. 부성涪城(면양綿陽)에서는 유장이 성대한 환영연을 베풀었으나, 머지않아 유비에게 먹히게 된다. 그림은 두 사람이 축연을 연 부락산富樂山 공원.

# 37. 도원의 맹세 [부성교환]

유비는 193년에 서주徐州 목사가 된 이후 그 존재가 알려지기 시작했으나, 『삼국지연의』에서는 제1차로 "도원에서 잔치를 벌인 호걸 세 사람 의형제를 맺고 황건적을 베어 영웅 비로소 공을 세우다"라는 시작 부분부터 씩씩하게 등장한다.

이것은 소설이지만 정사正史를 토대로, 예컨대 실존하지 않은 인물을 설정하기도 해서 이야기를 전개해 간다. 그러나 전체적으로 보면 사실史實에 입각한 것처럼 교묘하게 만들어진 나관중羅貫中의 역작이다. 『삼국지연의』는 대충 얘기하자면, 유비가 선인, 조조가 악인이라는 구도로 쓰여 있기 때문에, 세상에서는 조조가 너무 오해를 받는 경향이 있다. 내게는 논픽션의 입장에서 기술한 『정사』 쪽이 더 재미있다.

『연의』에서는 유비가 어느 날 '황건군을 토벌하기 위한 의용군 모집 격문'을 적은 방문榜文을 읽고 개탄하며 한숨을 쉰 것으로 돼 있다. 그때 유비는 28세였다. 이런 것들을 감안해서 그게 188년의 일이었다는 식으로 계산했다.

다른 대목을 읽어 보면, 그게 24세였을 때일지도 모른다. 그렇다면 184년 때의 일이라는 얘기가 되는데, 여기서는 소설 『연의』 이야기를 하는 것이니까 너그러이 봐주기 바란다.

격문을 읽은 유비는 의용군에 빨리 참가해 도적을 토벌해야겠다고 결의했다. 우연히 그 격문을 본 호걸이 유비 외에 두 사람이 더 있었다. 『연의』에서는 의기투합해서 장비張飛의 집 복숭아나무 정원桃園에서 술을 마시며 "태어난 건 다르지만 죽는 것은 같은 해 같은 달 같은 날에"라며 서로 굳은 맹세를 한 것으로 돼 있다. 결과적으로 보면 죽을 때는 반드시 같았다고는 할 수 없지만, 이 의형제의 맹세는 성실히 지켜졌다.

유비의 출신지 탁주涿州에 가 봤다. '도원결의'나 '장비 고향' 등이 있었기에 스케치를 했다. 그러나 잘 만들어진 이야기라는 생각을 하다가 어느 사이엔지 그릴 의욕을 상실하고 말았다.

유비(161~223)는 "나는 유비, 한 왕조의 핏줄입니다"라고 자신의 신분을 밝힌다. 오래된 얘기다. 그는 전한 시대 경제景帝의 아들, 중산정왕中山靖王 유승劉勝의 후예로, 어려서 아버지를 잃고 어머니와 둘이서 짚으로 멍석이나 짚신을 만들어 간신히 생계를 꾸려가고 있었다. 집 동남쪽에 큰 뽕나무가 있었다. 수레 덮개처럼 보였기에 "이 집에서 반드시 위대한 인물이 나올 것"이라고 한 자가 있었다.

짚신을 삼는다는 말에서 연상되는 것은 일본의 니노미야 긴지로二宮金次郎(1787~1856)다. 긴지로를 소학교 무렵의 창가唱歌나 도덕 교과서를 통해 알았다. 전시 중에 금속 공출을 위해 나중에는 석상으로 교체됐지만, 일본 전국의 소학교 교정에는 대체로 어디나 그의 동상이 서 있었고, 지폐의 초상으로도 그려졌다. 이 긴지로도 소년 시절 부모를 잃고 큰아버지 집 일을 거들고 힘든 농사일을 하면서 『논어』 등을 독학해 청년기에 집안을 다시 일으켜 세웠으며, 나중에 근검절약한 끝에 독농가篤農家로 알려지게 된다.

"짚신을 삼는다"고들 노래했지만, 긴지로의 집은 그럴 정도로 가난하지는 않았다. 소학교 동상은 책을 읽으면서 장작을 등에 지고 오는 기특한 소년 모습으로 만들어졌는데, 메이지 시절 초기 교과서를 만들 때 외국의 교과서를 참고했고, 그때 외국 책 중에 책을 읽으면서 소를 끌고 집으로 돌아오는 소년의 모습을 그린 그림이 있었다. 이를 모델로 해서 니노미야 긴지로의 일화를 만들었다는 것이 진상인 듯하다고, 외우畏友 이타쿠라 기요노부가 조사했다. (미리 말해 두지만, 그는 과학자이기 때문에 사실만을 얘기한다.)

그건 그렇다 치고, 일하면서 공부하는 것은 특히 메이지 시절의 미풍이었다. 누구도 본 사람은 없지만, 나중에 천하를 손에 쥐는 유비니까 가난한 쪽이 이야깃거리로 재미있다고 생각한 사람이 있지 않았을까, 하고 나는 니노미야 긴지로의 이야기를 통해 그것을 연상하게 된다.

인간이란, 어릴 때부터 노력해서 얻지 않은 영예는 성장하면서 자랑하고 싶어 하지 않게 되는 법이다.

(J. S. 밀 『여성의 해방』)

川劇演義 [사천성 성도]

촉蜀의 수도였던 성도는 낙양이나 서안 등과는 다른 고도古都의 분위기가 지금도 남아 있다. 밤에 천극川劇(경극京劇의 사천판)을 보러 갔다. 『연의』의 한 장면으로, 획 돌아서면 순식간에 가면이 바뀌는 게 재미있었다. 〈면변面變〉이라는 비술祕術이다.

# 38. 유비와 부장들 [천극연의]

『삼국지연의』나 경극京劇으로 단련된 사람들의 선입관과 대비시키면서 정사적인 생각을 얘기하면, 그게 좀체 받아들여지지 않는다.

어릴 때 잘못 생각해서 그게 선입관이 돼버리면 머리의 일부로 자리를 틀고 앉아, 그것이 잘못된 것이라고 말해도 그 선입관을 뒤집기가 어렵다.

이야기가 옆길로 새지만, 예컨대 중학교의 모든 국어 교과서에 실려 있는 다자이 오사무의 「달려라 메로스」는 우정의 미담으로 확고하게 정착돼 있다. 그러나 세리눈티 우스를(당사자의 뜻과 상관없이 무단으로) 인질로 삼은 것은 왕이 아니라 메로스였기 때문에, 메로스가 약속대로 달려가는 것은 너무나도 당연한 것으로, 그것이 우정 따위의 미담으로 미화돼서는 곤란하다.

이야기를 다시 되돌리지만, 유비는 중산中山의 대상인 장세평張世平, 소쌍蘇双의 지원을 받아 세상사에 나선다. 즉 부자의 후원으로 사병私兵 집단을 만들 수 있었다. 황건적 반란이 시작된 것도 그 무렵(184년)으로, 유비가 24세 때의 일이다.

황건적을 토벌해서 공을 세우고, 안희현安喜縣(북경 서남부, 보정시保定市에 가깝다)의 위尉(경찰서장)라는 지위를 얻었으나 오만한 감찰관을 혼내주고 사임했다. 『연의』에 쓰여 있는 이 얘기는 야담을 읽듯 통쾌하다.

그 뒤 193년, 도겸陶謙으로부터 여주予州 자사刺史라는 직함을 받았고, 서주徐州까지 맡게 된다.

그뿐만이 아니라 도겸은 상당히 유비를 신뢰한 듯, 4천여 명의 병사 등을 붙여 주었다. 그러나 어떤 일도 생각대로 되지 않아 우여곡절 끝에 유표에게 몸을 맡기게 된다.

여기까지 유비의 유랑생활을 정리해 보면, 공손찬, 도겸, 여포, 조조, 원소, 유표 등의 순으로 의지해 온 셈이 된다. 이윽고 제갈량을 만나 마침내 유비의 존재가 도드라지게 된다.

관우關羽(?~219)는 하동군河東郡 해현解縣에서 태어났다. 장비張飛와 함께 유비를 받들었으나 관우가 네 살 위였으므로 형이 된다. 백마 전투에서 원소군의 부장 안량을 베고 조조 진영을 떠난 일, 팔에 맞은 화살을 뽑아낸 에피소드는 앞에서 얘기했다.

『연의』에서는 "나는 관우라는 사람인데, 하동군 해현 출신으로, 향리의 나쁜 호족 놈 하나를 죽이고 도망쳐 나온 지 오륙 년 됐습니다"라는 식으로 말한다. 관우는 병졸에게는 관대했고 사대부들에게는 엄격했다.

관우에 비해 장비(?~221)는 신분이 높은 사람에게는 경의를 표했지만, 신분이 낮은 사람에게는 엄격했다. 유비는 그것을 염려해 종종 주의를 주었지만 염려하던 것이 현실이 될 때가 온다. 『연의』에서는 "나는 장비, 재산이 있는데, 이걸로 돕고 싶다"고 얘기한다.

나중에 형주에서 조조군의 공격을 받았을 때, 퇴각하는 군대의 후위를 맡아 다리를 끊고 건너편에 장승처럼 버티고 서서 "목숨이 아깝지 않은 자는 나와 보라"고 외치며 홀로 적을 막아 유비의 패주를 도왔다는 얘기가 있다.

세 사람은 서로 이름을 대며 장비의 집 도원桃園에서 의형제의 연을 맺은 뒤 군사를 모집했던바, 3백 명 이상이 모여들어 모두 함께 축배를 들었다. 연령이 많은 순으로 유비가 큰형, 관우가 작은형, 장비가 동생이 되기로 했고, 그렇게 해서 나관중이 쓴 『삼국지연의』의 막이 오른다.

그들은 그 뒤 도회지로 나가 대장간에 가서 장비는 길이 일장팔척一丈八尺의 창鉾을 만들었고, 관우는 무게 82근의 검을 만들었다고 쓰여 있다. 정확한 도량형 파악은 불가능하지만, 만일 1근을 220그램이라 치면 검 한 자루에 18킬로그램 된다. 상당히 무거운데, 대호걸이 이것을 휘두르면 흡사 전차가 왔다고 할 정도로 박력이 있었을 게 분명하다.

관우의 묘는 훗날 관우가 재신財神이 되기도 해 중국 전역에 산재해 있는데, 하남성 허창시의 관제묘關帝廟에는 그가 사용했다는 창의 모조품이 전시돼 있었다. 창끝은 양철 정도로 돼 있어서, 젊은이가 그것을 휘두르면서 사진을 찍고 있었다.

趙雲暮景 [하북성 정정]

조운은 관우·장비와 나란히 활약한 쾌남이다. 장판【長板】에서 조조군의 추격을 받을 때 주군의 처와 아들을 구출했다. 하북의 그의 고향에는 멋진 사당이 남아 있다. 찾아간 것은 가을 해질녘으로, 조운의 부대가 옆을 가로질러 가는 환영을 보는 듯한 기분으로 그렸다.

# 39. 조운 사당 [조운모경]

이상 서술한 세 사람에 비하면 나중에 등장하지만, 유비 편에 가담해 대활약을 펼친 영웅이 있기 때문에 유비군 주요 인물들을 조사해 두고자 한다.

조운趙雲(?~229)은 공손찬의 부하였으나 192년, 계교界橋 전투를 계기로 유비를 따르게 된다. 형주에서 유비가 조조의 공격을 받아 처자를 버리고 도주했을 때 조운은 유비의 아들 아두阿斗(나중의 유선劉禪)와 그 어머니 감부인甘夫人을 도와 적 진영을 돌파했고,, 나머지 병사들도 무사히 도망칠 수 있었다. 그 공으로 아문장군牙門將軍에 임명됐다.

나중에 제갈량 등과 함께 촉을 공격해 빼앗게 된다.

여담이지만, 그가 강남을 평정한 뒤 계양桂陽 태수 조범趙範과 교체했다. 그런데 조범의 형수로, 번樊이라는 빼어나게 아름다운 미망인이 있었다. 조운은 "같은 성의 당신 형은 나의 형이기도 하다"며 과부인 자신의 형수를 취하라는 조범의 제의를 고사했다. 조운은 나중에 번 여인을 고사한 이유로, "막 평정된 그의 꿍꿍이속을 헤아릴 수 없었다. 천하에 여인들은 많다"고 말했다. 조범은 역시 그 뒤에 도망쳤다.

2004년, 가을 어느 날 우리는 하북성 정정현正定縣(석가장石家莊 북쪽 19킬로미터)의 어느 옛 고을을 찾았다. 흙으로 다진 성벽을 가까스로 올라가 멀리 저녁 안개 낀 조운묘趙雲廟를 바라본 것을 기억한다.

황충黃忠(?~220)은 유표 휘하의 충랑장忠郞將이었다. 유표 사후 조조가 형주를 제압한 뒤에도 역시 장군 지위를 유지했으나, 유비가 형주를 평정한 뒤 황충은 유비를 따라 촉에 가서 유장劉璋을 공격했다. 뒤에 얘기하게 될 정군산定軍山 전투에서는 백병전 끝에 하후연夏候淵을 무찔렀다.

마초馬超(176~222. 양주涼州에 독립 세력을 갖고 있던 마등馬騰의 아들)는 한수韓遂와 연합해서 조조를 치려 했으나 211년, 동관潼關에서 조조군 참모 가후賈詡의 책략에 걸려 내부 분열이 일어나 대패했다. 214년, 촉을 공격했던 유비에게 투항해 촉한蜀漢의 표기장군驃騎將軍이 됐다. 성도(중경重慶의 북서쪽)의 유장劉璋은 마초의 이름만 듣고도 항복했다고 한다.

한중시(섬서성)에 마초의 무덤이 있다. 거기에 간 것은 초여름이었는데, 개양귀비가 흐드러지게 피어 있었다. 정문에서 무덤까지 사이에 물살이 제법 빠른 냇물이 흘렀고, 거기에 태고교太鼓橋가 놓여져 있었다.

무덤 근처에 초등학교 건물이 있었는데, 여자 아이들이 입고 있는 옷이 어느 때보다 고왔다. 6월 1일은 단오절로, 말하자면 아이들의 축일이어서 그랬던 것 같다. 우리도 그날 밤에는 단오날에 먹는 찹쌀떡을 먹었다.

전국시대 초나라에 굴원屈原(기원전 343년 무렵부터 기원전 277년 무렵까지)이라는 영웅이 있었다. 초나라 왕과 동족인 대부大夫로, 글도 잘 쓰고 기억력도 좋은 너무나 뛰어난 존재였기 때문에 상관 대부로부터 참소를 당해 실각했다.

굴원이 국정에서 배제당한 뒤부터 초나라는 이웃 나라의 침공을 받게 되고, 진秦의 침략도 감수할 수밖에 없게 됐다. 그런 것들은 하나하나가 모두 굴원이 지적하고 예측했던 대로였다. 경양왕頃襄王(기원전 298년에 즉위)은 후회했으나 이미 때는 늦었다.

이 나라의 장래를 걱정한 굴원은 서사시 「이소離騷」 등의 작품을 써서 넌지시 왕에게 간언했으나 소용이 없자 결국 먹라수汨羅水에 몸을 던졌다.

화가 요코야마 다이칸의 〈굴원〉이라는 명화가 있다. 굴원이 그 시대 복색에 걸맞은 옷자락을 휘날리면서 먹라수 낭떠러지에 서 있는 비장한 모습이다. 그것은 요코야마의 스승인 오카쿠라 덴신이 배척 운동을 당해 본의 아니게 도쿄미술학교 교장직을 그만두고(1898년) 하시모토 가호橋本雅邦, 히시다 슌소菱田春草, 요코야마 다이칸 등과 함께 일본미술학원을 창립해서 관학에 대항한 사건을 암시하며, 오카쿠라 덴신의 심정을 굴원에 비긴 작품이라고들 얘기한다. 이 책의 [굴원비분] 그림 속 굴원의 모습은 요코야마 다이칸의 작품을 토대로 그린 것이다.

중국인들로부터 들은 바에 따르면, "나라를 걱정하는 굴원의 진정성을 아는 사람들은 너도나도 찹쌀떡을 호수의 물고기들에게 던져 주면서 굴원의 주검이 물고기 밥이 되지 않기를 기원한다"는 전설에서 단오절에 찹쌀떡을 먹는 풍습이 유래했다고 한다.

孔明大志 [호북성 양번]

희대의 모사模士 제갈량은 젊은 시절 융중의 와룡산臥龍山 자락에 은거하면서 황제를 옹립한 조조, 강
남에 지반을 둔 손孫씨 일족, 그리고 형주에 웅크리고 있는 유비 등이 서로 견제하던 난세의 움직임을
조용히 지켜보고 있었다. 그림은 제갈량의 고사와 얽힌 인연으로 와룡산이라 불리게 된 산의 모습.

# 40. 사서의 문체 [공명대지]

나는 사람의 마음속은 추측도 단정도 할 수 없다, 아니 해서는 안 된다고 늘 생각하고 있다. 예컨대 "다빈치는 이러이러한 것을 여차저차하게 생각해서 이 그림을 그렸다"고 후대의 사람들이 얘기하더라도 상대하지 않는 게 좋다.

단정할 수 있는 것은 소설 작가가 그 등장인물의 속마음을 얘기할 경우로 국한된다. 그런 전제하에 역사를 읽으면 그것은 나름대로 재미있다. 그런데 다카시마 도시오의 『삼국지 빛나는 군상』을 읽고 새로운 인식을 갖게 됐다.

요점만 간추려 얘기하자면, 예컨대 '적벽赤壁 대전'이라는 큰 전투에 대해 그것이 어떻게 진행된 것인지, 주전장은 어디였는지, 수십만 명의 눈앞에서 벌어진 그런 전쟁조차 그것을 알 수 없는데, 그 전후에 진중의 깊숙한 곳에서 은밀하게 오고간 노숙魯肅과 제갈량의 대화를 어떻게 그토록 자세히 알 수 있겠는가.

"실은 이것이 중국 사서의 특질 내지 습관인데, 앞뒤의 사실적 맥락에 저촉되지 않는다면 인물의 발언은 자유롭게 만들어도 괜찮다는 것이다. 또는 그거야말로 역사가가 실력을 발휘할 수 있는 부분이라는 것이다.

역사적 사실을 날조해서는 안 되지만, 등장인물들의 발언은 어차피 누구도 들은 바 없고, 들었다 하더라도 그 하나하나를 모두 기억할 수 없으며, 어느 쪽이든 이미 모두 죽어버렸으므로 그것은 이미 역사가의 자유재량 범주 안에 놓여 있으니, 연대椽人붓(서까래만한 크기의 붓. 당당한 문장의 비유)을 휘갈기며 화려한 발언을 창작하는 것이다."

다카시마 도시오는 이렇게 얘기하면서 여러 가지 예를 들고 있다.

그 때문에 삼국지의 등장인물이 발언할 때는 『정사』에서도, 고사故事의 내력이나 고인의 발언, 아름다운 전례 등을 정말 잘도 기억하고 있구나 싶을 정도로 인용한다. 분명 화려하게 발언을 장식하고 있지만 큰 줄거리를 바꿔서는 안 된다. 과연 그렇군, 그래야 읽는 재미가 나겠구나 하고 이해했다. 다만 없었던 일을 쓰거나 있지도 않은 인물을 등장시키면 『연의』가 돼버린다. 또한 "중국의 사서 특질 내지 습관"이라고 미리 양해를 구한 점에도 주의하지 않으면 안 된다고 생각한다.

"역사란 과거에 있었던 소설이며, 소설은 있었을지도 모르는 역사다"(공쿠르)라는 명언도 있다.(『속담·명언 사전』)

나는 형주荊州에서 일박한 뒤 양번襄樊의 옛 융중隆中(지금의 호북성 양양襄陽현 서부)으로 갔다. 유비가 삼고三顧의 예를 다했다는 공명의 초려草廬 유적을 찾아보기 위해서였다. 안개비가 내리고 있었다.

와룡산 중턱에 유적이 있고, 묘와 기타 부속 건물들이 여럿 세워져 위인, 무인의 입상들도 있었는데, 큰 인형으로밖에 보이지 않아 유감이었다.

숲의 경사면에 유서 깊은 묘가 여러 줄 늘어서 있었다. 나는 '초암(초려)'에 흥미가 있었다. 물론 모작이지만 대숲으로 에워싸인 짚 지붕의 암자는 은거하고 있던 공명에게 정말 어울린다고 생각했다.

그 옆의 비탈길을 올라가자 피서대避暑臺가 나왔다. 이것은 나무기둥 네 개 외에는 아무것도 없는, 말하자면 종루에서 종을 빼버린 느낌으로, 바람이 지나갈 뿐인 그런 건물이었으나 마침 가랑비도 오고 해서, 그 지붕 아래서 바라보이는 먼 산의 모습이 공명이 본 것과 다름없을 것이라고 생각했다.

제갈량. 이 숨어 있던 인물을 알아보고 유비에게 소개한 이는, 후술하겠지만, 서서徐庶라는 남자였다.

유비는 이른바 '삼고의 예'를 다해 초려에 살던 제갈량을 찾아가 마침내 대면하고 군사軍師로 나서 달라고 설득하게 된다.

제갈량은 '천하삼분지계天下三分之計'라는, 자신의 생각에 대해 얘기하는데, 관우나 장비 입장에서는 젊은 공명에게 정중하게 예를 갖춰 부탁하는 유비가 불만이었다. 하지만 마침내 유비의 군사가 되겠다는 응낙을 받았고, 이윽고 그 제갈량의 놀라운 능력을 알게 될 날이 온다.

三顧草廬 [호북성 양번]

유비는 평판이 높은 무장들을 거느리고 있었지만, 지략가는 없었다. 제갈량은
와룡산 속에 있던 자신의 초려를 찾아온 유비를 결국 만나 '천하삼분지계'를 설
파했다고 한다. 나무 향 가득한 수풀이 무성한 산기슭 대숲 속에 초가가 있었다.

# 41. 삼고의 예 [삼고초려]

206년, 어느 날 유비는 수경선생水鏡先生이라는 사람을 찾아갔다. 본명은 사마휘司馬徽라고 하는데, 인망이 있는 존재였다. 천하의 형세를 묻자 수경선생은 "이곳에 있는 와룡臥龍, 봉추鳳雛에게 물어보는 것이 좋을 것이오"라고 했다. 와룡이란 제갈량이고, 봉추는 방통龐統을 가리킨다.

「촉서蜀書」에 따르면, 제갈량은 예전 한나라 원제元帝 시절 사예교위司隸校尉(경시총감)를 지낸 제갈풍諸葛豊의 후손으로 기록돼 있다. 아버지는 제갈규諸葛珪였고, 연주兗州 태산군太山郡의 부장관副長官이었으나 량亮이 어릴 때 죽었다.

량은 동생 균均과 함께 숙부인 제갈현諸葛玄이 거두어 키웠다. 현은 원술 밑에서 태수에 임명됐다고 하나 거기부터는 이설異說이 있는 듯하다.

예의 원술은 197년에 천자를 자칭하며 지방관을 임명하기도 했는데, 제갈현도 그중 한 사람이었다. 한 조정은 원술을 인정하지 않았기 때문에 제갈현을 무시하고 주호朱晧를 그 지방관에 임명했다. 제갈현은 전부터 알고 지내던 유표에게 의지해 형주의 융중으로 옮겨가서 살았는데, 나중에 주호의 공격을 받아 쫓기게 됐고, 197년에 일어난 서역西域 주민 폭동 때 살해당했다.

제갈량은 융중의 집으로 돌아가 공부를 하면서 농사일에도 부지런히 힘을 쏟았다. 그는 키가 8척이나 되는 거구였다고 한다. 한 자가 22.5센티미터 정도였다 하니 180센티미터의 키였던 셈이다.

그는 자신의 학문이나 그만의 독특한 사고방식에 자신을 갖고 있었으나, 그것을 인정해 준 이는 친구 최주평崔州平과 서서徐庶뿐이었다고 한다.

요즘 말로 하면, 벼락치기 주입식의 입시돌파 지향형이나 퀴즈에서 만점을 받는 타입이 아니라 땅에 발을 딛고 사고할 줄 아는 사람이었다고 할 수 있다.

그런데 서서(생물연도는 알 수 없다)라는 인물을 보면, 그의 삶은 그대로 한 편의 단편소설이라고 해도 좋을 정도다.

유래는커녕 이름도 모른 채 태어나 자랐다. 어릴 때부터 검술 연마에 열심이었으나, 무예라기보다는 멋진 남자가 되고 싶어서 그랬다는 느낌을 준다.

어느 때 지인의 원수를 갚아 주었다. 사람을 죽인 모양이다. 변장하고 도망쳤으나 붙잡혔다. 형리는 그를 시장에 끌고 나가 효수형에 처할 자라며 "이 자를 알고 있는 사람은 신고하라"고 했고, 그 와중에 동료 패거리들이 몰려와 억지로 도망치게 만들었다.

그 뒤 그는 이름을 복伏에서 서庶로, 즉 서서로 바꿨다. 이후 그는 사람이 변한 듯 마음을 바꿔먹은 뒤 무예를 버리고 옷차림도 바꿔 학자의 문을 두드렸다.

그러나 그의 전력을 들은 다른 문하생들로부터 경원당했다. 그는 다른 사람보다 일찍 일어나 청소를 하고 강의에 열심히 귀를 기울이는 등 몰라볼 정도의 인간이 됐다. 그 무렵 동향의 석도石韜라는 사람과 친구가 됐다. 하남에서 전쟁이 시작됐기 때문에 형주로 도망가 거기에서 제갈량을 만났다.

유비가 장판에서 조조군에 패했을 때 서서의 어머니가 조조군에 붙잡혔다. 그때 서서는 어쩔 수 없이 유비에게 작별을 고하고 조조한테로 갔다는 미담적 삽화도 전한다.

누구도 그것을 실제로 본 적은 없지만, 『삼국지연의』에는 멀리서 어머니를 찾아온 서서를 향해 그의 어머니가 "한나라의 도적 조조를 받들다니, 어찌된 일이냐"며 꾸중하는 대목이 있다.

서서가 유비를 만나러 갔을 때 유비는 그의 견해에 감복해 군사의 중추에 관한 막료로 기용했다. 그때 서서는 제갈량 얘기를 하면서, "아니, (량을) 오라고 불러서는 안 됩니다. 그 사람은 이쪽에서 가서 모셔 와야 할 인물입니다"라고 말했다.

207년, 유비가 초려를 찾았을 때, 제갈량은 27세, 유비는 47세였다.

앞서 "이른바 삼고의 예"라고 한 것은, 그것이 유비의 말이 아니라 유비가 죽은 뒤 위魏를 토벌하러 갈 때 제갈량이 유비의 뒤를 이어 촉의 황제가 된 유선에게 바친 「출사표」속에 나오는 말이기 때문이다. 거기에서 제갈량은 "선제先帝께서 세 번이나 거듭 찾아준 후의에 감격해 출마出馬를 결심했다"고 썼다.

玄武蕭蕭 [강소성 남경]

오(吳) 지방을 돌아다닌 것은 네 번째의 취재여행 때. 그림은 손권이 도읍으로 삼
았던 남경(건업(建業))의 현무호(玄武湖). 수많은 수련이 피어 있었다. 만당(晩唐)의 시인
위장(韋莊)의 「금릉도」라는 시를 써 넣었다. '금릉'이란 남경의 궁성을 가리킨다.

# 42. 천하삼분지계 [현무소소]

　　제갈량이 유비에게 말한 세계관은 직접적으로는 권력 구조와 정세 분석인데, 『삼국지』 중반에 실려 있다. 이 방대한 이야기의 이제까지의 줄거리 대강을 실로 적확하게 정리했다는 의미도 있다.

　　복습의 의미에서 그것을 참고삼아 요약했다. 이때 제갈량은 27세였다.

　　"동탁의 난 이래 호걸 영웅들이 각지에서 할거했습니다. 그중에서 두드러지는 세력이 조조와 원소입니다만, 이 양자를 비교하면, 조조는 명성이나 병력 모두 원소의 상대가 되지 못했습니다. 그랬던 조조가 원소를 이길 수 있었던 것은 하늘이 준 때가 그의 편이었을 뿐만 아니라 그의 지모로 이룬 바가 큽니다. 지금 그는 이미 백만 대군을 거느리고 황제를 옹위하면서 천하를 호령하고 있습니다. 정면으로 싸울 수 있는 상대가 아닙니다.

　　한편 손권은 아버지 손견, 형 손책의 뒤를 이어 3대에 걸쳐 오吳에 군림하고 있습니다. 저 땅은 천연의 요새인 장강이 지켜주고, 인민은 잘 따르며, 유능한 신하들이 보좌하고 있습니다. 그는 적으로 삼아서는 안 될 인물입니다.

　　형주는 북으로 한수漢水(무한武漢에서 장강에 합류하는 큰 강), 면수沔水(한수의 상류) 사이에 걸쳐 있고, 남으로는 남해까지 이어지는 기름진 평야가 있으며, 동으로는 오와 경계를 접하고, 서로는 파巴, 촉蜀(파군巴郡, 촉군蜀郡, 익주益州의 총칭. 지금의 사천성)으로 이어져 있습니다.

　　이곳은 이제 호걸 영웅들이 있는 힘을 다해 빼앗으려 노리는 땅이고, 주의 목사 유표에게는 도저히 지켜낼 힘이 없습니다. 즉 하늘이 장군에게 마음대로 하시라고 내려준 것과 같은 곳, 장군 마음먹기에 달렸습니다.

　　또 익주는 사방이 자연의 요새로 둘러싸인 기름진 평야가 천리 사방에 펼쳐져 있는 무진장의 곡창지대입니다. 고조 황제(전한의 고조 유방)가 이 땅을 근거지로 삼아 천하를 통일한 일은 알고 계시는 대로입니다.

　　그런데 주의 목사 유장은 북쪽 한중(지금의 섬서성 남부와 호북성 북서부에 해당) 땅을 장로張魯에게 점령당했는데도 어떻게 손을 쓰지 못하고 없습니다. 인구가 많고 재정은 풍족한데 인민에게 그 은혜를 베풀 줄 모르기 때문에, 생각 있는 자들은 영명한 지배자의 출현을 바라고 있습니다."

　　원문은 진수陳壽가 창작한 게 아니다. 제갈량이 그 자리에서 거침없이 연설한 것이라고 생각하지도 않지만, "이것이 없다면 「제갈량전」은 허전하다"고 (앞에서 중국 역사서 얘기를 할 때 언급한) 다카시마 도시오는 얘기한다.

　　제갈량은 유비에게 가슴속에 품고 있던 '천하삼분지계'에 대한 생각을 펼쳐 놓았다. 이는 말하자면 슬로건 같은 것이다. 실현할 수 있을지 여부는 일단 제쳐 놓고, 모두의 생각을 모아 정리하기 위한 통일 견해다. 제갈량은 영광스러운 '한漢'의 재건을 꿈꾸면서 유비에게 그 꿈을 의탁한 것이라는 설이 있지만, 그럴지도 모르겠다.

　　"장군은 이미 제실帝室의 장손이 됐고, 신의는 사해에 뚜렷합니다. 영웅들을 총람總攬하고 어질고 현명한 생각을 갈증을 느끼듯 하소서."

　　이런 미려한 문장들이 이어지는데, 요약하자면,

　　"먼저 형주, 익주의 영지를 확보하고, 바깥으로는 오의 손권과 동맹을 맺고, 안으로는 정치체제를 확고하게 확립해서 때를 기다리다가, 믿을 만한 장군에게 지휘를 맡겨 형주의 군세를 일거에 북상시키고, 장군(유비)은 익주의 군세를 이끌고 장안의 배후를 압박하면, 조조는 동시에 두 개의 정면작전을 수행할 수밖에 없어 괴멸할 것입니다"

　　라는 것인데, 말하자면 이것이 당면한 '천하삼분지계'의 구상인 것이다.

　　지리적인 위치 관계를 대강 얘기하면, 장강의 중류 유역을 동서 둘로 나누면 오른쪽이 형주, 왼쪽이 익주인데, 형주에서 곧바로 북상하면 황하 연변의 낙양에 가 닿고, 익주에서 북상하면 장안 약간 서쪽으로 나아간다.

　　나는 그렇게 술술 잘 풀릴까 의심스러웠다. 따라서 이는 슬로건이었구나 하고 생각하면서, 나름대로 납득하고 있다.

紹興悠閑 [절강성 소흥]

『삼국지연의』나 경극에서 '악역'을 맡아온 영웅 조조의 진가를 조명해낸 건 문학자 루쉰이다. 그의 고향 소흥을 찾아, 작은 배를 타고 운하를 돌아봤는데, 집의 흰 벽들이 특징적으로 눈에 들어오는 수향의 풍경을 감상했다. 루쉰의 소설에 나오는 주점은 크게 개장돼 있었다.

# 43. 루쉰의 이야기 [소흥유한]

〈위진魏晉의 기풍 및 문장과 음악 그리고 술의 관계〉라는 제목으로 1927년 7월, 광주廣州 하기夏期 학술강연회에서 행한 루쉰魯迅의 강연 기록을 나카무라 스나오한테서 빌려 볼 수 있었다. 다케우치 요시미竹內好 번역으로 『루쉰 문집』에 수록돼 있다.

"조조에 대해 말씀드리자면, 우리는 금방 『삼국지연의』를 연상하고, 거기서 또 연극 무대에서 악역 분장을 하고 나타나는 간신을 상상하기 쉽습니다만, 이건 조조를 관찰하는 올바른 방법이 아닙니다. 지금 우리가 역사를 새롭게 다시 볼 경우, 사서에 기재돼 있는 내용과 논단은 종종 매우 잘못돼 있고, 신용할 수 없는 점이 많습니다. 그 까닭을 생각할 때, 우리가 사서를 보고 금방 알 수 있는 것은, 오래 이어진 왕조일수록 뛰어난 인물이 많이 기록돼 있지만, 짧은 왕조의 경우는 그런 인물이 전혀 없다는 것입니다.

그것은 왜 그런가 하면, 연대가 길면 역사를 쓰는 주체가 같은 왕조의 사람이기 때문에 아무래도 (자신들이 아니라) 상대를 문제 삼게 됩니다. 그런데 연대가 짧으면 역사를 쓰는 주체가 다른 왕조의 사람이 되기 때문에, 그래서 (지난 왕조를) 마음대로 깎아내리는 결과를 낳습니다. 그러므로 진秦대에는 인물다운 인물이 거의 한 사람도 사서에 기록돼 있지 않습니다. 조조의 경우도 역사상 연대가 매우 짧아서 이후 왕조 사람들로부터 험담을 듣게 되는 공식에서 벗어날 수 없었던 게 당연합니다.

그런데 실은 조조는 대단히 재간이 많은 인물이었고, 적어도 영웅 자리 하나는 차지할 수 있는 인물이었습니다. 나는 조조와 같은 편은 아닙니다만, 어쨌든 그에게 매우 경복敬服하고 있습니다."

『삼국지』도 여러 가지가 있지만, 사실에 가깝다는 점에서 다른 책과 구별하기 위해 『정사 삼국지』로 정리한 것이 있다. 『정사』는 진짜(실제로 있었던 일), 『연의』는 소설이라는 식의 느낌을 갖고 있었는데, 정사의 '정正'이 올바르다거나 정확하다는 의미는 아닌 듯하며, 엄밀히 말하면, 국가가 공인한 정통적인 역사라는 정도의 의미로만 생각하면 된다.

국가가 인지한 것이니까 전부 진짜인가 하면, 그렇지는 않고, 의심스러운 부분도 없지 않은 게 보통이다. 역사적 사실이라는 것도 문자로 바뀌 '정보'가 되면 그 순간 "실제 있었던 일이 문자로 정착됐다"는 식이 되므로, 일단 "의심의 눈길로 보는" 것이 역사를 읽는 조건이 될 것이다.

어제의 일을 알려주는 신문조차도 문자로 쓰여 있으니까 기록으로서는 움직일 수 없지만, 역시 시시각각 희미해져 가는 '사실事實' 그 자체와는 달리 '진실眞實'이라고 명명해서 사실과 구별해야 하는데, (정보를 읽어내는) 독자의 눈이 확실하지 않으면 사실에 다가갈 수 없다. 사실에는 손을 댈 수 없지만 '정보'는 조작할 수 있기 때문이다.

현재 만들어지고 있는 〈역사 교과서〉도 '정보'라고 생각해 보는 게 중요하다고 본다.

2007년 여름에 "오키나와 전투 때 일본군이 오키나와인들에게 자결하도록 강요했다"는 (역사 교과서의) 기술이 삭제돼 오키나와 현민들이 단호하게 정정을 요구한 일이 있다.

"『삼국지』는 진수(233~297)가 편찬한 제1급의 명저로 완전한 형태로 남아 있다고 한다. 진수는 위魏나라의 적국이었던 촉蜀나라 사람으로, 조국에 대한 내밀한 호의를 간직하고 있긴 하지만 역시 공평하다. 즉 자기 편의대로 써서 역사를 왜곡하려 하지 않는다. 담담하게 쓴 다큐멘터리가, '사실事實은 소설보다 더 기이하다'는 결과를 낳았다" (필자의 요약)는 것은 루쉰, 다케우치 요시미 등의 견해도 끌어와 정리한 요시카와 고지로吉川幸次郎의 의견이다.

덧붙여, 조사한 것을 메모로 정리하면,

촉이 망했을 때 진수는 31세.

위가 망했을 때 진수는 33세.

오가 망했을 때 진수는 48세.

진수가 『정사 삼국지』를 쓴 것은 그가 살아 있던 때의 일을 (새로 일어선 진晉 조정 소속 기록관으로서) 기록한 것이어서 실로 제1급 역사 사료가 될 수 있었던 것이다.

柯橋再訪 [절강성 소흥]

소흥을 찾은 것은 사반세기 만이었다. 근교에 빌딩들이 늘어서, 그 격동적인 근대화에 당혹감을 느꼈으나, 기억에 남아 있던 가교의 풍경을 어쨌든 찾아볼 수 있었다. 예전에 나는 이 그림과 같은 장소를 묘사한 적이 있다.

# 44. 「문자화」[가교재방]

나카지마 아쓰시의 「문자화 文字禍」라는 작품을 떠올린다. 그 일부분을 인용해 보겠다. 앗시리아의 이야기라는 설정이다.

"어느 날 젊은 역사가(또는 궁정의 기록관)인 이슈데이 나브가 찾아와서 노학자에게 물었다. 역사란 무엇인가요? 라고. 노학자가 어이없다는 표정을 짓는 걸 보고 젊은 역사가는 설명을 보탰다.

일전에 바빌로니아 왕 샤마슈 슘 우킨의 최후에 대해 여러 설들이 분분했다. 스스로 불에 뛰어들었다는 것만은 확실한데, 마지막 1개월 정도의 기간에 절망한 나머지 이루 말할 수 없는 음탕한 생활을 했다는 얘기도 있고, 매일 오로지 목욕재계하면서 샤마슈 신에게 계속 기도만 했다는 얘기도 있다. 첫째 왕비 한 사람과 함께 불에 뛰어들었다는 설도 있고, 수백 명의 비첩들을 장작불 속에 내던지고 자신도 불에 뛰어들었다는 설도 있다. 어쨌든 글자 그대로 연기가 됐다는 것인데, 어느 것이 맞는 것인지 도무지 짐작도 할 수 없다.

머지않아 대왕은 이들 가운데 하나를 택해 나에게 그것을 기록하라는 명을 내릴 것이다. (중략) 역사란, 옛날에 있었던 일을 말하는 것인가? 그렇지 않으면 점토판의 문자를 두고 하는 말인가?

사자 사냥과 사자 사냥 부조 浮彫를 혼동하고 있는 듯한 곳이 이들 질문 속에 있다. 학자는 그것을 느꼈으나 분명하게 입으로 말할 수 없어서 다음과 같이 대답했다. 역사란, 옛날에 있었던 일이고, 또한 점토판에 쓰인 것이다. 그 둘은 같은 것이 아닌가.

쓰지 못하고 빠뜨린 것은? 하고 역사가는 묻는다.

쓰지 못하고 빠뜨린 것? 자네 농담하네. 쓰이지 않은 일은 없었던 일이야. 싹을 내지 못한 종자는 결국 처음부터 없었던 것이지. 역사란 이 점토판이야.

젊은 역사가는 한심하다는 듯한 표정으로, 가리키는 기왓장을 보았다. 그것은 이 나라 최고의 역사가 나브 샤림 슈스가 쓴 사르곤 왕 하르디아 정벌을 기록한 한 장이었다. 이야기를 하면서 학자가 내뱉은 석류 씨앗이 그 표면에 너저분하게 들러붙어 있었다."

우화풍으로 재미는 있으나 해석하기가 어렵다.

"역사란 옛날에 있었던 일이고, 또 점토판에 쓰인 것." 이 둘 중 하나가 없어도 역사라고 할 수 없다. 옛날에 있었던 것이라도 쓰이지 않았다면 역사가 될 수 없다. 없었던 것을 쓰더라도 역사가 되지는 않는다. 다만 소설은 될 수 있다.

쓰인 것일지라도 권위라고 할 만한 게 있어서 나라가 인지했을 때 '정사 正史'라는 것이 된다.

『삼국지』는 정사로 쓰인 진수의 문헌에, "조조 사후 200년밖에 안 된 시기의 역사가 배송지( 372~451)가" 주를 붙였다. "이것은 진수가 남겨준 자료를 주석 형식으로 모아 기록한 것이며, 이는 또한 고금의 명주석으로 존중받고 있는데, 거기에는 조조에 대한 악의를 드러낸 기록들이 엄청나게 인용돼 있다"(『삼국지 실록』 요시카와 고지로)고 한다.

여기서 악의가 있다 운운한 책은 「조만전 曹瞞傳」 등을 가리킨다. 요시카와 고지로는 "조조의 적국이었던 오나라 사람이 오로지 커튼 저쪽 나라의 원수에 대한 험담을 하기 위해 쓴 책인 듯하지만"이라고 말했다. 예컨대 '보리밭' 이야기가 있다.

"조조가 어느 날 보리밭 옆을 지나가면서, '사졸 士卒은 보리를 밟아서는 안 된다. 위반하는 자는 사형에 처하라'고 명령했다. 기병들은 말에서 내려 보리를 다치지 않게 하려고 이삭들을 좌우로 밀어 헤치며 나아갔다. 그때 조조의 말이 뛰어올라 보리를 짓밟았기 때문에 주부 主簿( 장부를 관장하는 사람)에게 명해 죄를 판단하게 했다. 주부는 『춘추』 필법의 원칙에 따르면, 존귀한 자에게는 형벌을 가할 수 없는 것으로 돼 있다고 대답했다. 조조는 '법을 제정하면서 자신이 위반한다면 부하를 통솔할 수 없다. 그러나 나는 군의 총수이기 때문에 자살해서도 안 된다'면서 자신의 칼을 뽑아 머리카락을 자른 뒤 그것을 땅 위에 놓았다"는 것이다.

贈丁儀王粲
曹植

從軍度函谷
驅馬過西京
山岑高無極
涇渭揚濁清
壯哉帝王居
佳麗殊百城
員闕出浮雲
承露概泰清
皇佐揚天惠
四海無交兵
權家雖愛勝
全國為令名
君子在末位
不能歌德聲
丁生怨在朝
王子歡自營
歡怨非貞則
中和誠可經

潼關風渡 [섬서성 동관]

조조가 동관에서 마초를 물리쳤을 때 종군하고 있던 차남 조식은 "군대를 따라 함곡관을 건너……"라고 시를 읊었다. 그림은 북에서 흘러온 황하가 위수(서쪽)와 합류해서 동쪽(함곡관이 있다)으로 흘러가는 동관의 풍경.

# 45. 시인 조조 [동관풍도]

역사 사료라고 해도 어디까지나 사료이기 때문에 배송지의 자의적인 기술은 아니지만, 그가 인용하는 사료에 따라 조조의 진짜 모습이 오히려 보이지 않게 돼버리는 경향이 있다. 이는 나카무라 스나오의 견해인데, "진수의 기록만으로도 충분한데, 선의의 주석이긴 하나 (배송지의 주석은) 조조의 실상을 잘못 이해하도록 만들 우려가 있다"고 말한다.

나카무라 스나오도 『삼국지연의』 속에서는 유비에 비해 조조가 부당하게 폄훼되고 있다며 불만을 감추지 않는다. 진수의 문장만 읽으면 그 편이 실상에 가깝다. 따라서 주석을 빼고 읽기 위한 번역에 손을 대고 있다.

진수가 남긴 것은 일차적인 역사 사료이고, 부수된 주해는 아무래도 이차적으로 해설자의 주관이 들어간다. 배송지의 주해는 극력 그것을 피하려 하고 있고, 일차적인 사료마저 넘어서서 사실에 육박하려는 대학자의 작업이지만 이는 어디까지나 주해로, 미심쩍은 주까지 주워담았는데, 역사란 그것을 읽는 사람들이 제각각 해석을 할 수 있도록 하는 것이라는 전제만으로 족한 것이 아닌가 하는 생각을 하게 됐다. 각양각색의 사람들이 창조적으로 해석해도 좋지만, 다만 새로운 견해를 덧붙일 때는 익명이어서는 안 된다. 문제는 그 해석이 후대의 사람들에게 얼마나 이해를 받을 수 있을 것인가 하는 것이다. 그런 선인들의 해석을 알게 됐을 때 역사는 추리소설보다 재미있어진다.

예컨대 순욱은 조조의 브레인으로서 대활약을 했음에도 불구하고 최종적으로 그는 조조로부터 암묵적으로 자해를 하도록 압박당했다고 생각하고 미련 없이 자살한 것으로(『정사』의 주에) 돼 있다.

그것은, 조조를 (황제나 마찬가지의) 위국공魏國公으로 삼자는 이야기가 나왔을 때 순욱이 거기에 찬성하지 않았다, 즉 "한실漢室의 부흥을 위해 나는 일했다. 조조의 야망을 위해서가 아니"라고 말한 것이 조조의 기분을 상하게 했기 때문이다. 당나라 시인 두목杜牧은 "예컨대 도둑놈(조조)에게 벽을 부수고 상자를 열게 해놓고는, 함께 훔치지 않았다고 해서 도둑이 아니라고 할 수 있는가"라며, 순욱을 충신 대접하는 무리를 꾸짖고 있다고 『삼국지 빛나는 군상』에서 저자 다카시마 도시오는 썼다.

이 책이 재미있는 것은 이 저자의 역사를 보는 관점이 신선하기 때문이며, 곳곳에 다카시마 도시오의 유니크한 역사관이 전개돼 있기 때문이기도 하다.

나카무라 스나오는 "조조의 인물을 살피는 데는 그가 남긴 시를 읽어보는 것만으로도 충분하다"고 말한다.

조조는 단지 권력자였던 사람이 아니라 시인이기도 했다. 게다가 중국 시 역사에서 중요한 지위를 점하는 인물로, "그의 문학에 대한 애호는 아들 조비, 조식에 이르러 한층 더 결실을 맺었으며, 특히 조식은 두보, 도연명 이전의 대시인 반열에 든다"고 요시카와 고지로도 얘기하고 있으니 틀림없다.

각동서문행却東西門行

조조

북쪽 끝에서 날아오는 기러기 떼는 겨울에는 남쪽 벼를 먹지만 봄에는 북으로 돌아간다. 밭에서 나는 쑥(전봉轉蓬, 비봉飛蓬이라고도 한다. 잎은 버드나무 비슷한데 가을에 마르면 바람에 날아간다) 마른 잎(또는 씨앗)은 바람에 날아가 다시는 영원히 돌아오지 않는다.

가련한 우리 출정 병사들은 전장에서 (마음대로) 사방으로 흩어져 고향에 돌아갈 수 없다. (이 몸은 기러기와 닮았지만 계절이 오면 돌아갈 수 없고, 오히려 뿌리부터 잘려 하늘을 떠돈다. 두 번 다시 돌아갈 수 없는 쑥과 같다) 전쟁은 그치지 않고 이미 늙어가는 이 몸, 고향에 언제 돌아갈 수 있을꼬.

용은 깊은 물밑에 잠기는 걸 좋아하고 호랑이는 높은 산에서 천천히 거닐기를 좋아한다. 여우조차 어디에 있든 죽을 때는 머리를 태어난 옛 둥지 쪽으로 둔다고 한다. 아, 내 고향을 잊을 수 없구나.(원문은 생략하고 읽기 쉽게 풀어 썼다.)

劉備東征 [호북성 의창]

221년 촉 땅에 한나라를 세우고(촉한이라 부른다), 그 황제가 된 유비는 관우를 죽인 오를 정벌하려고 장강을 따라 동쪽으로 군을 전진시켰다. 오에서는 젊은 장군 육손이 이를 맞아 싸운다. 그림의 풍경은 장강 삼협의 무산 부근

# 46. 종군시 [유비동정]

앞 장의 조조의 시를 읽고 나는 『들어라, 와다쓰미의 소리를』(원래 와다쓰미는 해신을 뜻하는 일본의 고어인데 태평양전쟁 때 동원돼 희생당한 전몰 학생들을 가리키는 보통명사로 사용된다 – 역주)이란 책을 떠올렸다. 그러나 조조는 전투를 지휘하는 입장에 있던 대장군이다. 그는 하급병사들의 심정을 이해하고 있었을까…… 여하튼 2천 년 전의 병사들도 같은 생각을 갖고 있었을까, 하는 생각을 하다 보니 남몰래 공감하지 않을 수 없었다. 다음에 종군시를 하나 보기로 하자. 유장경劉長卿(709~780?)은 강직한 성격으로 걸핏하면 권력에 저항했고, 소주蘇州의 감옥에 갇힌 적도 있다고 한다. 이 시에 대해서는 원문은 생략하고 풀어쓴 것을 올린다. 이걸 잘 읽어 보면 한문이 신통치 않은 나 같은 사람도 감동하게 된다.

종군시從軍詩

가을 변방 요새 위 풀은 시드는데
멀리 어양 성곽을 바라본다
북방 호마가 우니
한나라 병사들도 눈물 흘린다
부하 상처 빨아줄 이 누구인가
그런 친절 베풀 사람
이젠 드물구나
(어양漁陽은 지금의 북경 동쪽 약 100킬로미터 지점. 755년 안록산安祿山이 이곳에서 반란의 봉화를 올렸다. 상처를 빤다는 얘기는, 전국시대의 명장 오기吳起가 병사들과 함께 입고 먹으면서 고락을 서로 나누고, 병사들 몸에 부스럼이 나면 몸소 그 고름을 입으로 빨아냈다는 고사에서 나왔다.)

이토 하지메伊藤筆라는 학자가 도쿠마 서점의 『삼국지 3』 월보에 쓴 '동서정치 인간학 3' 속에 있는 글을 인간 이해로 읽은 나는 그 글을 잊지 못한다. 요점만 간추렸는데, 다음은 중국 최고最古의 병법서 『육도六韜』, 『삼략三略』에 바탕을 둔 병법 이해의 일부다.

"내 마음. 저울과 같다. 다른 사람 때문에 낮췄다 높였다 할 수 없다."

저울은 '잰다'는 것. 다른 사람 때문에 그것이 올라갔다 내려갔다 하지 않는다. 어떤 경우에도 공평무사하다. 이하 계속하겠다. 천천히 읽어 보면 알 수 있다.

"장수의 길은, 병사가 먼저 우물물을 마시게 하고, 장수는 갈증이 나도 말하지 않으며, 병사들이 채 익지도 않은 밥을 먹을 때 장수는 배고파도 말하지 않는다. 병사가 불을 피우지 않으면 장수는 추위도 말하지 않고…… 여름에도 부채질을 하지 않고, 비가 와도 우산을 펴지 않으며, 병사들과 함께한다."

신臣(편자)은 생각한다. 중국의 옛날 군 상관 중에는 여기서 얘기하는 오기와 같은 인물이 있었던가. 내가 젊었을 때(태평양전쟁 때), 군에 징집돼 이등병으로 있을 때는 단 한 사람도 그런 상관이 없었다. 매일 밤 빠짐없이 초년병 교육이라며 부대원들을 두들겨 팼다. 내 머리에는 그때의 상처가 아직도 남아 있다. 또 어떤 병사는 얼굴이 퍼렇게 되도록 두들겨 맞았고, 하루 밤 내내 눕지도 못하게 하는 바람에 선 채로 밤을 샜다. 죽어버리지 않을까 걱정했다. 당시 초년병들에게는 밤에 잠자는 것이 유일한 즐거움이었다. 병사들은 부모에게 걱정을 끼치지 않으려고, 또 뒷감당이 두려워서 군대 내의 진실을 까발리지 못했다.

생각해 보면 뻔한 이치인데, 적보다 더 두려운 상관이 눈앞에 있는데 어찌 전쟁을 제대로 할 수 있겠는가. 즉 일본 군대는 일본인에게도 무서운 존재였다. 훌륭한 사람도 있었겠지만, 불행하게도 나는 그런 사람을 만난 적이 없다. 그러나 이토 하지메에 따르면, 전 육군대장 이마무라 히토시는 "전쟁이 끝난 뒤 라바울 파견군 사령관으로서 호주군 군사법정에서 금고 10년의 구형을 받았으나 감형이 돼, 쇼와昭和25년(1950)에 귀국한다. 그러나 전범이 돼 수감된 부하들을 그대로 둘 수는 없다며, 지원해서 다시 뉴기니 수용소로 돌아갔다"고 한다.

百姓隨從 [호북성 양번]

형주에서 조조군에 쫓긴 유비 진영의 모습을 『삼국지』는 "(항복한) 유종의 좌우 측근 및 형주 사람 등 많은 사람들이 선주(유비)에게 돌아갔다(함께 도망쳤다)"고 기록해 놓았다. 그림은 바로 그때 의 장면. 그러나 장판에서 유비 등이 도망쳐 나간 뒤 사람들은 조조의 지배 아래로 들어갔다.

# 47. 『흐르는 별은 살아 있다』 [백성수종]

202년에 원소가 죽었고, 205년에 조조가 원상을 물리치고 기주冀州의 업鄴을 평정했다. 이어서 조조는 고간高幹(원래 원소 휘하의 장군)을 참수하고 병주幷州를 취했으며, 연주兗州, 청주靑州(지금의 산동성에서부터 요녕성에 걸쳐 있는 지역), 기주, 유주幽州, 병주 등 5개 주를 손에 넣었다. 또 오환족을 공격해 오환의 선우, 답돈蹋頓을 베고 대승을 거두었다.

공손강公孫康 진영으로 도망간 원상은 공손강의 손에 참수당했고, 공손강은 그 머리를 조조에게 보냈다. 그리하여 중원은 조조의 천하가 됐다.

208년, 유표에게는 유기劉琦와 유종劉琮 두 아들 형제가 있었는데, 유표는 후처 채蔡씨의 얘기만 듣고 동생 유종을 예뻐하고 유기는 방해꾼 취급을 했다.

만일 유표가 죽으면 누가 뒤를 이을 것인지 큰 문제가 된다. 유기는 제갈량을 마음 깊이 따랐기 때문에 내밀하게 신상 문제를 상담하고는, 도망치는 것보다 더 나은 게 없다는 걸 간파한 뒤 양양襄陽에서 탈출할 기회를 엿보고 있었다.

때마침 손권이 형주 강하江夏 태수 황조黃祖를 친 뒤 요청해서 그 후임이 되는 바람에 목숨을 구했다. 얼마 뒤 유표가 병사했다. 유기는 위독 상태의 아버지 병상에 급히 달려갔으나, 채모蔡瑁와 장윤張允의 저지로 아버지의 임종을 하지 못한 채 돌아서야 했다.

208년 1월, 조조는 업성鄴城(그 뒤 수도가 되는 땅)으로 귀환하자 그 북쪽에 있던 현무원玄武苑이라는 이궁에 강물을 끌어들여 거대한 인공호수를 만들고, 수군을 연습시키는 연못으로 삼았다(이때 조조의 나이 54세). 덧붙인다면, 한漢의 수도는 여전히 허許였다.

6월, 떠오르는 해의 기세였던 조조는 대대로 이어져 내려온 삼공三公 제도를 폐지하고, 스스로 승상丞相(조조의 경우 거의 황제와 같은 권력)이 돼 승상부를 두고 당대의 명사들을 막료로 거느렸다.

7월, 조조는 남으로 유표의 군을 공격했고, 유표가 병사한 뒤에는 유종을 공격했다. 조조군은 양양으로 쇄도해 갔다. 유종은 항복하고 눈물을 삼키며 형주 전 지역을 조조에게 넘겼다.

유종은 이 항복안을 짜낼 수밖에 없었는데, 이는 유표 때부터 두뇌 역할을 했던 괴월蒯越의 견해이기도 했다. 조조는 "형주보다 괴월을 얻은 것이 더 기쁘다"고 했을 정도다.

또 항복이라고 해야 할지, 화평의 대가라고 해야 할지, 유종은 조조의 간의대부諫議大夫, 청주 자사에 임명됐다.

유비가 유표 진영에 몸을 의탁하면서 박망博望에서 하후돈 군에 대승을 거둔 얘기는 앞에서 얘기했다. 그때부터 줄곧 유비는 유표와 함께 있었다. 유종이 조조에게 항복했다는 소식을 들은 것은 유비가 번현樊縣에 나가 있을 때의 일로, 말하자면 아닌 밤중에 홍두깨 격이었다.

제1보를 듣고 급거 양양 근처까지 왔을 때, 제갈량은 거기서 양양을 공격해 유종을 쫓아낸다면 형주는 자신들 것이 된다고 진언했으나, 유비는 양심의 가책을 느꼈는지 받아들이지 않았다.

그는 유표의 무덤에 눈물로 이별을 고하고 남하한다. 즉 도망갈 수밖에 없었는데, 그때 유종의 측근과 양양 사람들이 유비와 행동을 함께할 각오로 하나 둘 뒤따르는 바람에 그 수가 수십만에 이르고 수천 량의 짐수레가 장사진을 쳤다고 한다.

육로는 무리라고 본 유비는 관우에게 명해 수백 척의 배를 모아 사람들을 배에 태웠다. "다른 사람들은 제쳐놓고, 강릉江陵(장강 북안에서 동정호洞庭湖 이남의 물자가 모이는 곡창으로 형주의 요지)으로 급히 가야 하는 것은 우리들입니다" 하고 불만을 터뜨리는 자도 있었으나, 유비는 인민을 버려서는 안 된다며 듣지 않았다.

나는 후지와라 데이 씨의 『흐르는 별은 살아 있다』라는 책을 떠올리지 않을 수 없었다. 그 책은 (일제 패전 직후의) 절망적인 상황에서 세 명의 어린 아이들 손을 잡고 (만주에서 조선을 거쳐) 간신히 일본으로 도망쳐 나온 얘기를 담고 있다. 당시 베스트셀러가 됐다. 최근에 다시 읽었는데, 그 책 속에, 나중에 수학자·문학자가 돼 『국가의 품격』을 쓴 당시 네 살의 후지와라 마사히코가 얼어붙은 듯 서 있는 모습이 그려져 있다.

陸遜故里 [강소성 송강]

육손은 오의 명장. 관우를 패배와 죽음으로 몰았고, 유비의 동정군東征軍을 이릉夷陵에서 대파
했다. 위·촉과의 공방 때 활약했고, 나중에 승상이 됐으나 황제 손권의 후계자 다툼(손화孫和 와
손패孫覇)에 말려들어 분사憤死했다. 그의 고향 송강松江은 상해에서 멀지 않은 전원 지대에 있다.

# 48. 장안에 뜬 한 조각 달 [육손고리]

여기에서 말하는 인민과 유비(유비군 일반)와의 관계를 생각하면, 이상적인 경우에는 이 둘이 하나의 세트로 돼 있다는 생각이 든다. 농민은 군대 덕에 도적이나 불법행위자로부터 보호를 받고, 군대 입장에서 농민을 보면, 그들은 식량 등을 제공하는 노동력이다. 따라서 농민을 중시하지 않으면 안 되는데, 지금도 차별 문제가 해결되지 않았다. 『당시선唐詩選』 중에 너무나도 애절한 시가 있다. 훈독으로 충분히 이해할 수 있지만 지면 사정도 있고 해서 포기하고 알기 쉬운 문장으로 고쳤다. 자세한 것은 원시를 봐 주시기 바란다.

숯 파는 노인賣炭翁

백거이白居易

숯 파는 노인 남산에서 장작 패서 숯을 굽는다
얼굴은 온통 검댕으로 더러워지고 먼지투성이
두 볼 수염 희끗희끗 손은 까마귀손
숯 판 돈으로 무얼 할 거냐고? 입을 것 먹을 것 사야지
불쌍하구나 입고 있는 건 고작 홑겹
숯 좋은 값에 팔리도록 날 추워지길 빈다
밤이 오고 성문 밖엔 눈이 한 자
새벽 빙판길 숯 수레 끌고 가면 소는 지치고 사람도 허기진데 해는 벌써 중천
시 남문 바깥 진창 속에서 한숨 돌리는데
날 듯이 두 마리 말 타고 온 이 누구인가
황색 옷의 사자와 흰 옷의 시종아이 하나 손에 문서 들고 입으로 칙명이라 하네
수레 돌려 소 다그치며 북쪽으로 가라네
수레 가득 숯 무게 1천 근이 넘건만 관리들 몰고 가니 아까워도 어쩔 수 없네
얇은 홍비단 반 필과 능직비단 열 자를 소 목에 걸었네 그게 숯 값이었네

노인은 얇은 홍비단 따위 바라지도 않는다. 그것이 대가라면 너무 끔찍하지 않은가. 관리들은 궁중에 필요한 물품을 조달하는 자들인데, 환관이 그들을 대신한 뒤로는 거의 징발당했고, 칙명이란 건 트집일 뿐이다. 추위 속에서 구운 숯을 강제로 빼앗겨도 늙은이는 참을 수밖에 없다. 내가 좋아하는 이백李白에게 다음과 같은 시가 있다.

자야오가子夜吳歌

장안에 뜬 한 조각 달
집집마다 다듬이질 소리
가을바람 불어 그치지 않으니
늘 변방 옥문관으로 향하는 마음
어느 날에나 오랑캐 평정하고
낭군은 원정에서 돌아오려나

'자야子夜'의 '자'는 자시子時(밤 11시부터 새벽 1시까지)의 자로, 한밤중의 노래라는 느낌인데, 오吳 지방의 민요를 시로 다듬은 듯하다. 옥문관을 찾아가 본 적이 있는데, 그곳은 돈황 근처로, 오 지방에서 보면 땅 끝에 있는 먼 곳이다. 만호萬戶에서 옷 두드리는 소리揭衣聲라는 건, 나무방망이 등으로 명주를 두드려 누인명주(비단)로 만드는 작업. 그 다듬잇돌 소리는 가을의 풍물시風物詩다. 하지만 어느 집에서도 다듬잇돌 두드리는 소리가 들려온다고 했는데, 매년 가을마다 새 옷을 짤 정도로 경기가 좋았고, 모두들 월동준비를 위해 밤일을 시작했던 걸까. 앞에서도 얘기한 「숯 파는 노인」이 손에 넣은 '베'가 숯의 대가였다는 걸 생각하면, 실은 세금을 내기 위해 베를 짰던 것은 아닐까. 문득 그런 생각이 들었는데, 남편 부재중에 독수공방 집을 지키는 주부에 대한 지나친 배려가 오히려 그들을 더 괴롭혔던 걸까.

張飛當千 [호북성 양번]

장비는 "병사 1만 명에 필적한다"(『삼국지』)는 말을 들은 용맹과감한 무장이었다. 장판교
에서 조조군의 추격을 막아 유비를 구출해낸 주역 가운데 한 사람이다. 그림은 다리 위에
홀로 버티고 선 장비와 그 박력에 질려 망연히 서서 바라보고 있는 조조군 병사들의 모습.

# 49. 장판 싸움 [장비당천]

전쟁에 이기고 돌아오는 개선 장면을 그린 서구의 두루마리 그림을 보면, 많은 포로들을 데리고 오는 게 눈에 띈다. 여자, 아이들뿐만 아니라 분명히 농노라고 해도 좋을 노동력을 포획해온 것이라는 느낌을 준다.

독일이 동서로 분단돼 있을 때, 국경을 넘어 탈주하는 동독 시민은 사살당했다. 조선민주주의인민공화국에서도 목숨을 걸고 월경하는 사람들이 있다. 지배자는 그걸 두고 에너지가 도망가고 있다고 보는 게 아닌가 하는 생각을 한다.

옛날, 두 남자가 다투기 시작했다고 한다. 그러자 형제나 일가친척이 각기 가세했다. 옛날이니까, 서로 죽이는 쪽으로 발전한다. 두 사람의 말싸움이 점차 커지고, 밀리는 쪽이 일가친척들을 다 동원했을 때, 드디어 남자는 (다른 사람인) 두목한테 가서 지켜달라고 부탁해서 죽을 목숨을 구한다. 여기서 말하는 두목은 영주이고, 남자는 목숨을 보장받는 대신 농노가 되는 것이다. 이렇게 생각해 보면, 봉건시대의 작동 원리를 알 수 있을 듯한 느낌이 든다.

후한 말에는 군대를 가진 지배자와 농민, 상인 등의 피지배자로 양극화돼 있었는데, 또 한편에는 호족이라는 얕볼 수 없는 존재가 있었다는 데에 생각이 미친다. 유비가 신세를 진 대부호 미축麋竺이 그런 존재다.

호족과 영주는 비슷하다. 호족은 자신의 영지를 지키지만, 멀리 전쟁을 하러 나가지는 않는다. 사방을 흘겨보는 누각이 있는 성채와 같은 대저택을 짓는다.

호족은 관군이나 적군에 대비한다기보다는 농민군의 내습에 대비해 소작인 등을 사병으로 활용한다. 고용 인부, 반쯤은 노예와 같은 신분을 지닌 이들의 주거가 대저택을 에워싸고 있는데, 이는 묘실墓室 벽화나 부장품副葬品의 장식물 등으로 남아 있다. 호족은 실질적인 실력자였다.

성은 적당한 거리를 두고 세워져 있어서, 이웃 영주가 바로 옆에 붙어 있는 건 아니다. 농노는 성벽 바깥으로 소를 뒤쫓아 가는 경우도 있을 것이다. 하지만 적이 쳐들어왔을 때는 즉각 도망쳐 와야 한다. 호족의 실력 범위는 위험에 대처할 수 있는 권역 내인 셈이다.

전선이 길어져 보급이 안 되면 싸울 수 없게 된다. 나폴레옹이 모스크바를 공격할 때도 그랬고, 근자에는 미군이 바그다드를 침공했을 때도 전선이 너무 늘어져 위태로웠다.

208년, 조조는 강릉江陵을 노리는 유비를 급히 쫓아갔는데, 당양當陽의 장판長阪에서 따라잡아 유비를 따라갔던 무수한 민중들을 포획하고, 막대한 물자를 짐수레와 함께 손에 넣었다. 유비는 처자도 버리고 제갈량, 장비, 조운 등 수십 기의 군사와 함께 가까스로 도망쳤다.

유비는 강릉행을 포기하고 동쪽으로 향했는데, 운 좋게도 면하沔河의 나루에서 관우가 이끌고 온 선단을 만나 강을 건넜다. 1만 남짓의 유기劉琦의 군사와 합류해 함께 하구夏口로 향했다.

『삼국지연의』의 명장면인, 장비가 홀로 우뚝 서서 버티며 조조군과 대적한 사건이 벌어진 것도 그 무렵의 일이다. 장비는 도망가는 유비군의 후미를 맡고 있었다. (다리를 무너뜨렸다는 설도 있지만, 여기에서는) 다리 중간쯤을 가로막고 서서 창을 들고 위세를 과시했다. 『삼국지연의』에 따르면, "연인燕人 장익덕張翼德이 여기 있노라. 목숨 걸고 겨뤄볼 자 없느냐"며 호통을 친 것으로 돼 있다. 조조의 후방부대가 이동하기 시작한 것을 보고는 창을 치켜들고 "싸우자는 것도, 물러나는 것도 아니라면 어떻게 하자는 거냐"라며 또다시 호통을 쳤다. 그 소리에 조조 곁에 있던 하후걸夏侯傑이 깜짝 놀라 말에서 굴러 떨어졌다. 그렇게 해서 장비는 조조군의 추격을 혼자 막았다는 이야기다.

또 한창 도망가던 와중에 조운이 유비의 어린 아들 유선과 그 생모 감부인을 구해내고, 아기를 가슴에 품은 채 유비를 뒤쫓아 갔다.

또한 앞서 얘기했듯이, 자신의 늙은 어머니가 인질로 붙잡힌 것을 알게 된 서서가 "어머니 신상이 걱정스럽습니다. 조조에게 투항하는 수밖에 없습니다. 용서해 주십시오"라며 유비 진영을 떠난 것도 이때의 일이다.

퇴각이라는 건 옛날이나 지금이나 이런 것이로구나, 하는 생각을 했다.

趙雲奮鬪 [호북성 양번]

장판교의 유비 구출에 대활약을 한 또 한 사람의 용자는 조운이다. 유비의
감부인과 태어난 지 얼마 되지 않은 유선을 목숨 걸고 구해냈다. 그림의 중
앙, 백마를 타고 유선을 겨드랑이에 낀 채 극戟을 휘두르고 있는 이가 조운.

# 50. 오의 손견 [조운분투]

마침내 '적벽赤壁 전투'가 다가오는데, 이 무렵 강동江東, 즉 오吳의 상황은 어떠했던가. 손견이 활약한 세계를 새롭게 읽어내기 위해 시간을 조금 거슬러 올라가서 생각해 보자.

184년, 황건적의 난이 일어난 것은 앞서 얘기했다. 이듬해인 185년, 조정이 거기장군 황보숭, 근위군사령관 주준에게 황건 토벌군 조직을 명했을 때, 손견은 예비대장像備隊長으로 참가했다. 그때 29세였다.

그의 임지는 하비下邳였는데, 동행했던 오吳의 젊은이 외에 하비에서도 병사들이 모여들어 정예 1천여 명의 군대를 조직했고, 주준의 군과 호응하며 크게 싸웠다.

그때 서화西華에서 다치고 낙마해 중상을 입은 채 행방불명이 된 손견의 애마가 그의 진영으로 돌아왔다. 말은 발로 땅을 긁으며 자꾸 울었다. 위급한 상황을 알리고 있다는 걸 알아차린 사람들이 이 말 뒤를 따라가니, 손견이 쓰러져 있는 풀숲으로 데려갔다는 이야기가 전해진다. 좋은 이야기니까 그걸 정말이라 여겨도 무방하지만, 유감스럽게도 말에게는 그런 재능이 없다고 전문가인 다케타즈 미노루는 말했다.

그런데, 손견은 십여 일의 치료를 받고 다시 전선으로 나갔다. 여수汝水·영수潁水 일대의 적을 토벌하고 전과를 올렸다. 주준은 손견의 이 분전을 칭찬하며 그를 별동대장別働隊長에 천거했다.

186년, 황건군 변장邊章, 한수韓遂를 토벌할 때 사공司空 장온張溫이 거기장군이 됐다. 장온은 손견을 참모로 삼았고, 그를 데리고 조정에 갔다.

장온은 역시 황건적 토벌에 출정해 있던 동탁을 불러들이려 했으나, 응답도 없다가 마지못해 돌아온 동탁에게는 확연히 반감의 기색이 엿보였다.

동탁이 그런 성격의 소유자일 것으로 본 정의파 손견은 그의 그런 태도를 용납할 수 없어, "조정의 명령을 거역하는 자세를 보인 동탁은 군법에 따라 단죄해야 합니다"라고 강력하게 주장했다. 장온은 "동탁이란 이름은 농隴, 촉蜀 땅에서는 신과 같은 존재다. 지금 죽이면 앞으로의 싸움을 수행하는 데 지장이 있다"고 했다. "그러면 그건 지휘권을 포기하는 것이 아닙니까" 하고 대들었으나, 장온은 얼버무리면서 분명한 대답을 하지 않았다.

동탁이 천자를 옹립하고 낙양을 장악한 것은 바로 그 뒤인 189년의 일이다.

190년, 손견은 건의관建議官의 자리에 올랐다. 그 무렵 형주 장사군長沙郡의 구성區星이 1만의 군사를 이끌고 장사성을 공격했다. 손견은 곧바로 구성 등을 토벌했다.

주조周朝, 곽석郭石도 구성에 호응하며 반기를 들었으나, 손견은 군의 경계를 넘어가 공격한 끝에 이들도 진압했고, 오정후烏程侯에 봉해졌다.

손견도 원술을 연합군의 맹주로 택해, 다른 무장들과 함께 동탁 타도 연합군에 가담했다.

손견은 노양魯陽으로 군사를 보내 부관副官 공구칭公仇称에게 군량을 조달하라고 명했다. 그 공구칭이 출정할 때 동문 바깥에 천막을 치고 송별 의식을 진행하고 있는데, 손견에 맞서 싸우려던 동탁군의 경기병輕騎兵들이 순식간에 노양성 바로 근처까지 다가왔다.

손견은 조금도 당황하지 않고 유유히 자리에서 일어나 성문 안으로 들어갔다. "그럴 때 서두르면 병사들이 오히려 혼란에 빠지기 때문이다"라고 그는 말했다. 동탁 쪽 경기병들도 손견군의 그런 질서정연한 움직임에 오히려 의심을 품고 가까이 다가가지 못했다고 한다.

그 뒤 손견은 자신과 똑같이 붉은 두건을 맨 가게무샤影武者(적을 속이기 위해 대장이나 주요 인물처럼 꾸며 놓은 무사 – 역주)를 내세우는 기발한 계책으로 적을 농락한 끝에 동탁군을 격파하고 총대장 화웅華雄을 토벌했다.

원술과 손견은 함께 싸우고 있었는데, 참소하는 자가 있어서 원술이 군량 수송을 망설인 적이 있었다. 손견은 양인陽人의 전선에서 1백여 리 떨어진 길을 달려가 전황을 자세히 설명하고 군량을 빨리 보내달라고 촉구했다. 원술은 한때나마 손견을 의심한 걸 부끄러워했다.

동탁은 손견의 전투 수행 능력을 평가해 강화를 맺자고 제의했으나, 손견은 거절했다. 머지않아 동탁이 낙양을 불태우고 장안으로 천도한 일은 이미 앞에서 얘기했다.

望鄕孫氏 [절강성 부양]

오의 황제가 된 손권 일족은 전국시대의 병법가 손자의 혈통을 잇는 유서 깊은 일족으로 일컬어진다. 그들의 고향인 강남 부양을 찾아간 것은 이른 봄 무렵. 그날은 비가 올 듯한 날씨였는데, 강남 일대의 경관은 수묵화의 산수를 떠올리게 했다.

# 51. 손책과 주유 [망향손씨]

192년 4월, 손견이 형주 자사 왕예王叡를 물리친 뒤 유표가 새 형주 자사로 왔다. 원술은 유표를 죽이고 형주 일대를 자신의 영지로 삼으려 했던 모양이다. 그 때문에 (원술 휘하의) 손견은 유표를 공격했다. 적의 무장 황조黃祖를 격파하고 한수漢水를 건너 양양襄陽을 포위했다.

그때 홀로 말을 타고 언덕에 올라간 그를 황조의 병사가 활을 쏘아 절명케 했다. 37세의 젊은 나이였다.(이 최후의 상황에 대해서는 다른 설도 있는 듯하다. 『연의』에서는 잔혹하고 극적인 죽음으로 설정되어 있다.)

손견은 전사했고, 아들 손책孫策이 뒤를 이었다. 이때 손책의 나이 18세였다.

손책은 아버지가 황건적 토벌에 나섰을 때 어머니와 함께 서현舒縣으로 피난 가 있었는데, 거기서 같은 나이의 주유周瑜를 만나 평생의 친구가 됐다. 주유는 서현 출신으로, 부계 쪽으로는 조정의 태수를 지낸 인물이 있었고, 아버지는 낙양현洛陽縣 지사知事이기도 했다. 주유는 문무 겸비한 미목수려한 젊은 무장으로, 남편감 1순위인 남자의 전형이었다고 한다. 그 시점에서는 아무도 몰랐지만, 나중에 오에 없어서는 안 될 무장이 된다.

193년, 앞서 얘기했듯이 사촌형제 간인 원술과 원소의 사이가 틀어진 것은 그 무렵의 일이다. 손책도 주유도 원술 진영에서 일하게 되고 전과도 올려 지위도 올라갔으나, 원술이 그들을 늘 진심으로 대한 것은 아니다.

두 사람은 원술 휘하를 떠나 독립해야겠다는 생각을 하기 시작한다. 198년, 주유는 원술과 거리를 두기 위해 거소현居巢縣의 현장이 되게 해달라고 했고, 거기서 오의 소주蘇州로 돌아갔다. 그때 주유는 24세의 젊은이였다.

손책은 주유를 맞아들여 장군 바로 아래 자리인 건위충랑장建威忠郎將에 임명하고, 병사 3천 명, 기마 50필을 내주었다.

이를 계기로 주유는 점차 중임을 맡았으며, 오나라 사람들의 신뢰도 얻게 된다.

손책이 형주를 손에 넣으려고 주유와 함께 이를 공략할 때 교공橋公의 두 미녀 딸을 얻게 된다. 언니인 대교大橋를 손책이, 동생인 소교小橋를 주유가 아내로 맞이했다.

손책과 주유 콤비와 인품에 끌려 유능한 인재들이 모여들었다. 그리하여 손책은 점차 오의 땅에 대한 지배력을 굳혀가는 한편, 조조로부터는 토역장군討逆將軍에 천거되고 오후吳侯에 봉해졌다. 조조는 자신의 딸을 손책의 막내동생에게 시집보냈으며, 다른 동생들인 손권孫權, 손익孫翊을 자기 밑으로 불러 관직을 주었다.

200년, 당시 천하대세를 개괄하면, 장강 북쪽의 조조와 그에 맞선 강적 원소가 각축하고 있고 그 권역 바깥에서 오의 손책 등이 힘을 키워가고 있는 형국이라고 봐도 좋다.

손책은 관도 전투에서 고전했던 조조의 본거지 허도許都를 습격할 태세를 갖추고 있었다. 그러나 손책은 그에게 원한을 품은 그 지역 구세력의 손에 암살당했고, 계획은 좌절됐다. 그 뒤를 손권이 이었다.

202년, 관도 전투가 끝나고 원소가 병사한 뒤 조조의 위세가 날로 커져가고 있을 무렵, 조조는 손권에게 편지를 보내 우호관계를 맺자면서 이를 위해 인질을 보내라고 요구했다. 손권은 군신들을 모아 회의를 했으나 누구도 태도를 분명히 하는 자가 없었다.

손권은 인질 요구에 응하고 싶은 생각은 없었지만, 딱 잘라 거절하면 무슨 일이 벌어질지 몰라 전전긍긍하다가 주유 한 사람만 데리고 어머니 있는 곳으로 가서 결론을 내리겠다고 마음먹었다. 주유는 "단호하게 인질 요구를 거부해야 합니다"라고 말했다.

그해 9월, 조조는 형주를 침공했고, 그 땅을 점거하고 있던 유종劉琮은 항복했다. 형주의 수군은 조조가 차지했는데, 그 결과 조조의 수군은 수십만으로 불어났다.

오군 장병들의 의견은, "엄청난 일이 눈앞에 닥쳐올 때, 장강이 조조의 공격을 막아주는 천혜의 요새였으나, 조조가 수군을 손에 넣은 이상 장강은 요새의 의미를 잃어버렸다. 이렇게 되면 조조를 맞아들이는 게 현명한 것으로 보인다"라는 것이었다.

姑蘇繁華 [강소성 소주]

그 옛날부터 수향水鄕 도시로 발전해 온 소주蘇州는 흰 벽과 검은 지붕의 콘트라스트가 멋지게 조화를 이루고 있다. 호상豪商들이 남긴 원림園林 예술은 오늘날 관광명소로 인기가 높다. 청대 소주의 번영은 〈고소번화도姑蘇繁華圖〉 등의 두루마리 그림을 통해 짐작할 수 있다.

# 52. 노숙과 장소 [고소번화]

주유는 "중원에 있는 자들(조조군)이 수군으로 우리와 싸우는 것은 득책이 아니다. 거기에다 추위가 심한 요즘에 전투를 벌이면 병자들만 양산하게 될 것"이라고 생각했다. 이 병에 대한 언급은 '적벽 전투'에 대한 복선인 듯 보인다. 조조 패배의 진상은 군에 역병이 널리 퍼졌기 때문이라는 설이 있다. 손권은 "주유의 의견이야말로 하늘의 소리와 같다"며 결의를 새롭게 다졌다.

주석자인 배송지의 생각으로는, "노숙魯肅이 파양鄱陽에 파견돼 있던 주유를 불러들이도록 얘기했고, 돌아온 주유와 상의해서 반 조조 작전 수립을 주도했다. 그 뒤 주유의 활약 때문에 노숙의 (작전상) 공적이 눈에 띄지 않는 경향이 있다".

이른바 '적벽 전투'로 가는 정세가 착착 무르익고 있었다.

노숙은 임회군臨淮郡(지금의 안휘성) 동성현東城縣에서 태어났다. 생후 곧 아버지가 세상을 떠났고, 할머니 슬하에서 자랐다. 이른바 수려한 용모의 풍채를 지니고 있었다. 젊은이들을 모아 산속에서 사냥을 하고, 몰래 병법을 연구하기도 한 그를 장로들은 걱정했다. 집안은 부자여서, 어려운 처지의 사람들을 돕기 위해 논밭을 팔기도 했다.

주유가 거소현의 장이 됐을 때, 노숙에게 수백 명을 데리고 가서 인사를 하고, 자금과 식량 지원을 부탁했다. 노숙은 창고 하나를 가리키면서 그것을 몽땅 주유에게 주었다.

주유는 노숙이 비범한 인물임을 알아채고 깊은 우정을 맺었다.

노숙은 그 전에 원술한테서도 뛰어난 인물로 인정받아 동성현 현장에 임명된 적이 있으나, 노숙은 거꾸로 원술의 인물 됨됨이를 간파하고는 서둘러 발을 뺀 뒤 젊은이 백여 명을 데리고 주유 밑으로 갔다.

주유의 천거로 손권을 만났고, 손권은 노숙을 높이 평가했다. 손책 이후 오의 참모로 있던 장소張昭는 노숙에게 비판적인 의견을 갖고 있어서, 은밀히 주의를 촉구했으나 손권은 태도를 바꾸지 않았다.

노숙이 주유와 함께 적벽으로 간 것은 손권을 조조의 패권에서 해방시키기 위해서였다고 한다.

적벽 전투 뒤, 주유의 유언에 따라 그 후임이 된 노숙은 관우와 경계를 접하는 임지에 부임했다. 유비와 조차지租借地 등의 문제로 승강이를 벌인 적도 있지만, 노숙은 언제나 우호적으로 문제를 해결했다.

217년, 46세의 나이로 사망했다. 손권은 정중하게 장례를 치러주었고, 촉의 제갈량도 상복을 입었다.

장소는 책을 쓴 학자로, 평범한 두뇌의 소유자가 아니었다. 근엄하고 냉정했으며, 풍모 자체가 설득력이 있어서 손권에게도 거리낌이 없이 의견을 내어놓는 바람에 사람들로부터 분노를 산 적도 있으나, 장소는 주눅이 들지 않고 간언하기를 멈추지 않았다.

여담이지만, 손권은 술버릇이 좋지 않았다고 한다. 늘 술을 강권하며 돌아다니는 통에 우번虞翻이라는 학자는 잠자는 척해서 곤경을 피했다. 하지만 손권이 지나가고 나면 다시 잠자리에서 일어났는데, 그 때문에 손권이 "내 술잔을 받을 수 없다는 것인가"라며 격분해 목을 베겠다고 펄펄 날뛰었다. 측근이 필사적으로 말린 덕에 무사할 수 있었는데, 술이 깬 뒤 손권은 가신들에게 "다음에 또 (내가) 흥분해서 죽이겠다고 하더라도 절대 죽이게 놔둬서는 안 된다"고 당부했다고 한다.

장소는 81세로 죽었다. 『삼국지』 시대에서는 장수한 편이다.

『삼국지 인물 외전』(사카구치 아스미坂口和澄)에는, 『삼국지』에 기록돼 있는 인물 중에서 거록鉅鹿 사람 장천張臶의 105세가 최연장이고, 촉의 학자 내민來敏의 97세, 오나라 장군 여대呂岱의 96세가 그 뒤를 잇는 것으로 돼 있다.

얘기하는 김에 덧붙인다면, 대학 친목회 등에서 신입생에게 술을 무리하게 마시게 해서 급성 알콜중독 등으로 죽음에 이르게 하는 사례가 종종 뉴스로 보도된다. 참으로 어리석은 짓이 아닌가.

신입생 환영 파티 등에서 "오늘은 격식 없이 마음껏 즐기는 자리!"라는 얘기가 나올 때는 어느 정도로 예의를 차릴 줄 아는지 시험받고 있는 것이다.

**赤壁前夜** [호북성 적벽]

장판교에서 장강 강변까지 도망친 유비군은 손권에게 도움을 요청했다. 남하해 오는 조조의 대군과 맞서 싸울 것인가 말 것인가. 오나라 중신들은 머리를 맞대고 작전회의를 거듭하는 한편 전함들을 속속 삼강구 三江口에 집결시켜 결전의 가을에 대비했다.

# 53. 적벽 전투 - 천수 [적벽전야]

『삼국지』 시대에 암이나 협심증, 또는 당뇨병과 같은 게 있었을까, 하는 생각을 나는 했다.

실은 수의사이자 사진가로, 홋카이도에 있는 다케다쓰 미노루라는 친구에게 "동물에게도 암 등 성인병이 있느냐"고 물어본 적이 있다. 그는 즉각 "야생동물에게는 성인병이 없다. 왜냐하면 야생동물은 천수를 다 누리지 못하기 때문이다. 애완동물이나 동물원의 동물 등을 인간이 키우면 천수를 누리게 하려 하기 때문에 성인병이 생긴다. 원래는 야생동물이었다 하더라도 인간이 사육하는 포유류는 모두 성인병에 걸리고 인간과 같은 증세가 나타난다"는 것이다. 생각건대, 천수를 다 누리려고 하면 성인병을 피할 수 없는 것 같다.

기원전부터 『삼국지』 시대에 걸쳐 살았던 사람들은 거의 야생적으로 살았던 게 아닐까 하는 생각을 해본다. 거기에 비해 지금의 의학은 그 천수를 늘이는 걸 목적으로 삼고 있는 듯이 보인다.

그런 시대에 나는 『곤충기』의 파브르가 64세 때 23세 여성과 재혼했다는 것, 첼로 연주의 전설적 존재인 파블로 카잘스는 80세 때 제자인 20세의 마르티타와 결혼해 뭇사람들의 관심 속에 96세까지 살았다는 것, 수에즈 운하를 건설한 페르디낭 드 레셉스는 64세 때 21세 여성과 결혼해서 12명의 아이를 얻었다는 것 등을 졸저 『공상가의 고생담空想亭の苦労咄』이라는 만담풍의 책에다 써버렸다.

그것은 어떻게 둘러대든 나와 무관한 일로 남을 질투하는 것法界悋氣이 아닌가 하는 해석을 면할 수 없을 것 같다.

실은 그 책을 출판한 직후, 『사기』 속에서 놀랄 만한 내용을 만났다. 그 내용은 생략하고 그 존재를 알리는 정도로만 언급하겠다. 그것은 『사기 열전』의 '장승상張丞相 열전'에 있는데, 굳이 읽을 필요는 없다.

그런데 적벽의 조조군에게는 병자들이 많이 생겼다. 풍토병 같은 것에 걸렸다는 이야기가 있다.

『삼국지 빛나는 군상』에 따르면, 『삼국지』에는 '적벽 전투'에 대한 기록이 별로 없다고 한다. 『삼국지연의』를 보면서 피가 끓었던 옛날 소년들에게는 "얘기가 잘못된 것 아닙니까" 하고 따지고 싶어지는 대목이다.

제갈량이 마술을 부려 동풍을 일으켰다는 것은 어찌됐든 일단 제쳐놓고라도, 조조군의 배를 모조리 태워버린 이 대전투만큼은 귀중한 승리의 기록이 없을 리 없다고 생각했던 것이다.

그리고 그 책에서는 '적벽 전투'에 몇 쪽을 할애했는데, 그 전장은(이른바 관광지로 돼 있는) '적벽'만일 리는 없으며, 대전투가 벌어졌다면 그 장소, 규모, 전투 경과 등에 대해 그에 상응하는 상세한 기술이 있어야 하는데 그 사료를 찾을 수 없었다는 조사 경과가 기술돼 있다.

다카시마 도시오는 "적벽은 무창현武昌縣 서남쪽 장강 남안, 오림烏林은 포기蒲圻현 서북쪽 장강 북안인데, (적벽 전투의 무대는) 그 사이의 거리 약 50킬로미터"라는 설이 타당할 것으로 생각한다(장지철張志哲의 「적벽변위赤壁辨僞」, 『학림만록學林漫錄』 첫 집, 담기양譚其驤 주편主編 「중국역사지도집, 삼국·서진西晉 시기」 등)고 써 놓았다.

먼저 『삼국지』 '무제기武帝紀'의 건안建安 13년(208) 부분을 읽어 보면, 이 기술은 다른 사료나 역사적 사실과 모순되는 게 많다는 결론에 이르게 된다. 그만큼, "적벽 전투에 관한 정리된 기록이 없었다는 것을 알 수 있다"는 것이다.

"패배한 조조 쪽에 기록이 없는 것은 이해할 수 있다 치더라도, 이긴 유비 쪽에도 왜 기록이 없는 것일까. 실은 촉한蜀漢은 일단 나라를 세워 황제를 칭했다고는 하나, 거의 나라꼴을 갖추고 있지 못했기(나라의 꼴을 갖추기 전에 망해버렸다) 때문인데, 사관들도 두고 있지 않았으므로 국가 공식기록이 없는 것이다"라고 다카시마는 썼다.

"얘기가 잘못됐다"고 한때는 생각했으나, 역사를 조사한다는 건 바로 그런 걸 이야기하는 것인 까닭에, 적벽은 오히려 재미있게 다가왔다.

孫權決斷 [호북성 적벽]

노신 장소는 민중의 희생을 생각하고 개전에 반대했다. 그러나 손권은 젊은 노숙과 주유의 주
장을 무겁게 받아들여 철저항전을 결단했다. 노장 황개는 기지를 발휘해, 백기를 매단 쾌속선
으로 적진을 향해 돌진하게 하면서 자폭적으로 불을 붙여 조조군의 선단에 화공을 퍼부었다.

# 54. 적벽 전투 – 전야 [손권결단]

『삼국지 빛나는 군상』에 따르면, '적벽 전투'를 쓸 때 "진수陳壽는 「촉지蜀志」를 위魏·오吳의 기록과 관련된 부분, 그리고 전해들은 것을 토대로 쓸 수밖에 없었다". 예컨대, 「촉지 선주전先主傳」의 기록을 인용하고 있다.

"권(손권)은 주유, 정보程普 등의 수군 수만 명을 보내 선주(유비)와 힘을 합쳐서 조공(조조)과 적벽에서 싸워 크게 이를 쳐부수고 그 배를 불태웠다. 선주는 오군과 수륙 양면작전으로 뒤쫓아 남군南郡에 당도했다. 그때 또 역병이 돌아 북군北軍 다수가 죽고 조공은 패배한 뒤 돌아갔다."

이 밖에 적벽 전투에 참가한 오의 장군들의 기록이 실려 있으므로 여기에 이를 나열해 본다.

'오주吳主전' '여몽呂蒙전' '정보程普전' '황개黃蓋전' '주태周泰전' '감녕甘寧전' '능통凌統전' 등이다. 흥미를 느끼는 분은 『정사 삼국지』를 읽어 보시기 바란다.

이들에 비해 (적벽 전투에 관해) 좀 더 자세한 것은 '주유전'뿐이라고 한다.

207년, 이 책 처음 시작할 때 쓴 채문희가 돌아온 것이 바로 이해였다. 유비가 양양의 융중으로 제갈량을 찾아가 그를 맞아들인 것도 이해였다.

208년, 적벽 전투. 조조는 손권에게 우호관계를 맺자며, 그것을 위해 인질을 보내라고 요구했다.

그 무렵 조조는 유표를 공격했는데, 그 유표가 죽고 자식들인 유기와 유종이 반목한 끝에 유종이 형주를 조조에게 바치고 그 밑으로 들어간다. 조조는 항복한 유종, 그리고 유표가 의지하고 있던 함선들을 손에 넣어 그 수군이 수십만으로 불어났다는 것은 앞서 얘기했다.

손권에 대한 인질 요구는 압도적인 세력을 배경으로 한 제안(항복 권유)이다. 노숙과 주유는 "단호하게 인질을 거부할 필요가 있습니다" 하고 말했다.

"조조의 수군은 배를 타고 하는 전투에는 서툴러, 함선으로는 우리와 맞서 싸울 수 없다."(남선북마南船北馬라는 말이 있는데, 중국에서는 최근까지 그러했다) "또한 북에는 마초, 한수 등의 반 조조 세력이 건재하다." "조조는 한의 승상이라고는 해도 한실 즉 헌제의 뜻대

로 움직이는 자가 아니다. 오히려 역적이다." "이미 계절은 한겨울이므로, 낯선 풍토에서 병사들이 속출하는 것은 필연적이다."

손권은 눈앞의 탁자를 내려치며 단호한 결의를 보였다. 노숙은 찬군교위贊軍校尉로 주유를 보좌하며 주유, 정보와 함께 선군이 된다. 손권은 군량을 쌓아두고 후방에서 지원한다. 전투 기운은 무르익었다.

유비는 그 무렵 당양當陽의 장판에서 패배하고 하구에 당도해 있었다. 거기에서 오의 사자 노숙을 만나 협력관계를 맺었다. 그리고 노숙의 전략에 따라 악현鄂縣의 분구樊口로 갔다. 손권에게 간 제갈량은 아직 돌아오지 않았다.

원군으로 보이는 주유의 선단이 왔다. 주유의 수군은 3만이라고 했다. 유비는 내심 그 병력 수에 불안을 느꼈다. 어쨌든 상대인 조조는 대군이다. 주유군과 유비군은 합류해 장강을 타고 내려오는 조조군에 맞서 싸울 태세에 돌입했다.

조조군은 서전에서 패했다. 병사들 사이에는 이미 역병이 퍼져가고 있었다.

그때 부장部將 황개가 주유에게 제안을 했다. 먼저 조조에게 거짓 편지를 보냈다. 그 내용은 다음과 같다.

"나는 손씨한테서 좋은 대접을 받아왔습니다. 그러나 강동 6군과 산속의 만족蠻族을 모아 중원의 백만 대군에 맞서 싸워봤자 관군에게는 대적할 수 없습니다. 우리 군 부장들도 항복론자들이 많았습니다.

단지 주유와 노숙만이 개전을 주장했습니다. 전투가 시작되면 우리는 선군이 돼 때를 엿보다가 귀하를 위해 있는 힘을 다하겠습니다. 부디 나의 진정성을 헤아려 주시기 바랍니다."

조조는 이 친서를 지참하고 온 황개의 사자를 맞아들여 그 친서에 대해 반신반의하면서 "황개가 정말로 내 편을 들어준다면 특별한 은상을 내리겠다"고 말했다.

戰艦 炎上 [호북성 적벽]

연결돼 있던 조조군의 함선들은 삽시에 맹렬한 불길에 휩싸였고, 불은 강변의 군
영까지 불태웠다. 이 전투에서 패퇴한 조조는 군사를 철수시켜 귀환했다. 『삼국지』
는 때마침 역병이 크게 번져 조조군 장병 다수가 죽었다는 사실도 기술해 놓았다.

# 55. 적벽 전투 - 결전 [전함염상]

『삼국지연의』에는 적벽 전투를 목전에 두고 제갈량과 주유의 알력이 묘사돼 있는데, 사흘 안에 10만 개의 화살을 조달한다는 무리한 약속을 제갈량이 가볍게 이행하는 장면이 나온다.

그것을 위해 짚단으로 지붕을 덮은 배를 20척, 밤중에 몰래 조조군 진지로 저어가게 한다. 이걸 야습으로 본 조조군은 일제히 활을 쏘아댔다. 제갈량은 비처럼 쏟아지는 화살을 짚단 지붕 밑에서 피하며 유유히 돌아오는데, 지붕에는 10만 개가 넘는 화살들이 박혀 있었다는 얘기다.

나는 어릴 적에 본 영화에서 구스노키 마사시게楠木正成(일본 가마쿠라 시대 말기의 무장. 고다이고 천황을 도와 가마쿠라 막부를 멸망시키는 데 공을 세웠다 – 역주)의 지하야성干早城 공방 장면을 떠올렸다. 성곽에 내리꽂히는 빗나간 화살들을 흙과 땀으로 뒤범벅이 된 농사꾼 자식들이 뽑아서 모은다. 눈앞에는 화살이 비처럼 쏟아져 내려 몹시 위험하다. 그 장면을 떠올리며 생각하니, 적의 화살이 아군의 화살로 바뀌는 건 상식이었다는 생각이 든다.

또 겨울에 드물게 부는 동풍은 화공火攻의 절대조건이었는데, 제갈량은 도사와 같은 마력을 발휘하며 기도를 거듭한 끝에 불가사의하게도 그 계절에는 잘 불지 않는 동풍을 불러일으킨 것으로 돼 있다.

모반이 발각돼 주유로부터 피투성이가 되도록 두들겨 맞는 연기를 능숙하게 해낸 황개의 몽충蒙衝(구축함)과 투함鬪艦(전함)은 마른 땔감을 산처럼 쌓아 기름을 붓고 천막으로 덮은 뒤 장군기를 꽂고 횃불을 치켜든 채 조조의 선단에 다가가서 "항복한다"고 외치면서 접근한 뒤 기회를 엿보다 불을 질렀다. 불은 삽시에 조조의 선단으로 옮겨 붙었다. 황개 등의 병사들은 자폭한 듯 보였지만 준비한 쾌속정에 옮겨 타고 몸을 피했다. 이어지는 주유의 정예부대가 공격에 들어가, 조조군은 거의 불의의 일격을 당한 것처럼 완전히 무너졌다.

『정사 삼국지』로서는 조조가 병자가 속출해 패주했다고 하는 편이 옳았겠다. 일설에는, 조조가 스스로 배에 불을 붙이고 퇴각했다고 쓴 것도 있다.

조조가 적벽에서 패한 것은 사실이지만 괴멸당한 것은 아니다. 그는 남진을 포기했고, 결국 촉이 망할 때까지 55년간 표면적으로는 평화로운 지구전 형태로 세월을 보내게 된다.

손권은 적벽의 승리로 강동 지역의 지배력을 확정했다. 한편 유랑하고 있던 유비는 형주로 가서 이윽고 촉을 공격해 탈취했는데, 역사는 이로써 삼국정립의 대체적인 틀을 잡아가고 있는 듯이 보인다.

황개는 이 전투의 공적으로 무릉武陵 태수가 돼 이민족의 반란 등을 평정했다.

정보는 황건적 토벌 이래 손견 진영에 있었는데, 손권 밑에 있을 때 벌어진 적벽 전투에서 대대를 이끌고 싸웠다. 그 공으로 강하江夏 태수에 임명됐고, 유비가 형주 일부를 점유한 뒤 죽었다.

여몽은 노숙의 사후, 서쪽으로 군사들을 끌고 가 육구陸口에 주둔했는데, 노숙군의 병마 1만여 필은 모두 여몽의 지배 아래로 편입됐다. 원래 여몽은 관우가 오나라를 침입할 것이라 예상하고 있다가, 관우가 위의 번성樊城을 포위한 틈을 노려 그 배후에서 남부를 점령하고 관우, 관평關平을 붙잡아 형주를 평정했다. 나중에 병에 걸려 42세로 죽었다.

감녕은 원래 무뢰배였으나 나중에 마음을 바꿔먹고 손권 휘하로 들어가 부장으로 두각을 나타냈다. 유수濡須에서 조조와 싸울 때 1백여 기의 기병을 이끌고 야습을 감행해 선봉을 공격했다.

'적벽 전투'는 『삼국지』 중의 명장면이다. 불타는 조조군의 선단을 묘사해 보자. 『연의』에 따르면, 군선은 배들 사이를 가로지른 목판으로 연결해 마음대로 오갈 수 있도록 해두는 게 좋다는 책략이 있었고, 실제로 그렇게 했다. 불을 붙였을 때 배들이 각기 떨어지지 않고 한 덩어리가 돼 타도록 하기 위한 손권군의 첩보적인 책략이 작동한 듯하다. 그림에서도 그처럼 판으로 연결했다. 조조의 선단이 맹렬한 불길에 휩싸이는 걸 묘사했다. '불태운다'는 것은 고래로 전쟁의 상투수단이었다. 몇 년이나 걸려 건설한 것이 간단하게 재가 돼버린다. 참으로 허망한 일이다.

赤壁　杜牧

折戟沈沙鐵未銷
自將磨洗認前朝
東風不與周郎便
銅雀春深鎖二喬

赤壁秋景 [호북성 적벽]

내가 적벽을 찾아간 것은 2007년 가을. 모터보트에 타고 장강을 횡단해
북안의 옛 전장까지 가서 그 시절을 회상했다. 그림은 물소들을 방목하
고 있는 한가로운 적벽의 강변 풍경. 한시는 두목의 「적벽」을 골라 썼다.

# 56. 적벽 전투 - 옛 전쟁터 [적벽추경]

적벽에 갔다. 조조가 패배한 것으로 알려진 격전의 땅이다.

그림으로 그리고 싶었으나, 장강으로 불거져 나온 그다지 크지 않은 절벽이 있고, 그 위가 적벽 언덕 위의 작은 공원으로 꾸며져 있었으며, 주유의 석상, 제갈공명이 동풍이 불도록 기원했다는 배풍대拜風臺 등이 있었으나 별로 흥미가 일지 않았다.

중국에서는 비과학적인 점占은 금지돼 있어서 경찰에 잡혀간다고 들었으나, 여기서는 관광객 상대의 점쟁이 세 사람이 좌판을 벌여 놓고 있었다.

허술한 특산품 노점도 있었다. 나무로 만든 노리개, 공명의 심벌인 깃털부채羽扇, 그림엽서 등이 진열돼 있었다.

사진을 통해 흔히 볼 수 있는 '적벽'이라는 글씨가 새겨진 암벽은 돌계단으로 장강 수면까지 내려간 곳에 있다.

글씨는 붉은색으로 크게 썼는데, 바위는 붉지 않았다. 이런 것들은 그림으로는 그릴 수 없는 것이다.

이 적벽을 바라보며 그림을 그리려면 장강 한복판까지 가든지, 건너편 오림烏林으로 건너가든지 해야 한다. 아, 그곳은 조조가 배를 버리고 패주할 길을 찾아 헤맸다는 곳이다.

여러 번 올 수는 없으므로, 어쨌든 적벽을 그리고 싶었다. 동행한 나카무라 스나오는 어떻게든 건너편으로 건너가고자 미리 배를 주선해 놓은 모양이었다.

나는 내려가는 게 귀찮다는 생각이 들었으나 결국 내려갔다. 그러자 야마하 스크류와 엔진을 단 보트가 왔다. 나도 거기에 타고 대안까지 약 1킬로미터 거리라는 장강을 횡단했다.

오가는 배들은 적지 않으나 탁류의 물결은 상당히 높았고, 대안은 퇴적된 점토로 덮여 있어서 배를 대고 상륙할 장소를 찾을 수 없었다.

뒤돌아본 적벽은 꽤 멀고 흐릿해서 잘 보이지 않았고, 거기에다 비닐 표류물들이 스크류에 감겼다. 그 대단하다는 일본제 엔진이 제대로 작동하지 못했던 것은 그 때문이었다.

가까스로 달라붙은 비닐을 제거해서 거기에 그곳 흙을 조금 싸 가지고 왔다. 적벽에 다가가서 그 암벽도 측면에서 바라보면 그릴 만하겠다는 생각이 들어 보트를 바짝 붙여 달라고 했다.

그 강변 흙은 장강에 실려와 쌓인 회색 흙으로, 발굽 자국들이 잔뜩 찍혀 있었다. 그 뒤에 알게 됐지만, 그건 물소의 발자국이었다.

큰 배가 대어져 있었고, 트럭들이 몇 대나 오가고 있었는데, 퇴적물을 파내고 있나 했더니, 그건 아니고 부서진 돌들을 실어내고 있었다.

적벽에 다가감에 따라 목가적인 풍경이 펼쳐졌다. 열대여섯 마리의 물소들이 노닐고 있었고, 그 탁류에 들살 그물을 쳐 놓고 고기잡이를 하는 사람도 있었다. 거기에 걸터앉아 적벽 언덕을 멀리서 바라보며 그렸다.

적벽을 노래한 당대의 시인 두목杜牧(803~852)의 시를 읽어 보자.


적벽


모래 속에서 부러진 창 쇠는 아직 삭지 않았네
씻어서 닦아 보니 그것이 삼국시대의 것인 줄 알겠구나
만일 그 전쟁에서 동풍이 주유에게 유리하도록 불지 않았다면
봄 깊은 동작대에 아름다운 교씨 자매는 갇혔겠지

(손책과 주유는 형주를 공략할 때 교공橋公의 두 미녀를 손에 넣었다. 언니인 대교는 손책이, 동생인
소교는 주유가 아내로 삼았다.)

建業盛春 [강소성 남경]

229년, 손권은 신하가 되라는 위의 요구를 거부하고 건업(남경)으로 천도해 황제의 자리에 오른다. 위, 촉, 오의 삼국은 문자 그대로 '정립'했다. 남경의 자금산 기슭에 있는 매화산에 손권의 묘가 있다. 묘소는 만개한 매화 향기에 휩싸여 있었다.

# 57. 황학루 [건업성춘]

무창武昌에 갔다. 삼국시대에 손권이 하구성夏口城을 쌓았던 곳으로, 나중의 명明, 청淸 시대에는 호북성의 성도가 되었고 무창부武昌府라고 불렸다. 어느 정도로 개축된 것인지 알 수 없으나 지금 당당한 위용의 성벽으로 둘러싸여 있다. '221년, 오吳는 악鄂을 무창이라 개명하고 무창성을 쌓았다'고 연표에 나와 있다. 가까이에 사산蛇山이라는 장강을 굽어보는 언덕이 있고, 거기에 황학루黃鶴樓가 높이 솟아 있었다.

동행한 나카무라 스나오 외에 원기왕성한 오오미나토 여사는 누각 위에까지 올라갔으나 심장이 약한 나는 멀리서 멋지게 서 있는 건축물 모습을 바라보는 것으로 만족해야 했다. 아름다운 곡선을 그리며 공중에 날개를 펼친 듯 보이는 구조인데, 지붕이 6층이나 되는 멋진 건축물이다. 꼭대기까지 올랐던 그들에게 물어보니 무한 시가 지나 장강을 멀리 내려다 볼 수 있었다고 했다.

이와나미 문고의 『당시선』에 최호崔顥의 「황학루」라는 시가 실려 있다.

옛 사람은 이미 흰 구름 타고 가버렸는데
이곳에 덧없이 남아 있구나 황학루여

이하, 시는 담담하게 이어진다. 이 시를 통해 이 황학루에 얽힌 전설에 대해 알게 됐고, 피비린내 나는 『삼국지』에서 훈훈한 인정미가 느껴지는 이야기들을 맛봤다.

옛날 거기에 신辛이라는 남자가 운영하는 술집이 있었고 그 집에 매일 술을 마시러 가는 노인이 있었다. 돈을 내지 않았지만 신은 싫은 기색도 없이 말없이 술을 마시게 해주었다. 어느 날 노인은 술값 대신이라며 가게 벽에 황색의 학 그림을 그려주고 갔다. 그런데 손님이 술을 마시고 노래를 부르자 벽에 그려진 학이 노래에 맞춰 춤을 추는 게 아닌가. 이것이 큰 화제가 돼 손님들이 점차 늘었다. 10년 정도 지나 노인이 다시 그 집을 찾아왔다. 그리고 피리를 불자 흰 구름이 피어올랐고 벽 속의 학이 거기에 훨훨 내려앉았다. 노인은 그 학을 타고 어딘가로 가버렸다. 신은 그 뒤 누각을 짓고 '황학루'라는 이름을 붙였다는 이야기다. 나는 모두들 내려올 때까지 별동別棟에 진열돼 있는 진귀한 국화석菊花石 등의 컬렉션을 구경했다.

그건 그렇다 치고, 경승지이므로 많은 문인들이 그곳을 찾았다. 저 이백李白도 여기서 시를 지으려 했으나 "최호 이상의 시를 쓸 수 없구나"라고 탄식하며 포기했다고 한다. 그렇지만 이백에게는 「무창에 가는 저옹을 보내다送儲邕之武昌」라고 읊은 시가 있다.

황학黃鶴 서루西樓의 달月 / 장강長江 만리萬里의 정情
춘풍春風 서른 번三十度 / 덧없이 떠올리네空憶 무창성武昌城

(이하 생략)

『중국 시경詩境 여행』이라는 책이 있다. 이 책에 이백이 광릉(양주楊陽)에 가는 「맹호연을 보내는 송별가黃鶴樓送孟浩然之廣陵」가 실려 있다. 모리모토 데쓰로의 글을 포함해서 인용한다. "열차로 남경에서 양주로 향했다. 될 수 있으면 무창에서 장강을 배를 타고 내려가 양주로 가는 여행을 해보고 싶었으나 그러지 못했다. 나는 널찍하고 편안한 좌석에 앉아 꾸벅꾸벅 졸면서 꿈을 꾸었다. 열차가 어느새 장강을 내려가는 배로 변해 있었다. 나는 이백의 시 속에 있었다.

옛 친구 서쪽 황학루를 떠나
아름다운 춘삼월에 양주로 내려가네
외로운 배 멀리 푸른 하늘로 사라져
오직 하늘 끝과 맞닿아 흐르는 장강만 바라보네

(중략) 그렇다 해도 이백은 얼마나 광대한 풍경을 노래하고 있는 것인가. 외로운 배 한 척이 점차 멀어지다 마침내 푸른 하늘 속으로 빨려 들어간다. 그리고 그 모습이 사라진 뒤 하늘과 물이 만나는 저 먼 하늘 끝에 양자강 물이 유유히 흘러간다. 그런 얘기다."

望天門山　李白

天門中斷楚江開
碧水東流至此廻
兩岸青山相對出
孤帆一片日邊來

暮霞吳景 [안휘성 마안산]

마안산시(馬鞍山市)의 채석기(采石磯)는 장강 연안의 경승지로, 시인 이백도 이 땅을 사랑했다. 이 그림은 태백루(太白樓)에서 조망한 것인데, 왼편에 장강이 흐르고 있다. 시내에는 오의 부장 주연(朱然)의 박물관이 있어, 출토된 삼국시대의 문물이 전시돼 있다.

# 58. 조차지 문제 [모하오경]

　장강은 무창 북쪽의 무한 부근에서 남북으로 나뉘어 남이 본류, 북이 한수漢水가 된다. 200킬로미터를 더 가면 백제성白帝城에 이른다. 이 근처는 2008년 현재, 장강댐 건설 대공사가 한창 진행되고 있다. 이 무한과 유명한 동정호洞庭湖의 중간쯤에 적벽의 옛 전쟁터가 있고 , 거기서 약 300킬로미터를 장강을 따라 거슬러 올라가면(나중에 언급하게 될) 이릉夷陵이 나온다.

　광대한 동정호도 적벽에서 가깝다.

　이 동정호에 컴퍼스를 세우고 반경 300킬로미터의 원을 그리면 대략 형주荊州에 해당하는데, 오늘날의 하남성, 호북성, 호남성을 아우르는 일대 세력권이 눈에 들어온다. 강과 호수를 보더라도 이 일대는 기름진 평야지대이고, 천혜의 요충지이기도 하다. 중국 전체를 보더라도 지리적으로 이 형주 일대가 그 중심이며, 나중의 삼국정립 시대에는 삼국이 만나는 접점이 백제성이 있는 영안永安이다.

　208년, 형주에는 유표가 있었다. 201년에 유비가 유표 밑으로 들어갔고, 그해에 박망博望에서 하후돈의 군세를 협공해 대승을 거둔 일은 앞에서 얘기했다. 그로부터 208년까지 7년간 유비는 유표에게 신세를 졌다.

　세월은 흘러, 적벽 전투 뒤 유비와 주유는 조인曹仁을 쫓아 강릉까지 진격했고, 유비는 공안公安에 자리를 잡았다. 멀리 북의 양양襄陽에서는 조조군이 권토중래의 기회를 엿보고 있었다.

　조조와 손권과 유비 세 사람의 눈은 어쩔 수 없이 형주로 쏠려 있었다.

　1. 유비는 유표의 맏아들 유기劉琦를 형주자사로 삼고, 남으로 진출해 그곳을 접수하려 했다.

　유비는 손에 넣은 땅을 제갈량에게 맡기고, 거두어들인 세금을 군비 확충에 투입하게 되는데……

　2. 남군南郡 태수가 된 주유가 유비에게 약간의 영지를 나눠주었다. 그리하여 유비는 공안에 근거지를 마련했다. 그러자 유표의 옛 신하들이 유비를 경모하듯 모여들었다. 그러나 공안만으로는 병사를 양성할 수 없었다. 그래서 손권에게 부탁해,

앞서 얘기한 형주 땅을 빌렸다.

　이렇게 되면, 1과 2의 견해가 교차하고 애매해져서 두고두고 문제를 일으키게 된다.

　보통 돈을 빌리는 일만 해도 갚으라느니 못 갚겠다느니 하는 문제가 발생한다. 국채도 예외가 될 수 없다. 하물며 땅을 국가 규모로 빌렸다면, 여러 사정이 변할 경우 처음에 약속한 대로 일이 진행되지 않는 게 보통이다.

　청일전쟁 무렵 일본이나 유럽 열강은 중국 곳곳에 조차지를 갖고 있었다. 원래 조차租借라는 사고방식 자체가 국력의 차이 때문에 유발되는 위험한 약속이다. 지금은 중국의 조차지들이 모두 해소됐다.

　기억에도 새롭지만, 아편전쟁 뒤인 1842년에 홍콩, 이어서 구룡九龍반도가 영국에 할양돼 기한을 설정한 조차지가 됐고, 1997년에 중국에 반환됐다.

　1816년에 독립한 이후 아르헨티나가 영유권을 주장해 온 500킬로미터 앞바다의 영국령 포클랜드 제도에 대해 1982년 갈티에리 대통령이 군대를 상륙시켰다. 이에 반발한 영국은 대처 총리가 항공모함 등을 보내 결국 아르헨티나를 굴복시켰다. 이는 조차라기보다는 영유권 문제였다고 해야 할지 모르겠다. 그 사건은 바로 엊그제 일처럼 기억에 새롭다.

　남의 일이 아니다. 오키나와와 아마미奄美 제도도 한때 미국에 점령당했다가 일본 본토로 반환됐다. 그러나 지금도 오키나와 면적의 약 18퍼센트가 미군기지라고 한다. 점령과 조차는 다른 얘기지만, 조차에는 점령과 비슷한 상황이 조성되기 때문에 방심해서는 안 된다. 북방 4개 섬은 어떻게 할 것인가. 이는 일본으로서는 오랜 고민거리다.

　일반적으로 국가 규모로 땅을 빌리고 빌려주는 것은 당대의 정부이고, 그 반환을 요구하며 교섭을 벌여야 하는 것은 후대의 정부와 국민이다.

姻家政略 [강소성 진강]

손권은 아직 촉에 기반을 구축하기 전의 유비에게 여동생을 시집보낸 일이 있다. 힘을
키워가는 유비와 사돈관계를 맺어두려는 정략결혼이었는데, 억척스러운 여동생은 나
중에 이혼하고 오나라로 돌아갔다. 그림은 두 사람의 결혼식을 상상하며 그렸다.

# 59. 감로사의 연회 [인가정략]

209년, 예의 조차지 문제가 가열되는 가운데 손권은 유비의 실력을 눈여겨보게 된 듯, 자신의 여동생을 유비에게 시집보내 회유하려고 했다. 그런데 그 여동생은 남자 못지않게 씩씩한 여자여서 자신의 시녀까지 모두 부지런히 무예를 연마하도록 했다. "그 여동생은 재주 많고 민첩하며 굳세고 용감해서 오빠들(손권 등)의 기풍이 있고, 시녀 백여 명 모두 칼을 차고 시립侍立하게 했다. 선주(유비)가 들어올 때마다 충심으로 모시고 항상 늠름했다"(『삼국지』)고 할 정도의 여동생이 용케도 정략결혼을 달게 감수했구나 하는 생각이 든다.

『정사』에서는 자세히 다루지 않았지만, 재미있게 각색된 『삼국지연의』가 있다. 손권의 지장智將 노숙이 조차지 문제로 유비의 참모 제갈량에게 반환 교섭을 하러 간다.

노숙, "전에 유기가 세상을 떠나면 즉각 형주를 반환하겠다고 약속하셨습니다. 지금 그때가 됐습니다."

제갈량, "그 땅은 한 왕조의 것. 우리 주군은 유劉, 귀공의 주군은 손孫. 그것만으로도 명백한데, 귀공은 힘으로 그 땅을 빼앗을 작정인가요. 원래 적벽 전투는 오나라 힘만으로 이긴 것은 아니오. 만약 내가 동남풍을 일으키지 않았다면 주유는 공을 반 푼이나마 세울 수 있었을까요. 만약 졌다면 이교(대교와 소교)는 동작대로 끌려가고, 그대들 일가도 무사하지 못했을 거요."

노숙, "언제 반환해주실 건가요?"

제갈량, "중원(황하 중류 지역)은 서둘러 공격해서 취할 수가 없지만, 서천西川(지금의 사천성)을 얻게 되면 그때 곧바로 형주를 돌려드리겠습니다."

얘기는 그렇게 진행돼, 유비는 서약서를 쓰고 도장을 찍었고, 제갈량도 보증인으로 도장을 찍었는데, 주유는 그 서약서를 믿을 수 없는 것으로 여겼다. 그런 중에 유비의 감부인이 세상을 떠났다는 통지가 왔다.

주유, "좋은 기회요. 형주에 사자를 보내 주공 손권의 여동생이 (유비의 아내감으로) 어떤지 혼담을 넣어, 유비가 속아서 남서南徐(진강鎭江)까지 오면 혼례를 올리기 전에 붙잡아서 인질로 삼고 유비와 형주를 맞바꾸자고 할 것이오. (그렇게 되면 제갈량의 술수에 넘어간 죄로 손권으로부터 처벌당할지도 모를 – 역주) 공(노숙)의 안전은 보장될 것이오."

노숙은 그 책략을 적은 편지를 남서에 있는 손권에게 가지고 갔다. 손권은 그것이 명안이라며 찬성했고 중매쟁이로는 여범呂範을 시키면 족하다고 생각했다.

손권은 "유비님이 상처를 하셨다. 내게는 여동생 한 사람이 있으니 유현덕님과 짝지어 영구히 인척을 맺어 한마음으로 조조를 쳐부수고 한 왕조를 돕고 싶은데…… 즉시 형주로 가서 내 뜻을 잘 전해주기 바란다"고 말했다. 여범은 바로 출발했다.

그 뒤 오국태吳國太(손권의 어머니라면 혼담 주인공인 여동생의 어머니이기도 하지만, 실은 숙모. 오국태는 손권의 친어머니 오부인의 동생이라는 주석이 있고, 일설에는 확실한 건 알 수 없다는 얘기도 있다)가 이 혼담에 얽혀들기 시작해, 『연의』는 세상사람들이 다 알고 있듯이 이야기를 재미있게 끌어간다. 결혼식은 감로사甘露寺에서 열렸는데, 그 절은 지금 진강에 있으나 새로 지은 것으로, 삼국시대에는 없었다는 게 재미있다. 우여곡절 끝에 결국은 혼례를 올린 두 사람은 함께 오나라를 탈출했다. 210년 정월에 벌어진 일이라고 한다.

장강 강변에는 제갈량이 탄 군선이 대기하고 있었다. 거기에 실패의 책임을 통감한 주유의 배가 다가가 필사적으로 신부를 도로 데려가려고 했으나 성공하지 못했다. 주유가 갑판 위에 선 순간 날아온 화살을 맞고 그는 쓰러졌고(그때 화살을 맞은 게 아니라 전에 화살을 맞은 상처가 그때 다시 터져 쓰러졌다 – 역주) 그 상처 때문에 그는 오래 자리에 눕게 된다.

이윽고 210년, 주유는 촉을 공략할 준비도 미처 끝내지 못한 채 죽었다. 이 대목부터 『연의』의 이야기는 『정사 삼국지』로 되돌아간다. 유비의 처는 여포에게 붙잡혔던 정부인부터 적어도 넷째부인까지 등장하는 등 여럿인데, 유비는 그 가족을 버리고 도망친 예가 많다. 다만 이들 부인과 맺어진 경위가 확실한 것은 없는데, 손부인孫夫人의 경우는 자세히 나오지만 이는 『연의』이기 때문이고, 그다지 믿을 만한 게 못 된다.

甘露風說 [강소성 진강]

진강시(鎭江市) 북고산(北固山) 정상에 있는 감로사(甘露寺)를 찾아갔다. 『연의』와 관련된 전설이 많아, 예컨대 유비와 손권의 여동생 결혼식이 이곳에서 열린 것으로 돼 있다. 눈 아래에는 웅대한 장강이 흐르고 있었다. 위의 의도, 촉의 묘계(妙計), 오의 대책 등 이 땅도 또한 권모술수의 예외 지역이 아니었다.

# 60. 조조, 위공이 되다 [감로풍설]

211년 3월, 조조는 종요鍾繇에게 장로張魯를 토벌하게 했다. 마초馬超, 한수韓遂 등은 동관潼關에서 조조군을 저지하려 했다. 조조는 몸소 군을 지휘해서 한수 등을 치고, 9월에 관중關中(섬서성)을 평정했다. 조조군이 진격하고 있다는 통지를 받자, 익주益州(도성은 성도成都) 목사 유장劉璋은 낭패로운 처지에 빠졌다. 무리도 아닌 것이, 바로 코앞까지 대군이 쳐들어올 상황이 된 것이다.

그때 순찰관이었던 장송張松은 "유비를 우리편으로 끌어들이면 어떨까요. 그는 용병에 밝고 조조와는 원수지간입니다. 우리가 장로張魯를 쓰러뜨리면 익주의 불안은 없어집니다" 하고 유장에게 진언했다. 유장은 부하인 법정法正에게 병력 4천과 막대한 군자금을 주어서 유비를 맞이하러 보냈다.

법정은 예전에 기근이 중국을 덮쳤을 때 동향 출신인 맹달孟達과 둘이 촉에 가서 유장 밑으로 들어가 군의교위軍議校尉라는 직책을 맡고 있었다. 동료들로부터 소행이 좋지 못하다는 중상을 받아 우울한 날을 보내고 있었으나 장송은 법정을 인정했다. 그 전에도 법정을 사자로 삼아 유비에게 보낸 적이 있었는데, 돌아온 법정은 유비를 격찬했다. 장송은 그때부터 가망이 없어 보이는 유장에 대한 기대를 접고 유비를 촉의 주인으로 맞이하려는 방책을 궁리한 듯하지만 기회는 좀체 오지 않았다. 그런데 마침내 그 호기가 찾아온 것이다. 유비가 있는 형주에 도착한 법정은 장송과 짠 계획을 숨김없이 털어놓았다.

"조조가 한중을 공격할 것이라는 소식을 듣고 유장은 당황하고 있습니다. 틈을 봐서 유장을 공격해 주십시오. 심복 장송이 내응하도록 돼 있습니다."

유비는 법정을 정성껏 대접하고 익주의 요새, 군비 등을 기록한 지도를 손에 넣었다. 유비는 그래도 공격을 망설이고 있었으나 방통龐統은 "반드시 촉의 땅을 빌려야 합니다"라는 의견을 올렸다. 망설이고 또 망설인 끝에 제갈량과 관우에게 형주의 수비를 맡기고 유비는 수만 명의 군사를 이끌고 익주로 향했다.

유장은 눈부시게 치장한 마차에 환영하는 군대까지 거느리고 나가 유비를 맞이했다.

한편 장송은 법정에게 유비의 참모 방통을 찾아가 곧바로 유장 암살을 권하도록 했으나 방통은 선뜻 찬성하지 않았다. 유장은 전적으로 유비를 믿었기 때문에, 군대를 빌려주어 한중으로 통하는 백수관白水關(성도의 동북쪽)의 수비권까지 내주었다. 유비는 하룻밤에 대군과 그 군비를 손에 넣게 됐다.

212년, 이제까지의 공적에 비춰보건대 조조가 '위공魏公'의 자리에 오르는 것이 타당하다는 발의가 나왔을 때 순욱은 전적으로 찬성하지는 않았다. 그것은 순욱이 천자 보좌에 대해 간절한 소망을 간직하고 있었기 때문이라는 설이 있으나, 진수의 원문을 잘 읽어보면 통설에 지나지 않는다는 것을 알 수 있다고 나카무라 스나오는 얘기한다. 순욱은 50세에 죽었다. 독을 마시고 자살했다는 얘기도 있다.

213년, 조조는 위공이 됐고, 그 지위에 걸맞은 구석九錫(천자가 공훈을 인정하고 특별히 총애한 신하에게 주는 보물과 같은 9개의 증표)을 받았다. 마초는 기성冀城(지금의 하북성 기현冀縣)을 점령하고 저항했으나 패한 뒤 한중의 장로 밑으로 도망간다.

214년, 마초는 그 뒤 다시 유비에게 투항했고, 유장이 지키는 성도 공략에 큰 힘을 보탰다. 유비군에 포위당한 유장군은 믿을 수 있는 병사들과 주민들 덕에 철저항전 태세를 갖췄으나, 유장은 "내 부덕으로 인한 고생을 여러분에게 더 이상 시키는 건 차마 할 수 없는 일"이라며 결국 성도의 문을 열어 항복했다.

그해에 헌제의 복황후伏皇后가 아버지 복완伏完에게 보낸 편지 내용이 흘러나왔다. 거기에는 지나간 199년의 일, 즉 헌제가 내린 조조 주살誅殺 밀서를 동승董承이 갖고 있다가 발각돼 처형당한 일로 헌제가 조조에게 원한을 품고 있다는 것, 조조가 매우 무도한 짓을 한다는 것 등이 꽤 적나라하게 적혀 있었던 듯하다.

그 때문에 복황후는 황후의 자리를 박탈당했을 뿐 아니라 두 아들을 포함한 일족이 모두 처형당했다.

헌제는 이런 조조의 전횡으로 고통을 당하다가 조조 사후에는 그의 장남 조비曹丕에게 황제 자리를 넘겨주었다.

雒城攻略 [사천성 면양]

유비군은 성도를 목표로 차례차례 촉의 도성들을 제압해 낙성 (면양)을
포위했다(214년). 물이 불어난 부강 의 둑을 무너뜨리려는 유장의 군사
들(앞쪽)과 그곳을 급습하는 유비군.『연의』의 내용을 토대로 그렸다.

# 61. 형벌 [낙성공략]

『삼국지』 시대의 잔혹한 형벌을 읽고 생각해 봤다.

요즘 세계적으로 사형 폐지 문제가 화두로 떠올랐는데, 일본의 사형 집행은 법무대신의 명령에 따라야 하기 때문에, 사형 반대 운동은 "법무대신이 사형 허가 도장을 찍는" 행위에 초점이 맞춰져 있는 듯한 느낌이 있다.

법무대신은 법률(판결)을 준수할 뿐으로, 개인적인 판단으로, 말하자면 일종의 자유재량으로 결재를 하는 것은 아니다.

즉 사형 반대 운동은 법률 그 자체를 대상으로 삼아야지 법무대신의 행위를 문제 삼아서는 안 된다고 나는 생각한다.

국제 앰네스티 운동 중에서 사형 폐지 요구는 큰 기둥 가운데 하나다. 인도적인 사고방식에서, 국가가 사람을 죽이는 행위에는 뭔가 잘못된 점이 있는 게 아닌가 하는 의문을 제기하고 있다.

만일 사형이 오심이었을 경우에는 이미 돌이킬 수 없고, (범죄행위의) 피해자를 구제할 수 있을지도 불명확하다. 사형이 범죄를 미연에 방지한다고 보기도 어려워 사형 무용론도 주장하고 있다.

그러면 복수는 어떻게 봐야 할까. '눈에는 눈'이라는 유명한 말이 있다. 구약성서 「출애굽기」를 인용해 보자. 이하 ( ) 안의 말은 필자의 해석이다.

모세가 이집트를 탈출한 것은 기원전 1250년 무렵으로 생각되고 있다. 그 무렵 히브리 백성들은 이집트의 노예와 같은 존재였다. 조상의 신 야훼가 모습을 나타내 모세에게 이른 것은,

"그대(노예 소유주)가 그들(노예들) 앞에 제시해야 할 법은 다음과 같다. 그대가 히브리(이스라엘) 노예를 샀을 때는 6년간 일을 시키고, 7년째에 무상으로 자유인으로 풀어주어야 한다. (중략)

(노예 소유주가 자신의 소유물인 노예에게 상해를 입혔을 때도) 손해가 발생했을 경우 생명에는 생명으로, 눈에는 눈으로, 이에는 이로, 손에는 손으로, 발에는 발로, 화상에는 화상으로, 상처에는 상처로, 타박상에는 타박상으로 갚아야 한다. 사람(노예 소유주)이 그 노예의 눈을 때려서, 또는 여자 노예의 눈을 때려서 그것을 손상시켰을 경우에는 그 눈 때문에 그자가 자유롭게 떠날 수 있도록 풀어줘야 한다. 만약 그 노예의 이, 여자 노예의 이를 부러뜨린 경우에는, 그 이 때문에 그자가 자유롭게 떠날 수 있게 풀어줘야 한다.(이하 생략)"

에도 시대에는 복수를 제한하고, 연장자가 살해됐을 경우에 한해서만 그것을 허용했다. 복수 허가서라고나 해야 할 것을 발급해서 그것을 용인했다.

그러나 『주신구라忠臣蔵』처럼 복수를 미화하면 원수 갚기가 연쇄적으로 일어나 비극이 끝없이 이어진다. 따라서 1873년에는 복수 금지령이 내려졌고, 1880년의 옛 형법 제정 때 확실히 금지됐다.

복수를 금지하는 대신에, 형법이 그 복수를 대행해 주겠다는 것이라고 해석해도 좋다고 보는데, 어떻게들 생각하는지 모르겠다.

옛날에 왕과 일반인들은 노예 소유주와 노예들 간의 관계에 가까워, 절대적으로 우위를 차지한 인간과 절대로 저항할 수 없는 인간 간의 관계였을 것이다. 실력이 지배한 『삼국지』 시대는 그랬다. '눈에는 눈'이라는 말만을 놓고 보면 너무 냉엄한 신의 말이라는 느낌이 들지만, 이것을 왕과 노예의 관계에 적용해서 읽으면 히브리 노예를 지키려는 신의 의도가 들어 있는 것으로 읽을 수 있다.

인류 평등을 바라는 현대에는 노예 제도가 없다. 그러나 (지금도) 자신과 그 자식, 노쇠한 어버이와 그 자식, 승리자와 포로라는 관계를 통해서 보면 생살여탈권을 지닌 (그 옛날) 왕과 노예 간의 관계가 떠오른다.

『혹형酷刑』이라는 책이 있다. 삼국지 시대의 가혹한 형벌에 대해서도 써 놓고 있다. 집단의 따돌림, 린치는 한번 시작되면 점점 더 악화될 우려가 있다. 왕과 노예, 즉 원형극장의 관객과 목숨을 건 검투사의 관계와 비슷하게 따돌림이나 혹형을 재미있어하는 가련한 인간 본성이 작동하고 있는지도 모른다고 나는 마음속으로 걱정하고 있다.

龐統被箭 [사천성 면양]

방통은 젊었을 적에 제갈량과 비견될 정도로 뛰어난 인재였다. 자는 '봉추鳳雛'. 유비를 따라 낙성을 포위하고 있던 중 날아온 화살에 맞아 숨졌다. 『연의』에서는 목숨을 잃은 것은 그곳 지명이 '낙봉파落鳳坡'였기 때문이라고 각색해 놓고 있다. 낙봉파 가까이에 있는 방통의 연고지 백마관白馬關을 그렸다.

# 62. 한신과 복수 [방통피전]

2006년 5월 29일, 흐림. 우리(나카무라, 야마모토, 시마, 오오미나토)는 낙봉파(『연의』에서 방통이 전사한 곳)를 찾아갔는데, 자동차로는 도저히 갈 수 없는 몹시 험한 길이었다. 나카무라, 야마모토 두 사람이 석비 있는 곳까지 갔고, 나는 방통에게 제사를 지내는 사당을 멀리서 바라보며 그림을 그렸다.

저 멀리에는 댐 같은 것이 있었고, 바라다보이는 논에는 소와 거위를 쫓는 사람의 모습이 눈에 띄었다. 거친 납작돌을 깐 옛길은 바로 성도成都로 이어지는 길로, 병사들이 다녔을 것이라는 생각이 들었다.

이 성도 총공격은 승패를 결정했다. 원래 유장劉璋 밑에 있던 법정法正은 "백수관, 백제성이 해방돼 성도의 외성이라고 해야 할 요새들이 차례차례 함락되고 있는 전황 속에서 이미 당신에게 승산은 없습니다"라고 유장에게 성의와 함께 협박을 섞어넣은 편지를 썼다.

214년 여름, 유비군은 성도를 포위했다. 주도답게 성도의 전투 의욕은 충만했고, 군비와 식량 비축도 충분했으나, 백성들을 더는 고생시키고 싶지 않다며 유장은 눈물을 흘리며 항복을 결의하고 성문을 열었다.

유비는 익주의 목사가 됐다.

그때 앞서 얘기한 법정은 유비에게 중용돼 성도 공략에 성공해서 촉군蜀郡 태수가 됐다. 또 그 뒤 219년에는 한중 평정에도 공적이 있어서 호군장군護軍將軍에 임명됐다. 그는 과거 자신에게 해코지를 한 사람들에게 대대적인 복수를 꾀해 아무리 작은 원한이라도 봐주고 넘어가지 않았다고 한다.

제갈량은 법정의 복수에 가까운 심판을 개인적 원한 때문이라고 이해했고, 동시에 법을 제정할 필요가 있다고 생각했다. 즉 법은 벌을 주는 쪽을 위해서만이 아니라 벌을 받는 입장에서도 가혹한 벌을 받지 않아도 되도록 해준다는 의미도 있기 때문이다.

복수라면 한신韓信(?~기원전196)을 떠올리게 된다.

어릴 적 읽은 책에 '가랑이 사이로 기어간 한신'이라는 일화가 실렸을 정도이니, 그 이름을 떠올릴 수 있는 사람들이 많으리라 짐작하지만, 이것은 『삼국지』 시대보다 훨씬 더 앞선 전한前漢의 유방劉邦 시절 이야기다.

그는 약간 말을 더듬었다고 한다. 내 조카 중에도 말을 더듬어 고생한 이가 있었는데, 내 경험으로는 말을 더듬는 사람 중에는 성실한 이들이 많았다.

한신은 집이 가난해서 어머니가 세상을 떠났을 때 장례식도 치를 수 없을 정도였다. 어느 숙소에 기식하고 있었는데, 그곳 주인아주머니가 밥을 제대로 주지 않자 한신은 자신이 미움을 받고 있다는 걸 알아채고 그 집을 나왔다. 물고기라도 잡아먹을 생각에 낚시를 하고 있었는데, 냇가에서 빨래를 널고 있던 노파가 보고 수십일간 먹여주었다.

또 마을의 젊은 무뢰배가 "칼을 차고 다니는 게 기분 좋은 모양인데, 그걸로 네가 찌를 수 있으면 찔러 봐. 그러지 못하겠다면 내 가랑이 밑으로 지나가"라고 말했다. 한신은 대들지 않고 가랑이 밑으로 지나갔다. 그래서 겁쟁이라고 사람들 입방아에 오르내린 적이 있다.

성인이 돼 항우 휘하에 들어갔으나, 자신이 올린 방책이 받아들여지지 않자 도망쳐서 유방 진영에 들어갔다. 유방 휘하에 있던 소하蕭何는 한신의 진가를 꿰뚫어보고 있었다. 소하의 추천 등을 거쳐 한신은 나중에 장군에 천거됐고 여러 곳에서 눈부신 공적을 쌓았다.

항우와의 팽성彭城 전투 때 패퇴한 유방군을 다시 일으켜 세우는 등 성의를 다해 유방을 받들었다. 그 뒤 제齊나라를 공격해 그 왕이 됐다.

나중에 한신은 초楚나라 왕이 돼 하비下邳를 도읍지로 정했다. 한신은 그 옛날 자신을 먹여주었던 노파를 수소문해 천금의 사례를 했고, 또 가랑이 사이를 기어가게 한 그 젊은이를 찾아 중위中尉에 임명하면서, "나를 모욕했을 때 죽여버릴 수도 있었으나 죽여봤자 명예로울 것도 없었으므로, 참는 걸 배웠고, 그 덕에 오늘의 내가 있다"고 말했다.

한신은 모반을 기도한 듯하다는 여후呂后(유방의 부인. 유방이 죽은 뒤 실권을 쥐지만 그다지 현명하지 못해 반란군의 손에 살해당했다)의 참소를 받아 참수당했다.

龍門古鎭 [절강성 부양]

절강성 부양시에 손권의 후손들이 살고 있는 마을이 있는데, '용문고진'이라는 곳이다. 주민 대다수가 손씨 성인데, 마을은 미로처럼 복잡하게 얽혀 있다. 이 그림은 역시 손씨라는 분의 옥상에 허락받고 올라가 스케치하고, 그것을 집대성한 것이다.

# 63. 장로 토벌 [용문고진]

215년, 위에서는……

정월, 조씨曹氏(조조의 맨 가운데 딸)가 헌제의 황후가 됐다. 전해에 복황후가 살해당한 것은 조씨를 황후로 삼기 위한 트집이었다는 설도 있다.

3월, 조조는 장로張魯 토벌을 위한 군사를 일으켰다. 장안에서 위수渭水를 따라 서쪽으로 진군했다. 진창陳倉에서 험한 길에 들어선 뒤 멀리 돌아서 한중으로 향했다. 도중에 저氏를 통과했다. 지도를 보면 하지河池라는 곳이 나온다. 이곳 저왕氐王인 두무竇茂(티벳계 유목민인 듯하다)가 1만여 병사들을 모아 진로를 방해하자 조조는 이를 쳐부수고 나아갔다.

장로는 한때 항복할까 하는 생각도 한 듯하나, 남산에서 파중巴中으로 도주했다. 그때 남겨두고 갈 보물창고를 불태우고 가자는 부하가 있었으나 "창고는 국가의 것"이라며 태우지 않았다. 조조는 거기에 몹시 감복해 창고를 열고 이를 정중히 접수했으며, 나중에 장로와 그 가족도 영접해서 그를 진남장군鎭南將軍으로 임명했고 장로의 딸을 자신의 아들 조팽조曹彭祖의 배필로 삼았다.

이 무렵 서평西平, 금성金城 지방의 부장部將이 복종의 표시로 한수韓遂의 목을 베어 보냈다. 한수는 그해 봄 약양略陽이라는 곳에서 하후연夏候淵에게 패해 양주涼州까지 퇴각한 뒤 세력을 추스른 다음 마초와 하나로 합쳐 다시 조조에 대적했지만, 다시 패해 금성으로 물러나 있었다. 살해 당시 70세가 넘었다고 하니 그 시대에는 장수한 편이다.

그해에 유비가 촉을 손에 넣은 것을 안 손권은 유비에게 형주를 반환하라고 요구했다. 유비는 "이제부터 양주를 공략해야 하는데, 양주를 평정한 뒤에 반환하겠다"고 주변 사람들에게 얘기했다. 그냥 가만히 있어서는 안 되겠다고 생각한 손권은 빌려준 땅 3개 군에 관리를 임명해서 파견했으나 이미 그곳을 다스리고 있던 관우에게 쫓겨났다.

손권은 마침내 출병했다. 총대장을 여몽呂蒙에게 맡기고 파구巴丘(동정호가 장강에 접하는 지역)에 노숙魯肅을, 그 부근 장강 유역의 육구陸口에는 손권 자신이 머물면서 동정호로 흘러들어가는 호수를 따라 장사長沙, 영육零陵, 거기서 조금 떨어진 계양桂陽 등 3개

군에 각각 대군을 배치했다. 장사, 계양은 함락시켰으나 영육은 좀체 무너지지 않았다. 여몽이 마침내 그곳을 설득해서 함락시켰다.

유비군은 장강을 따라 공안公安까지 남하했다. 손권은 여몽에게 3군을 공격하고 있던 군사들을 일거에 철수시켜 파구를 지키는 노숙에 합류하게 해서 관우와 대치하게 했다.

그러나 거기서 싸워 희생자를 내면 조조를 기쁘게 만들어줄 뿐이었다. 노숙은 관우에게 조차지에 대한 회의를 제안했다. 두 사람은 호흡을 맞춰 얘기를 주고받을 수밖에 없었다. 어쨌든 조조가 한중으로 진격하고 있다는 보고가 들어와 있었던 것이다. 손권과 유비는 형주를 분할해서 나눠 갖기로 하고 남군南郡, 영육, 무릉武陵은 유비 쪽에, 동부의 장사, 강하江夏, 계양 3군은 손권 쪽에 귀속시키기로 했다. 유비는 끈질기게 버텨 조차지를 손에 넣게 된 셈이다.

그때 만나 이야기할 때 손권 쪽의 대표는 제갈근諸葛瑾이고, 유비 쪽의 대표는 제갈량이었는데, 두 사람이 형제라는 사실이 재미있다. 이 두 사람은 회의 뒤에도 형제로서 만난 적은 없다고 한다.

8월, 손권은 다음 목표로 10만의 군사로 조조 영토인 합비合肥(지금의 안휘성)를 포위했다. 결국 철수하게 되지만, 그때 장료張遼의 공격을 받아 손권은 가까스로 고비를 넘겼다.

손권의 후손들이 살고 있다는 마을이 지금도 남아 있다. 용문고진龍門古鎭이라는 곳인데, 항주杭州 근처에 있다. 나는 그 마을에 손권의 자손이라는 여성의 안내로 마을을 둘러봤다. 마을 한가운데로 강이 흐르고 그 양쪽에 거리들이 형성돼 있는데, 길은 완전히 미로로 복잡하게 얽혀 있어서 처음 이 마을에 들어간 사람은 빠져나올 수 없을 정도다. 이 마을을 전망해 보기 위해 알지도 못하는 집 옥상에 허락을 받고 올라가 몇 장의 스케치를 하고 사진을 찍었다. 일종의 관광지가 돼 있는데, 안내를 받지 않고는 돌아다니기에 무리겠다 싶은 생각이 들었다.

漢中鷄肋 [섬서성 한중]

정군산 전투에서 분신이라고도 할 수 있는 하후연夏侯淵을 잃은 조조는 복수전을 벌이겠다는 생각으로 몸소 한중으로 출병했다. 양평관陽平關으로 가던 조조는 눈앞에 펼쳐진 불모의 산하를 보고 '계륵鷄肋'이라는 포고령을 내리고는 싸우지 않고 장안으로 철수했다.

# 64. 오두미도의 계율 [한중계륵]

그 무렵 장로는 한중(지금의 섬서성 남부)에 '오두미도五斗米道'의 나라를 세웠다.

원래 그 땅은 옛날(기원전 200년 무렵) 한漢 왕조가 시작된 유서 깊은 곳이다. 진秦 멸망 뒤 항우와 유방이 천하를 다투면서, 그 도읍인 함양咸陽을 먼저 점령하는 자가 왕이 되기로 약속이 돼 있었다.

유방이 항우보다 먼저 함양에 들어갔으나 항우는 그 약속을 어기고 유방을 함양에서 멀리 떨어진 서남西南의 한중漢中의 왕으로서밖에 인정하지 않았고, 그 때문에 유방이 '한漢 왕조'의 토대가 된 땅이라고 칭했다.

일찍이 장로의 조부 장릉張陵이라는 인물이 한중의 산에 들어가 도술을 깨쳤다. 이 "진기한 도술을 배운 자는 다섯 말五斗의 쌀米을 답례로 바친다"는 규칙이 있었다.(오두의 쌀 값은 당시 관리의 하루 분 급료로, 지금의 다섯 되五升 값에 해당한다.)

장릉이 죽고 그 아들 장형張衡으로부터 손자 장로에게로 도술이 전수됐다. 장로는 그 뒤 한중을 점령하고 요술을 써서 주민들을 속이고 스스로 '사군師君'이라 칭했다.

도술을 전수받은 자를 '귀졸鬼卒'이라 했고, 본격적으로 도술을 믿게 된 자를 좨주祭酒라 불렀다. 좨주들은 각자 한 무리의 신자들을 지배했는데, 신자들 수가 많은 자를 특히 치두대좨주治頭大祭酒라 부르며, 피라미드형 조직을 만들었다.

"성실하라. 병에 걸리면 저지른 잘못을 고백하라"고 했다.

좨주들은 모두 의사義舍(공익을 위한 집)를 지었다. 기부받은 쌀과 고기를 의사에 매달아 놓고 지나는 사람들에게 마음대로 가져가게 했다. 다만 필요 이상으로 가져간 자는 즉시 요술을 걸어 몸이 아프게 만든다고 했다.

간령좨주姦令祭酒라는 직책도 있었다. 귀리鬼吏를 두고 환자를 위해 기도하는 직책이다.

기도의 방법은 그 사람 이름과 죄를 지으면 처벌을 받겠다는 의미의 글을 쓴 세 통의 문서를 만들어 하늘을 위해 산 위에, 땅을 위해 땅 속에 한 통씩 바치고, 마지막 한 통은 강물에 넣었다. 그럴 때 환자의 집에서 다섯 되의 쌀을 내게 했다.

이런 방법으로 병이 나을 리가 없지만, 의심할 줄 모르는 선량한 사람들은 진심으로 장로를 믿었다.

또 규칙을 위반한 자에게 형벌을 가할 때 세 번까지는 봐 주었다. 장리長吏(이 경우에는 현의 고관, 관리)를 두지 않고 좨주가 직접 다스리게 했다. 서민들은 모두 그렇게 하는 것이 좋다며 환영했고, 그렇게 해서 30년간이나 독자적인 왕국을 유지했다.

요술을 행하는 자는, 자신이 그런 초능력을 갖고 있다고 확신하는 자들과, 실은 그런 힘이 있을 리 없지만 연기를 통해 있는 듯이 꾸미는 자들이 있다고 한다. 내 생각에는, 전자의 경우 측근 중에 지략을 지닌 총명한 자가 있어야 하며, 후자의 경우에는 그 수가 훨씬 많았을 것이다. 이런 정도의 조직을 꾸려나가려면 상당히 똑똑하지 않고는 불가능하다.

이런 조직 구조나 교의教義 등은 황건 반란군 등이 공통으로 지니고 있던 종교성과 닮은 것인데, 신흥종교적인 방법으로 사람들을 모으는 것은 논리적으로 사람을 설득하지 않더라도 증명할 필요가 없는 마술의 힘을 빌리면 되니까 손쉽게 할 수 있었다.

그리고 한 번 집단이 만들어지면 안으로는 굳어지고 밖으로는 방어하는 역학이 작동하기 시작한다.

이는 믿는 자와 믿지 않는 자의 경계에 눈에 보이지 않는 국경선을 긋는 것과 같다. 그런 의미에서 종교는 국가 안에 규범이 다른 또 하나의 국가를 형성하는 것이라고 볼 수 있다. 장로의 왕국은 바로 그 전형이었다.

그 무렵 조정에서는 이 오두미도를 규제할 힘이 없었기 때문에, 장로를 진민중랑장鎭民中郞將으로 삼고 한녕漢寧 태수에 임명해서 공물을 바치는 것만으로 눈감아 주었다. 당시 실정에 걸맞은 회유책이다.

어느 날 주민들 중에 땅 속에서 옥도장을 발굴해냈다는 자가 있었다. 부하들은 장로에게 '왕'이 되라고 했으나, 또한 "그건 재앙을 부를 뿐"이라고 간언하는 자도 있었다. 장로는 간언을 따랐다.

飲湖上初晴後雨 二首

蘇東坡

朝曦迎客艷重岡
晚雨留人入醉鄉
此意自佳君不會
一杯當屬水仙王

水光瀲灩晴方好
山色空濛雨亦奇
欲把西湖比西子
淡妝濃抹總相宜

醉鄉西湖 [절강성 항주]

엷은 연무가 낀 서호의 풍정을 송나라 문인 소동파는 '취향' (취한 듯한 기분)이라고 노래했다. 나로서는 20여 년 만에 다시 찾은 서호였다. 호반의 서령인사 (절강성 항주시 교외에 있는 전각을 중심으로 한 학술단체, 연관 기업, 정원의 명칭 - 역주)에서 '운중일안' 전각을 비싼 가격 때문에 못내 포기한 통한의 기억을 떠올리지 않을 수 없었다.

# 65. 약자를 위한 포고 [취향서호]

217년 봄, 위왕 조조는 거소居巢(지금의 안휘성)로 군을 진격시켰고, 손권은 유수구濡須口에 진을 쳐(이 대치선은 지금의 남경 근처) 소규모 충돌이 일어났다. 조조는 하후돈 등을 거소에 남겨두고 자신이 직접 군을 지휘했다.

손권은 조조에게 사자를 보내 지도를 받겠다는 뜻을 전했다.

유비는 장비, 마초, 오란吳蘭 등에게 군을 한중으로 진군시켜 하변下辨(장안 서쪽)에 주둔하도록 했다. 위에서는 조홍曹洪이 이에 대적하는 진을 쳤다.

삼국은 서로 견제하는 형국이었다.

그 무렵 헌제는 위왕이 된 조조에게 천자의 깃발을 내걸고, 출입할 때는 경필警蹕(고관이 길을 갈 때 '물렀거라'하고 외치며 길을 여는 것)을 해도 좋다고 허락했다. 조조는 이제 예전, 의복 등도 천자에 버금가게 됐다. 이제야말로 뛰어난 인재를 모으고 위 왕국을 더욱 강고하고 더욱 충실하게 만들고자 처음으로 '위위관衛尉官'이라는 걸 설치하고 이를 공고했다.

"설사 어버이에 불효하는 등의 일로 사람들의 눈 밖에 난 사람이라도 상관없다. 나라를 다스리고 장병을 움직이는 능력이 있다면 그 성격이나 습성보다 그 능력을 높이 사겠다. 널리 뛰어난 재능을 지닌 인물을 찾아서 천거하라"는 것이었다.

오늘날에도 한 사람의 재능이 첨단기술을 끌어가는 예가 적지 않다. 세계적인 기업 경쟁에 져서는 안 된다는 비원이 있다. 인재의 등용은 급선무이고, 세상에서 흔히 얘기하는 (동일 규격의 대량생산에 걸맞은) '입도선매'로는 제대로 상황에 대처할 수 없게 된 것은 『삼국지』 시대에도 마찬가지였던 것 같다.

218년, 그해에도 위왕 조조는 '신체장애자, 고령자 부양, 양호養護에 대하여'라는 새로운 포고문을 냈다.

『정사 삼국지』의 원문은 참으로 시사하는 바가 많으니, 꼭 읽어보시기를 바란다.

"지난겨울, 하늘은 역병을 내렸고, (그래서) 인민은 쇠미衰微해졌다. 지방에서 일어난 전쟁으로 경전畊田은 피해를 입고 감소했다. 나는 그런 것들을 몹시 걱정하고 있다. 그리하여 관민남녀에게 포고를 내리노니, 70세 이상 나이에 남편도 자식도 없는 부인, 또는 12세 이하로 부모형제가 없는 아이, 그리고 눈이 보이지 않거나 손발이 부자유스러운데 처자 부형이나 재산이 없는 자들에 대해서는 평생 생활을 돌봐주겠다. 어린 아이들은 12세가 되면 지원을 중단한다. 가난해서 자활할 수 없는 자에게는 가족 수에 따라 지급한다. 연로해서 부양을 받아야 하는 자들 중에 90세 이상인 사람, 한 가족당 한 사람은 부역을 면제하겠다."

이 내용을 보고, 약 1800년 전의 포고라고 누가 생각할 수 있겠는가. 또 지체 부자유가 심한 경우에는 "평생 생활을 돌봐주겠다"고 분명하게 얘기하고 있는 건 감동적이다.

『삼국지』보다 더 거슬러 올라가는 전한 무제武帝의 선정도 눈에 띈다. 무제는 경제景帝의 아들로, 어머니는 왕미인王美人이라고 했다.(미인美人은 여관의 직책명이다)

무제의 즉위는 기원전 141년의 일. 그해 4월에 조칙을 내려 80세 이상 노인들에게는 두 사람 몫의 장정세壯丁稅를 면제해 주었다. 90세 이상 노인에게는 죽을 제공한 것으로 돼 있다. 또 아들이나 손자에게는 세금을 면제해줌으로써 노인을 돌볼 수 있게 했다. 과거에 반란이 일어났을 때 노비로 징용되거나 관에 사역당한 사람들은 풀어 주었다. 또 7월에는 점을 치는 주술사를 붙잡아 효수했다. 이처럼 예전부터 내려오는 비과학적인 행위를 처벌한 사실은 명기해 두는 게 좋다. 자세한 것은 『한서漢書』 '무제기'를 봐주기 바란다.

이와는 반대로 유럽에서는 마녀의 존재를 믿고 있었다.(무제보다 1600년 이상 더 지난 뒤인) 1484년 12월에 교황 인노켄티우스 8세가 내린 '마녀 교서' 이래 마녀의 존재가 확정적인 것이 되고, 약 200년이나 되는 긴 세월 동안 마녀재판과 종교재판이 자행된 결과 살해당한 사람이 수십만 내지 수백만이나 되는 것으로 알려져 있다.

몇 년 전 로마 교황은 갈릴레오의 종교재판이 잘못됐다는 걸 인정했다. 하지만 마녀재판이 잘못된 것이었다고 인정했다는 얘기는 아직 들어보지 못했다.

黃忠奮戰 [섬서성 양평]

황충은 원래 후한의 부장. 유비에게 귀순한 뒤 크게 활약했다. 정군산 전투(219년)에서 조조의 일족인 장군 하후연을 무찔렀다. 정군산 일대는 완만한 산들이 이어져 있었다. 멀리 사람 기척이 느껴져 자세히 보니 답사 중인 외우 나카무라 스나오였다.

# 66. 계륵의 땅 [황충분전]

218년, 하변下辨의 전장에서 벌어진 조조군과 유비군의 대결에서 조홍曹洪이 오란吳蘭 등을 격파하고 그 장수를 참수했다. 장비와 마초는 한중으로 도주했다.

그 뒤 저족氐族인 강단強端이 오란의 목을 베어 그 머리를 조조에게 보냈다.

오환족烏桓族의 반란도 일어났으나 곧 평정됐다.

219년, 유비는 한중을 차지하려고 정군산에 본거지를 두고 싸웠다. 여기서 특히 주목해야 할 것은 원래 유표 휘하의 충랑장忠郎將이었던 황충黃忠일 것이다. 유표의 사후, 조조가 형주를 제압한 뒤에도 여전히 장군의 지위를 유지했으나, 유비가 형주를 평정할 때 황충은 유비를 따라 촉으로 가서 유장劉璋을 공격했다. 특히 정군산 전투에서는 늘 선두에 서서 사자처럼 맹렬하게 싸웠으며, 백병전에서도 하후연을 무찔렀다. 황충은 정서장군征西將軍으로 승진했다.

이 정군산의 옛 전장에 가 봤다. 부근은 석회암 산이어서 시멘트 공장이 많이 세워져 있었다. 산을 파들어가면 결국 산의 모습도 바뀌는 게 아닌가 걱정하는 얘기들이 많았다.

한편 조조는 야곡斜谷까지 군을 진출시켰고, 나아가 한중에 들어가 양평陽平까지 가서 유비와 대치했으나 결국 철병했다.

그때 조조 쪽은 식량이 넉넉했는데, 이를 탈취하려고 유비 쪽의 황충이 출동했다. 그가 돌아오지 않자 걱정이 된 조운趙雲이 또 출동했다. 그때 조조의 대군을 만나게 된다.

『연의』적인 표현을 빌리자면, 조운은 기죽지 않고 분전을 했기 때문에 그걸 본 조조는 혹시 복병 등을 대기시킨 책략이 있을지도 모른다고 생각해 양평관까지 물러난 뒤, "뭐, 한중은 계륵鷄肋에 지나지 않아"라며 철군했다. 그때 무모할 정도로 용맹무쌍하게 싸우는 조운의 모습은 "온몸이 담膽으로 돼 있는 것이냐"는 말과 함께 사람들의 이야깃거리가 됐다.

이 '계륵'이라는 말은 "크게 소용은 없지만 버리기는 아깝다"는 의미의 고사성어가 돼 후세에 전해졌다.

소설가 이부세 마스지井伏鱒二(1898~1993)는 『계륵집』이라는 재미있는 자전自傳을 남겼다. 그 첫머리에 "이것을 남기기에는 부끄럽고, 버리기엔 아깝다"고 쓰고, 이어서 "이것은 내 자서전이다. 뒷날 다시 읽어볼 때 부디 불쾌하지 않기를 바랄 뿐이다"라고 썼다.

양평관의 성벽은 지금 말끔하게 복원돼 있다.

유비가 한중을 손에 넣은 것은 219년 5월이었는데, 가을이 되어 신하들이 이 기회에 유비를 한중왕으로 추대해야 한다는 말을 꺼내기 시작했다. 그것은 조조의 왕위 등극에 대한 대항책이었다고도 할 수 있다. 망설이긴 했으나, 한漢을 다시 일으켜세운 '유劉'라는 성에 대한 자부와 숙원이기도 했다. 군신들은 헌제에게 상주문을 올리는 성대한 의식을 거행했고 유비는 왕관을 머리에 썼다.

유비 자신이 쓴 상주문에는 "의義로써 한중왕을 칭하게 된 마당에 한실漢室 재흥을 위해 물불을 가리지 않겠나이다"라며 결의를 표명하고, 동탁 등의 역적은 평정됐으나 남은 과제가 있으니, "난제는 조조입니다" "그는 황후·황자를 독살했습니다"라고 덧붙이는 것을 잊지 않았다. 뒤이어 아들 유선劉禪을 왕태자로 삼았다.

한제漢帝란 바로 헌제獻帝다. 그러나 헌제는 조조의 감시하에 놓여 있어서, 설사 성대한 의식을 올렸다고 해도 실제로 그 상주문이 헌제에게 전달됐다고 보기는 어렵다.

장강은 무창武昌에서 둘로 갈라진다. 남쪽이 본류이고 북쪽은 한수漢水가 돼 양양襄陽에서 또 갈라져 형주로 들어가며, 그 지류는 면수沔水가 된다. 고지도를 보면, 이 강 유역에 남양南陽, 신야新野, 융중隆中, 맥성麥城 등 『삼국지』에서 낯이 익은 지명들이 보인다.

218년 10월, 남양(완宛 또는 완구宛具. 지금의 하남성) 인근이 전쟁터가 됐다. 완宛의 부장 후음侯音이 남양 태수를 붙잡아 그곳에 진을 치자 번성樊城(양양 근처)에 주둔하고 있던 조인曹仁이 달려가 후음의 목을 베었다(219년). 관우가 활에 맞은 환부를 연회석에서 술을 마셔가며 수술하게 했다는 에피소드(관우가 바둑을 두면서 팔을 수술하게 했다는 고사를 저자가 착각한 것으로 보인다 – 역주)는 이 무렵에 등장했을 것이다.

三峽靜淵 [사천성 구당협]

유명한 장강 삼협의 풍광에서, 무언의 대자연에서 전해져 오는 압도적인 산의 소리를 느꼈다. 물을 깊이 채우고 있는 구당협 이라는 명소다. 당시 에는 양쪽 강변 나무 위에서 까불며 노는 원숭이들이 내는 소리가 들려왔다는 얘기들이 담겨 있다.

# 67. 관우의 최후 [삼협정연]

219년 가을, 관우는 평정된 형주를 맡게 됐는데, 그때 군사를 이끌고 북상해서 조인이 지키는 번성을 포위했다. 때마침 큰 비가 계속 내려 한수가 범람하는 바람에 우금于禁이 지휘하는 7군 진영이 물에 잠겼다. 우금은 항복했고 구금당했다. 그때 우금의 번군番軍 장군 방덕龐悳은 항복을 거부하고 참수당했다. 관우의 강력한 군세에 끌린 형주 북부의 도둑떼가 위魏의 영내가 들어가 게릴라 활동을 펼쳤고, 그 때문에 위에서는 관우의 기세에 위기감을 느껴 도읍을 허許(허창許昌)에서 다른 곳으로 옮겨야 하지 않을지 논의했을 정도다. 그때 사마의司馬懿와 장제蔣濟가 조조에게 "손권에게 출병하도록 요청해서 관우의 배후를 치게 하는 방책이 어떨지요. 손권도 관우를 좋게 보고 있지는 않으니까요" 하고 말했다.

그 비책을 반긴 조조의 의향이 손권에게 전달되자, 손권은 "강릉江陵, 공안公安을 공략하면 관우가 당황해서 돌아갈 것이다. 그러면 번성의 포위는 풀릴 것이다. 다만 이 방책은 철저히 극비로 해야 한다"고 응답했다.

그때 조조 휘하의 동소董昭가 비책을 내놨다.

"손권에게는 극비로 하겠다고 해놓고 관우 쪽에는 정보를 흘리는 것이 좋습니다. 관우는 서둘러 번성에서 군사를 빼내 손권과 대치할 것이고, 우리는 어부지리를 얻게 될 것입니다."

조조는 번성을 지원하러 간 서황徐晃에게 번성과 관우 양쪽 진영에 손권의 강릉 공략을 알리는 통지문을 화살에 묶어 쏘아보내도록 했다. 번성 사람들은 환호했다. 관우는 강릉, 공안으로 돌아가지 않았기 때문에 손권의 공격을 받자 번성 포위를 풀었고, 궁지에 몰렸다. 여몽이 관우의 근거지였던 남부를 점령했다. 관우군은 이리저리 흩어졌고, 12월에 관우와 관평關平이 체포돼 그토록 늠름했던 관우도 결국 참수당했다.

여몽은 관우를 죽음으로 몰아간 것으로 유명하다. 그는 남군 태수에 임명됐으나 곧 병사했다. 15~6세 무렵부터 종군해서 거듭 공을 세워 오군吳軍의 중진이 됐다. 다만 세련되지 못한 장군으로 여겨졌기 때문에, 손권이나 노숙한테서 학문도 중요하다는 말을 듣고는 분발해 노숙을 감탄하게 만들었다. "만학도로 여몽처럼 대성한 자는 달

리 없다"는 찬사를 들었을 정도다. 어느 짬에 공부를 했느냐고 노숙이 묻자 여몽은 "선비는 사흘을 보지 못하면 괄목상대刮目相待(눈을 비비고 상대를 보다)해야 한다"고 말했다고 한다. 널리 쓰이는 이 말은 바로 이때 나온 말이라고 한다.

관우는 전설적이라고 할 만치 인기가 높아, 나중에는 장사의 번성을 비는 신으로까지 받들어졌다. 그 때문인지 관우에게 제사를 지내는 관제묘關帝廟가 중국 각지에 있는데, 가까이는 일본 요코하마의 중화거리에도 있다. 낙양 부근에 있는 관제묘가 말하자면 그 본거지인데, 조조가 정중하게 예를 갖추어 관우의 머리를 장사지내 준 곳으로 돼 있다.

또 하나 기억하고 있는 곳은 허도許都 즉 조조가 헌제를 옹립해 도읍으로 삼은 곳이다. 사방으로 호濠를 파서 먼 쪽은 아련하게 보일 정도로 광대한 관제묘에서 지금은 돌로 만든 새로운 패릉교霸陵橋가 세워져 있다. 그곳은 예전에 관우가 유비 부인 등과 함께 붙잡혀 있다가, 이윽고 안량의 목을 베고 그 공적 덕에 유비가 있는 곳으로 돌아갈 수 있었다는 극적인 장소다.

이 부분을 쓰고 있는 곳은, 장강의 삼협三峽 입구에 있는 파동巴東이라는 마을의 선착장에 대기하고 있는 관광선 안이다. 이 휴식시간에 희망자는 명승지 신농계神農溪까지 배로 갔다 올 수 있다고 했으나, 나는 가지 않고 지금 이 글을 쓰고 있다.

삼협댐은 세계적인 대공사로, 과연 만리장성을 쌓은 나라답구나 하는 걸 절감하게 만든다. 1995년에 착공해서 2009년에 댐을 완성할 모양이다. 3, 4층의 흰색 건물이 눈에 많이 띄었는데, 이 집들 중에서도 수몰되는 집이 적지 않다는 걸 알았다. 건너편 대안은 급경사면인데 촘촘한 계단밭들이 들어찬 경작지 흔적과 좁다란 길도 보인다.

이 배는 밤중에 도크에 물을 담아 수위를 조절하면서 한 단계씩 거슬러 올라간 뒤 정박하고 있다. 이 장치로는 한 번에 6척 남짓의 배들을 한 단계씩 올릴 수 있다. 동행인 오오미나토 여사는 밤에 갑판에 올라가 이를 자세히 보고는 감탄했다고 한다.

英傑逝世 [하남성 낙양]

"인생은 아침 이슬과 같다"고 시로 읊은 조조는, 220년 정월 한(漢)의 유신(遺臣)으로 낙양에서 세상을 떠났다. 일찍이 그의 휘하에 있던 청주병(원래 황건군의 정예군)들은 그가 죽었다는 걸 안 뒤 징과 큰북을 치면서 성을 나갔다고 한다.

# 68. 조조의 최후 [영걸서세]

조조는 손권을 표기장군驃騎將軍에 임명했다.

220년(건안建安 25년) 정월, 희대의 영걸로 위왕 자리에 올랐던 조조도 마침내 병으로 쓰러져 낙양에서 죽었다. 66세였다.

그때 일찍이 포로로 붙잡혔던 황건군 중에서 정예를 뽑아 조조 자신의 직접 지휘하에 두었던 청주병靑州兵들은 큰북을 치며 낙양을 나와 고향 청주로 향했다고 한다.

조조에게는 변부인卞夫人(나중에 황후가 된다)과의 사이에 조비曹丕, 조창曹彰, 조식曹植 세 아들이 있었다. 그 외에 조앙曹昻이라는, 실질적으로는 장남에 해당하는, 유부인劉夫人과의 사이에 난 아들이 있었으나 전사했다. 조비가 한의 헌제로부터 제위를 선양받아 문제文帝가 되고 위魏나라를 건국했다. 이때 조비는 34세였다.

그 선양(세습 형태가 아니라 덕이 있는 제삼자에게 황위를 넘겨주는 것) 조칙이 『삼국지』에 나와 있다. 명문이다.

"오, 그대 위왕魏王이여.(중략)

돌이켜 보면 우리 한漢의 정도政道는 점차 쇠퇴해 질서를 잃어오다 짐의 대에는 혼란이 극에 달해, 간적姦賊이 횡행하면서 파탄지경에 처했을 때 다행히 세상 떠난 위왕(조조)의 영무英武 덕에 곤란을 타개하고 천하를 맑게 함으로써 우리 종묘를 편안케 할 수 있었도다. 이러한 때에 짐 홀로 한가로이 제위에 앉아 있을 수는 없도다. 지금 그대 위왕은 망부의 뒤를 이어 스스로 덕을 갈고 닦아 문무의 대업을 이룸으로써 부친의 공로를 빛내고 있다. 근자에 우리 조종祖宗의 영靈도 길조를 내려주시고 신神 · 인人 모두 밝은 징후를 보여주며 모두 내게 명하고, 군신들도 또한 모두 말한다. '위왕은 순舜에 필적한다'고.

그리하여 지금 요임금의 전례에 의거해 그대에게 제위를 넘겨주노라.

오, 그대 위왕이여. 이제 천명이 그대 위에 내렸도다. 중도中道를 지키고 성실하게 정치를 행하시라. 그러면 하늘의 은총은 영원히 그대와 함께할 것이다.(이하 생략)"

제단 앞에서 행한 장려한 의식은 끝나고 조비는 단상에 올라 제위를 이어받았다.

제위에서 물러난 헌제가 전 · 후 405년에 걸친 한 왕조의 최후를 몸소 지켜보는 가운데 후한 왕조는 여기서 역사의 막을 내렸다. 폐위 뒤 그는 하내군河內郡 산양현山陽縣을 영지로 삼아 편안히 여생을 보내다가 그 14년 뒤에 죽었다. 그때가 234년, 그의 나이 55세였다.

이야기는 『한서漢書』로 거슬러 올라가는데, 진을 멸망시킨 유방과 항우는 동서로 나뉘어 대립하면서 패권을 다퉜다. 대격전의 결과 항우가 연전연승했음에도 불구하고 병참 유지가 뜻대로 되지 않아 해하垓下 전투에서 항우가 자살하고 끈기 있는 유방이 승리를 거두었다. 유방은 한고조漢高祖로 추대된 뒤 진의 판도를 이어받아 한 제국을 창시했다. 그때가 기원전 202년이었다.

이후 중국 (왕조 역사상) 최장最長의 시대를 이어가면서 찬란한 문화를 쌓아올렸던 한 왕조도 마침내 막을 내렸다.

항우의 처는 우미인초虞美人草라는 풀에 그 이름을 남긴 우미인이다. 항우가 마지막으로 남겼다는 "우虞여, 우여, 너를 어찌 하리"라는 말은 너무나도 유명하다. 시바 료타로가 쓴 『항우와 유방』은 『한서』보다 쉽고 훨씬 재미있다.

우리가 헌제 묘소로 간 것은 2004년 11월 13일 17시 무렵이다.

비가 내린 뒤라 길이 약간 젖어 있었고, 온갖 색깔의 들국화들이 길을 따라 심어져 있었다. 멀리서 봤을 때 저게 묘지인가 싶을 정도로 멋들어졌던 건물과는 상관없이, 한 제국 최후의 황제의 묘지는 작고 전체적으로 소박했다. 중국 정부가 세운 비 '한헌제선릉漢獻帝禪陵'이 있었고, 그 곁에는 1963년 9월에 하남성 수무현修武縣 인민위원회의 중요문물보호 처분를 받았고 1994년과 1997년에 수리를 했다는 내용 등을 기록한 석비가 있었다. 그때 네 명쯤으로 기억되는 중국인들이 와 있었다.

조창과 조식은 각자 영지로 돌아가고자 했으나 뜻대로 되지 않았다. 봉지封地는 있었으나 그 뒤 이런저런 박해를 받아 두 사람 모두 불우하게 죽었다고 한다.

夷陵茫漠 [호북성 의창]

촉과 오의 이릉 전투는, 말하자면 관우가 죽임을 당한 것에 대한 유비의 사적인 분노에서
비롯된 것과 같은 전쟁이었다. 패배한 유비는 백제성까지 퇴각해 병상에 누웠고 그곳이 최
후의 땅이 된다. 그림은 장비가 부대를 훈련시켰던 곳으로 전해지는 자귀의 뇌고대

# 69. 장비의 최후 [이릉망막]

220년, 조비의 제위 계승을 유비의 입장에서 본다면, 그것은 찬탈이었다. 헌제가 살해당했다고 들었던 모양이다.

한 왕실 재흥을 위해서는 유비가 즉위해서 "그 정통을 계승해야 한다. 조비에게 천벌을 내려야 한다"고 제갈량 이하 군신들 모두가 요망했다. 조금 망설인 뒤 유비는 성도의 무단산武担山 남쪽에서 황제 즉위 의식을 거행했다(한중왕漢中王에서 황제가 됐다).

221년 4월 길일, 검은 소를 바치면서 신들에게 고했다.

"한이 천하를 다스리기 시작한 때로부터 유구한 세월이 흘렀다. 그동안 왕망王莽에 의한 찬탈이 있었다고는 하나, 광무光武 황제의 궐기로 역적은 주살되고 한의 사직은 재건되었다. 조조는 잔학했고, 주군을 살해했으며, 조조의 아들 조비는 악역비도惡逆非道하게 한의 신기神器를 훔쳤다. 여기에서 나의 문무백관은 '한은 사직을 잃어버렸다. 이제야말로 유비가 고조 광무제가 행한 대로 조비에게 천주天誅를 내려야 할 때다'라고 얘기한다.

나는 제위를 더럽힐까 두려워 인민들과 상의해본 결과 이민족의 우두머리까지 '천명을 따라야 한다. 선조의 공적은 오래 현창顯彰하지 않으면 안 된다. 천하에 주인이 없어서는 안 된다'고 한다(유비劉備의 유劉는 유방劉邦의 유라는 의식이 보인다).

그래서 나 비備는 천명을 거스를까 두렵고, 또 한의 제위가 단절될까 두려워, 삼가 길일을 택해 백관들과 함께 단에 올라 황제의 새수璽綬를 받는다."(대략적인 내용)

그렇게 해서 유비가 촉한蜀漢의 황제가 됐다. 제2대 제위는 유선劉禪이 잇게 된다.

삼국에서 '촉'이라 불린 곳은 유비 입장에서는 한나라였으나, 『삼국지』를 쓴 진수는 '촉'으로 인식했다.

촉의 황제가 된 유비는 오의 손권을 쳐서 관우의 한을 풀어주려 했다.

조운의 의견은, "위를 치는 게 먼저인데, 그것이 공분公憤이라면 관우의 원수를 갚는 것은 사분私憤"이라고 했다. 그것이 정론이었으나, 조급해하는 유비의 사정私情을 바꿀 수 없었다.

그해에 제갈량이 승상丞相이 된다.

손권은 한을 이은 위魏에 신하로서 따르겠다는 뜻을 밝혔다. 황제 조비는 손권을 오왕吳王에 봉했다.

유비는 의견이 다른 조운을 원정군에서 제외하고 장비군을 중심으로 동정東征을 단행했다.

장비는 1만의 병력을 이끌고 낭중閬中을 나와 강주江州에서 유비의 본대와 합류할 계획이었다. 그런데 장비 휘하의 부장 장달張達, 범강范彊 두 사람이 잠자는 장비의 목을 베어 손권 진영으로 도망갔다.

관우는 아랫사람에게는 부드러웠고 윗사람에게는 엄격했다. 거기에 비하면 장비는 부하들에게 냉혹할 정도로 엄했다. "사형 처분이 너무 많았다"는 말을 들었을 정도다. 걱정하던 일이 현실이 됐다.

유비는 형제의 결의를 맺고 전장을 함께 누비면서, 용맹해서 한 사람이 만 명 몫을 한다고들 했던 두 사람을 잃어버린 것이다.

그런데, 오의 손권은 유비에게 화평을 위한 사자를 보냈다. 그때 "제갈근諸葛瑾(제갈량의 형이기 때문에 량과 내통하고 있는 게 아닌가 하는 의심을 산 적이 많았다)이 유비에게 편지를 썼다. 내용은 대체로 앞서 얘기한 조운의 의견과 같은 정론이었다.

그러나 유비는 그 말을 듣지 않고 무산巫山, 자귀秭歸를 공략했고 한편으로는 이민족을 자기편으로 끌어들이는 책략을 구사했다.

이 부분을 지금 장강 강변의 파동巴東이라는 마을 선착장에서 쓰고 있다. 지금은 긴 휴식 시간이다. 한시에 "파강巴江 글자를 익혀 흐른다"는 한 구절이 있었던 것을 생각해냈다. "장강이 파巴라는 글자처럼 구부러져 흐른다"는 의미인 듯하다. 지도를 보면 확실히 사행蛇行하고 있다. 파동은 그 장강 중에서도 특히 파강이라고 불리는 강 동쪽에 있는 마을 이름에서 유래한 것으로 생각된다.

점심 뒤 백제성으로 갈 예정이다.

陸遜壓勝 [호북성 의창]

길게 늘어진 촉군의 전선은 오의 명장 육손의 화공으로 끊어졌고, 유비는 퇴각할 수밖에 없었다. 관우도 육손에게 포위당해 붙잡힌 뒤 참수됐고 그 머리는 조조에게 보내졌다. 천하의 유비에게도 최후의 시기가 다가오고 있었다.

# 70. 백제성으로 [육손압승]

이릉에서 백제성으로 향했다. 나카무라 스나오한테서 들은 바로는, 삼협 댐 때문에 수몰당하는 지역의 문물을 수몰 전에 파내서 보존하자는 사업도 10년 전에 시작됐지만 그것이 끝나려면 앞으로도 20년은 더 걸릴 것이라 하여 도중에 포기해버렸다고 한다.

물은 댐이니까 흐르지 않고 벌겋게 흐려져 있다. 대형 관광선, 모래나 돌을 운반하는 배, 화물선, 페리보트 등이 천천히 오가는데 배가 지나갈 때마다 탁한 물을 더욱 탁하게 만드는 것 같다.

전한 말(서기 8년), 왕망王莽이 천자의 자리를 빼앗았을 때 왕망 편에 가담하려는 군웅들이 각지에서 봉기했다. 공손술公孫述은 촉을 근거로 삼아, 한이 오행설 사상으로 보면 불을 의미하는 적赤의 이미지를 갖고 있는데 비해, 자신은 불보다도 강한 물을 의미하는 백白을 기치로 삼고 있어서 그 성을 백제성이라 이름 붙였다고 한다.

거기까지는 장강을 운항하는 관광선이 가지만, 수심이 얕아 좀 떨어진 곳에 정박시켜 놓고 작은 배로 바꿔 타고 백제성으로 향했다.

손권은 진서장군鎭西將軍 육손을 총사령관으로 삼아 전권을 맡겼다. 그는 주연朱然, 반장潘璋 등 5만의 대군을 이끌고 분전했다.

육손은 일찍이 형주 쟁탈전 때 관우의 방심을 틈타 형주를 차지한 적이 있는 명장이다.

손권은 위에는 신하로서 따르고, 촉에는 전쟁이라는 양면작전을 썼다. 그러는 사이 유비군은 자귀를 함락했고, 수군은 장강을 내려가 이릉에 육박했다.

육손은 장기전을 노리고, 적 원정군이 피로해지고 사기가 떨어지기를 기다렸다. 실험적으로 기지 하나를 공격해 보았으나 패퇴했다.

그래서 병사들에게 억새를 한 다발씩 지참케 해서 화공을 가해 장강을 따라 설치된 적의 둔영屯營들을 차례차례 불태웠다. 이를 계기로 갈팡질팡하던 촉군에 총공격을 가해 40개 남짓한 둔영을 일거에 장악했다. 유비는 마안산馬鞍山으로 도주해 진영을 다시 세웠으나 육손의 군대가 다시 맹렬하게 들이닥쳐 유비군은 시신이 산을 이루고 장

강은 전사자들에 막혀 제대로 흐르지 못했다고 한다.

유비는 갑옷 등을 길에 버리고 또 그것들을 태워 추격하는 적을 막았으나 대패를 당하고 백제성으로 물러났다. 그 도주로를 지도를 통해서 보니 200킬로미터나 돼, 도쿄에서 나고야 근처까지 도망간 셈이다. 유비는 체면을 구겼다고 생각했는지 본거지인 성도로 돌아갈 수도 없었던 것 같다. 제갈량은 그 소식을 듣고 비탄에 젖었다고 한다.

손자의 말을 찾아 써 보자면, "모국에 돌아가는 적군은 말리지 말고, 포위한 적군에게는 반드시 퇴로를 열어 두어야 하며, 오도 가도 못하는 적을 막다른 곳으로 너무 몰아가서는 안 된다".

육손 휘하의 장군들에게는 그때까지의 전력戰歷을 자랑하는 왕족 등이 있어서 명령에 반드시 잘 따르지는 않았다. 이른바 군령 위반자가 많았으나 그런 위반자들을 보고하지도 않았다. 육손은 왜냐고 묻는 사람들에게 "앞으로도 국가를 위해 중대한 일을 해주셔야 할 분들이니까"라고 말했다고 한다. 장수들은 마음으로 그를 따르게 됐다. 손권은 육손에게 보국장군輔國將軍 칭호를 내리고, 형주 목사에 임명했으며, 또 강릉후江陵侯로 봉했다.

육손은 백제성의 유비를 가혹하게 압박하지는 않았다. 부하들은 계속 추격해서 섬멸해야 한다고 진언했으나 받아들이지 않았다. 이제 위의 침공에 대비하지 않으면 안 되기 때문이라고 했다.

앞에서도 썼다시피 오와 위는 화평협정을 맺고 있었다. 조비는 공물 외에 "손권의 아들 손등孫登을 인질로 내놓으라"고 요구했다. 손권은 말을 이리저리 돌리면서 좀체 거기에 응하려 하지 않았다. 아니나 다를까, 위의 군사들이 침공해 왔다. 오나라 군은 가까스로 이를 격퇴했다.

남경 근처 마안산에서 새로 주연朱然의 묘가 발견됐다. 묘 안에 있던 목편에 주연의 이름이 적혀 있었기 때문에 그것이 확인되었다. 많은 칠기와 청동기, 도기 등의 부장품들이 한꺼번에 발견됐다. 지금은 발굴 현장 상황이 보전된 채로 박물관으로 공개돼 있다.

白帝望蜀 [사천성 백제성]

중병으로 쓰러진 유비는 성도의 제갈량을 백제성으로 불러, 촉의 뒷일을 부
탁한 뒤 65년의 파란만장한 생애를 마감했다. 제갈량은 젊은 유선을 새 황제
로 세우고, 촉을 떠받치게 된다. 그림은 백제성에서 바라본 장강 대안의 경관.

# 71. 유비의 최후 [백제망촉]

백제성 회고白帝城 懷古

진자앙陳子昻

해는 지고 창강滄江은 저물었는데
노 젓기를 멈추고 이 지방 일 물어본다
성은 파자국巴子國을 바라보고 있었다는데
한 왕궁의 누각은 흔적도 없구나
도읍에서 멀지만 여기는 그래도 주나라 영토
깊은 산에는 아직도 우임금 공적 남았네
바위는 푸른 절벽에 걸렸고
험준한 땅에는 푸른 물이 흐른다
고목이 구름 끝에 모습을 드러내고
돌아가는 배는 안개 속에서 나타나네
뱃길은 끝없이 달려가는데
나그네 수심도 끝이 없구나

나는 지금 이 글을 장강을 거슬러 올라가는 배 위에서 쓰고 있다.

배는 조용히 장강을 거슬러 올라갔다.

좌우에 어마어마한 절벽을 이루고 있는 산괴山塊를 가르며, 신비로운 동혈묘洞穴墓라고 들은 고대의 구멍, 벽에 쓴 읽을 수 없는 문자, 수몰 직전의 마을이나 밭 등이 차례차례 나타났다가는 뒤로 물러가고, 멀리 줄줄이 치솟은 산들은 점차 으스름 속으로 사라지면서 멀어져 갔다.

이윽고 대하는 물결치듯 구비치고, 그 강에 둘러싸인 산꼭대기에 백제성이 보이기 시작했다.

예전에는 8백 단의 계단을 올라갔으나 수위가 올라가 이젠 5백 단만 오르면 된다고

했지만, 힘들 것이라 걱정하고 있었다. 그런데 케이블카가 설치돼 있었다.

유비를 제사지내는 명량전明良殿, 제갈량을 제사지내는 무후사武侯祠 외에, 일종의 인기 관람 코너가 돼 있는 탁고당託孤堂에는 관광객용으로 만든 묘가 있고, 유비가 임종 때 제갈량에게 뒷일을 부탁하는 장면을 모사한 인형상들이 전시돼 있었다.

장강이 보이는 장소를 찾아 스케치를 하고 있는데, 눈 아래 숲 쪽에서 정말 사랑스러운 아이의 노랫소리가 들려왔다.

이윽고 모습을 드러낸 그 아이는 이가 가지런한 여섯 살 정도 되어 보이는 여자아이로 남동생을 데리고 있었다. 동생은 한껏 발돋움을 하고 군침을 삼키며 내 그림을 들여다봤다.

케이블카 있는 데로 가는 길 양쪽에는 귤과 자몽 가게들이 빽빽하게 늘어서 있었고 회양목으로 만든 빗이 눈에 띄었다. 이 부근이 그 산지인 듯했다. 돌아오는 길에 귤을 샀다.

그다음 날 자귀秭歸 항에서 배를 내려 장비가 부하들을 훈련시켰다는 유적 뇌고대擂鼓台로 갔다.

언덕 위에서 볼 때는 눈 아래가 장강을 바라보는 절벽인데 이런 곳에서 무슨 훈련을 했다는 것인지, 수군 훈련이라도 했다는 것인지 궁금했다.

그 유적을 좀 떨어져서 보기 위해 다리를 건넜는데, 그 다리 아래도 절벽이어서, 어라, 하고 생각하는 순간 사람 하나가 공중을 날았다. 번지 점프하기에 딱 좋은 장소였던 것이다.

호아虎牙의 옛 전장으로 갔더니 관광용 돌 호랑이가 서 있었다. 약간 쓴웃음을 짓게 하는 거대한 허수아비와 같은 것이었다.

秦嶺故景 [사천성 취운랑<sup>翠雲廊</sup>]

진령은 「행로난<sup>行路難</sup>」이라는 시로 읊어진 적이 있을 정도로 험준한 산괴가 이어지는 골이 깊은 산맥이다. 사람들은 그래도 갑주를 몸에 걸치고 그 험한 길을 오가며 전쟁으로 세월을 보냈다. "나라는 망했으되 산천은 그대로다"라는 시가 생각난다. 여기는 검문관 근처의 산들.

# 72. 촉의 잔도 [진령고경]

223년 4월, 유비는 영안水安(백제성)에서 병으로 죽었다. 그때 승상 제갈량을 불러 뒷일을 모두 부탁했다. 만일 적자(유선)가 그럴 만한 그릇이 못 된다면 당신이 정권을 맡아주기 바란다면서, 유선과 차남 노왕魯王(유영劉永)도 불러 승상을 아버지로 생각하고 받들라고 유언했다. 제갈량은 목숨 바쳐 태자를 보좌하겠다고 맹세했다.

5월, 유선이 성도에서 즉위했다. 17세였다.

224년, 오와 촉이 동맹을 맺었다. 이때 촉이 파견한 사자는 말을 유창하게 하는 정지鄭芝로, 동맹이 체결됐다. 그러나 이 시대의 동맹관계는 서로 속이기와 비슷해 제대로 알 수가 없다.

225년, 제갈량이 남정南征에 나섰다. 남쪽 방면에서 반란군이 궐기했다. 그 수령은 맹획孟獲이라는 만만치 않은 남자였다. 제갈량은 그를 붙잡아 자신의 군 내막을 모두 보여준 뒤 석방했다. 맹획은 풀려났다가 다시 잡히기를 일곱 번, 7회째에 풀어주려고 하자, "승상의 온정과 위광威光을 깨달았습니다. 이제 두 번 다시 반란을 일으키지 않겠습니다"라고 말했다고 한다. 남정군은 운남雲南의 전지滇池까지 침입했으나 군대를 주둔시키지는 않고 현지인들의 자치에 맡겼다.

오의 손권이 태도를 바꿔 촉과 동맹관계를 맺은 데 대해 위의 조비가 노해 224년, 225년 두 차례에 걸쳐 남정을 시도했지만 장강이라는 천연의 요새에 가로막혀 철수했다.

226년, 조비도 병이 들었다. 그 병은 위독해 중군中軍대장군 조진曹眞, 정동장군征東將軍 조휴曹休, 진군장군鎭軍將軍 진군陳羣, 무군장군撫軍將軍 사마의司馬懿 등을 불러 조예曹叡가 자신의 뒤를 잇도록 하라고 당부했다. 그리고 측실들을 모두 그들의 본가로 돌려보냈다고 한다. 당시 측실은 십여 명이었다. 그때 조비는 40세였다.

위의 조비가 죽고 조예가 즉위해 명제明帝가 됐다. 이 조예의 생모는 견후甄后라고 했다. 조비의 분노를 사 자살로 내몰렸다. 원래 원소의 아들 원희袁熙의 처였다. 조비가 업鄴을 쳤을 때 붙잡혔는데, 절세미인이어서 조비가 아내로 삼았다. 그가 제위에 오르자 황후가 됐다. 그 무렵의 산양후山陽侯(원래의 헌제)가 딸 둘을 바쳤기 때문에 황제의

총애가 옮겨갔고, 또 세 명의 애첩까지 얻어 견후가 소외당하게 되자 별 생각 없이 황제에 대한 원망을 입에 담았다가 그것이 황제의 귀에 들어가 221년 자살 명이 내려졌다. 셰익스피어의 역사극을 떠올리게 하는 놀라운 이야기다.

야곡斜谷에 가 봤다. 촉의 관문 중 하나로, 한중에서 장안으로 빠져나가는 험한 산길이다. 거기에는 '촉의 잔도棧道'라는 기묘한 길이 벼랑에 붙어 있다. 절벽에 잔교棧橋를 설치하기 위해 판 구멍이 점점이 남아 있다. 천년도 더 넘은 옛날의 일이다.

원래 그런 절벽에 길을 만들겠다는 생각부터 예사롭지 않지만, 어쨌든 절벽에 구멍을 뚫고 나무 막대기를 박아 넣었다. 절벽에서 발 디디기도 쉽지 않은데 어떻게 박아 넣었는지 알 수가 없다. 절벽 위에서 등나무 덩굴 같은 것을 꼬아 만든 새끼줄로 몸을 동여매어 늘어뜨린 뒤 공중에 매달려서 구멍을 뚫고 거기에 맞는 나무를 박아 넣었을까. 우선 동력제재기動力製材機가 없던 시대에 어떤 톱으로 나무를 잘랐는지, 그것부터 감을 잡기 어렵다.

어쨌든 나무 막대기를 하나씩 박아 넣고 빗살처럼 '잔교'를 늘려가며 끝없이 잔도를 이어가 그 위로 사람이 지나간다. 그 잔교를 아래서부터 떠받치는 잔교도 필요하고 지붕처럼 덮는 잔교도 필요하다. 오늘날의 고속도로 공사 등은 그래도 이해할 수 있다. 그에 비해 저 지난 시대 잔도의 경제 효과나 보수공사는 얼마나 더 대단했을까 하는 괜한 걱정을 해본다.

'잔棧'이라는 글자는 '장지문 잔(창살)' 등으로 사용되지만, 그런 식으로 쓰이는 건 그 글자를 욕보이는 것이다.

나는 그때는 잔도의 실물을 볼 수 없었지만, 예전에 현공사懸空寺라는 절에 가본 적이 있다. 분명 산서성 대동大同 가까운 곳이었던 것으로 기억한다. 그 절은 절벽에 말뚝을 여러 개 박아 넣어 길을 만들고 지그재그로 올라가는데, 그 길 끝에는 역시나 절벽에서 불쑥 내민 모양의 절이 매달려 있었다.

臣本布衣躬耕於南陽苟
全性命於亂世不求聞達
於諸候先帝不以臣卑鄙
猥自枉屈三顧臣於草廬
之中諮臣以當世之事由
是感激遂許先帝以驅馳
後值傾覆受任於敗軍之
際奉命於危難之間爾來
二十有一年矣先帝知臣
謹慎故臨崩寄臣以大事
也受命以來夙夜憂歎恐
託付不效以傷先帝之明
故五月渡瀘深入不毛
今南方已定兵甲已足當
獎率三軍北定中原庶竭
駑鈍攘除奸凶興復漢室
還于舊都此臣所以報先
帝而忠陛下之職分也至
於斟酌損益進盡忠言則
攸之禕允等之任也願陛
託臣以討賊興復之效不
效則治臣之罪以告先帝
之靈若無興復之言則
以彰其咎陛下亦宜自謀
以諮諏善道察納雅言深
追先帝遺詔臣不勝受恩
感激今當遠離臨表涕零
不知所言遂行屯于沔陽

危急存亡 [사천성 성도]

유비 사후 4년(227), 촉의 내정은 위기에 처하게 된다. 승상 제갈량은 유비의 유지를 받들어 위(명제) 공략을 결의하고, 출정에 앞서 새 황제 유선에게 「출사표」를 바쳤다. 그림은 한중(漢中)을 향해 위풍당당하게 행진하는 제갈량군.

五年率諸軍 北駐漢中臨
發上疏曰
先帝創業末半 而中道崩
俎今天下三分益州疲弊
此誠危急存亡之秋也然
侍衛之臣不懈於內忠志
之士忘身於外者蓋追先
帝之殊遇欲報之於陛下
也誠宜開張聖聽以光先
帝遺德恢弘志士之氣不
宜妄自菲薄引喻失義以
塞忠諫之路也宮中府中
俱為一體陟罰臧否不宜
異同若有作奸犯科及為
忠善者宜付有司論其刑
賞以昭陛下平明之理不
宜偏私使內外異法也侍
中侍郎郭攸之費禕董允
等此皆良實志慮忠純是
以先帝簡拔以遺陛下愚
以為宮中之事事無大小
悉以咨之然後施行必能
裨補闕漏有所廣益將軍
向寵性行淑均曉暢軍事
試用於昔日先帝稱之曰
能是以眾議舉寵為督愚
以為營中之事悉以咨之
必能使行陣和睦優劣得
所親賢臣遠小人此先漢
所以興隆也親小人遠賢
臣此後漢所以傾頹也先
帝在時每與臣論此事未
嘗不歎息痛恨於桓靈也
侍中尚書長史參軍此悉
貞良死節之臣願陛下親
之信之則漢室之隆可計
日而待也

새 황제에게, 자신의 출정 중에는 선제의 유언을 지켜달라고 진언한 제갈량은 한 중에서 기산 祁山 을 거쳐 위령 渭濱 으로 진격했다. 그러나 선봉인 마속 馬謖 이 가정 街亭 에서 패해 촉군은 헛되이 철군했다. 지붕이 있는 수레를 탄 흰옷 입은 사람이 제갈량.

遺詔順守 [사천성 성도]

# 73. 절벽 위의 묘 [위급존망]

앞 장에서 쓴 현공사는 신앙의 성과라고 생각해도 좋지만, 촉의 잔도는 조조나 장로, 유비 등이 실제로 오고 간 길이다. 제갈량도 이 길을 따라 오장원五丈原으로 갔다.

조조가 다니고, 제갈량이 다녔던 야곡의 입구까지 2년 전에 갔는데, 하필 댐 공사 중이어서 길이 어디까지 이어질지 알 수가 없었다. 빠져나갈 수 없게 되는 건 아닌가, 하는 걱정 때문에 도무지 갈 수가 없어 철수했다.

시바 료타로의 『가도를 가다 – 중국 촉과 운남의 길』에 보면 1876년, 다케조에 세이세이竹添井井라는 사람이 잔도를 따라 성도에 들어간 뒤 『잔운협우일기棧雲峽雨日記』를 남긴 것으로 돼 있다.

옹도雍陶(805~?)라는 당唐 시대의 시인이 야곡斜谷을 노래한 시가 있다. 그는 사천성 성도 사람이다.

서쪽으로 돌아 야곡을 가다

위험한 잔교를 건너고 포야 계곡을 넘어
평천을 완전히 빠져나가면 집에 돌아간 거나 같은데
끝없는 나그네 수심도 오늘 한 번에 날아갔네
말 타고 처음으로 고향의 양귀비꽃을 볼 수 있었으니까

(포야褒斜＝섬서성에서 태령秦嶺을 넘어 사천성으로 들어가는 길. 남쪽 입구를 포褒, 북쪽 입구를 야斜라 하며, 미현郿縣의 서남쪽에 있다. 총칭해서 야곡斜谷이라고 한다.)

이 '촉의 잔도'는 대체로 천 년도 넘는 옛날에 손으로 지은 것이다. 덧붙이면, 그 부근의 올려다봐야 할 정도로 높은 절벽에 구멍이 뚫려 있었고, 그 구멍 속에서 사람 뼈가 나왔다. 즉 묘인 것이다. 오랜 옛날 사람이 인력으로 그런 묘를 만든 것이다. 도무지 인간이 올라갈 수 없는 암벽에 어떻게 그것을 만들 수 있었을까.

나는 이 절벽의 '묘'와 '잔도'만으로도 현대인이 반드시 먼 옛날 사람보다 나은 존재인

것은 아니라는 생각을 하고 반성한다.

무엇을 숨기리오. 나 자신에게는 현대 문명인이라 우쭐대는 게 있었다. 시황제릉의 '병마용兵馬俑'과 '라스코 동굴 벽화'에 압도당한 무렵부터 내 생각이 바뀌기 시작했다.

전에 쓴 것처럼 야곡 방면에서 갔을 때는 도중에 되돌아올 수밖에 없었던 길을, 2007년 5월 30일, 면양綿陽 쪽에서 계속 더듬어가서 가릉강嘉陵江을 따라가는 '계곡명월협溪谷名月峽'에 갈 수 있었다.

거기에는 '촉의 잔도'가 있다. 다만 복원한 것이고, 그 폭도 옛날 것보다는 조금 넓다고 한다.

나는 용기를 내어 이 길을 슬슬 걸어 봤다. 다리 바닥 깔림목 틈새로 저 아래쪽 수면이 보여서 별로 기분이 좋지는 않았다.

아래쪽에서 올려다보지 않으면 그 구조를 알 수 없으므로, 이를 위한 관광용 배가 있다. 배를 타기 위해 오르내려야 하는 길이 험해서, 나는 함께 간 일행이 그 배를 다 타고 올 때까지 머뭇거리고만 있었다.

배에서 내린 외우 나카무라 스나오는 "만수기滿水期 때 배를 갖다 대고, 그 배에서 구멍을 뚫은 게 아닐까"라는 정곡을 찌르는 말도 했다. 그런데 이 가릉강의 건너편에도 절벽들이 있었다.

거기에는 터널 같은 것이 있어 눈에 들어왔는데, 때마침 경적 소리도 요란하게 거기서 화차가 나타나는가 싶더니 몇십 량의 화차들이 잇따라 줄지어서 달려갔다. 수십 분 사이에 세 번이나 화물열차가 지나갔다.

세어 보니 한 열차당 정확하게 50량씩이었고, 그중에는 탱크차가 20량 섞여 있었다. 듣자 하니 성도에서 보계시寶鷄市까지를 잇는 철도라는데, 지금의 번영하는 중국에 대해 생각하지 않을 수 없었다.

# 74. 출사표 [유조순수]

227년, 촉에서는 제갈량이 전군을 이끌고 한중으로 진군하면서 「출사표」라는 글을 새 황제가 된 유선에게 바쳤다. 그때 유선은 21세였다. 젊은 황제를 남겨두고 원정遠征길에 나서는 게 마음에 걸렸을 것이다.

명문이라는 평가가 자자한 글인데, 큰맘 먹고 구어체로 바꿔 읽으면 대체로 다음과 같은 내용이리라.

"출사표出師表

우리 익주는 피폐해져 있습니다. 그러나 충의로운 지사들이 나라를 위해 목숨을 바쳐 일하려 하고 있는 것은 선제先帝의 은혜를 받은 신하들이 폐하에게 보답하려는 것입니다.

폐하는 사람들의 충언에 귀를 기울이시고, 자신을 비하하거나, 정도를 벗어나거나, 신하의 간언을 물리쳐서는 안 됩니다.

궁정 안팎은 하나입니다. 공과 죄의 평가에 불공평이 있어서는 안 됩니다. 법령을 위반한 자, 또는 충절을 다한 자가 있다면, 모두 담당관들에게 그 상벌을 논의하고 결정토록 해서 폐하의 공명정대한 정사를 드러내게 하십시오.

궁정 일을 맡은 곽유지郭攸之, 비의費禕, 동윤董允 등은 특히 폐하를 위해 남겨주신 인물들입니다. 모두 그들과 상담해 주십시오. 장군 상총向寵은 군사에 밝고 신뢰할 수 있는 인물입니다. 군사에 대해서는 모두 그와 상담해 주십시오.

어진 신하를 가까이하고, 소인배들을 멀리한 것이 전한이 흥륭하게 된 이유입니다. 선제 생전에 이것을 얘기할 때마다 환제桓帝, 영제靈帝의 실정을 언제나 유감스럽게 생각하셨습니다.

시종무관 곽유지, 정무비서 진진陳震, 인사장관 장예張裔, 참모 장완張琓은 모두 정절을 지킬 인물입니다. 그들을 믿어주십시오. 한 황실이 흥륭할 때가 멀지 않습니다.

저는 본래 지위도 벼슬도 없는 사람이었습니다. 제후를 섬겨 출세할 생각은 없었습니다.

그러나 선제께서는 저의 비천함을 문제 삼지 않고 여러 번 누추한 초가를 찾아와 정치와 기타 문제들을 하문하셨습니다. 그 광영('삼고초려') 때문에 저는 선제를 위해 한몸 다 바칠 것을 맹세했습니다.

그리고 불과 얼마 뒤 장판교 싸움에서 대패했기 때문에 저는 중대한 임무를 부여받았습니다.

그 이후 21년 선제께서는 저의 근면함과 성실함을 인정해 주셨습니다. 따라서 승하하실 때 저에게 한 황실 재흥의 대명을 맡기셨습니다.

그 이래 선제의 기대에 부응하지 못하는 일이 있어서는 안 된다고 언제나 생각해 왔습니다.

충언을 하는 것은 곽유지, 비의, 동윤의 임무입니다. 저에게는 적을 물리치고 한 황실을 재흥시킬 임무를 부여해 주십시오.

만일 그들 세 사람이 제대로 진언을 하지 못했을 때는 그 죄를 물어 밝히십시오.

폐하께서도 부디 자중하시고, 정직을 추구하시고, 선제의 유지를 받들 수 있도록 노력해 주십시오.

선제의 은혜를 새기면서 멀리 출정하려는 지금 붓을 들었지만 눈물이 앞을 가려 드릴 말씀이 없습니다."


2006년 5월 28일, 성도에 있는 유비와 공명을 제사지내는 '무후사武侯祠'를 찾아갔다. 근사한 문을 들어서니 검은 돌에 대단한 달필로 '출사표'를 새기고 흰 색을 칠해서 도드라져 보이게 만든 비문이 있었다. 또 그다음 날 면양綿陽의 장완蔣琬 묘지를 찾아갔다. 문을 들어서니 석비가 있고 그 뒤에 돌로 쌓은 묘가 있었다. 그곳은 언덕 위였기 때문에 풍경이 내려다보였는데, 그 풍경 속의 건물은 벽의 색깔도 지붕의 곡선도 모두 옛날 그대로라는 생각이 들었다.

劍門古道 [사천성 검문관]

좁은 산길 양쪽에 절벽이 솟아 있는 검문관은, 예부터 난공불락으로 알려진
천연의 요새. 지금도 작은 누각에서 삼국시대의 정취를 느낄 수 있다. 청조
말기 오카쿠라 덴신이 당나귀를 타고 이곳을 지나 성도로 향했다고 한다.

# 75. 검문관 너머 [검문고도]

　　면양에서 광원廣元으로 가는 길 약 270킬로미터 지점에 '취운랑翠雲廊'이라는 이름이 붙은 길이 있는데, 거기에 거대한 가로수와 커다란 바닥돌들이 깔린 옛길이 남아 있다. 일본으로 치면 하코네의 산 구도로가 그것과 닮았지만, 그 규모는 비교가 되지 않는다. 수령 1700년 이상은 돼 보이는 큰 노송나무가 고뇌로 몸을 비틀 듯 구불구불 자라 있었다. 그 나무들은 나이로 보아 『삼국지』 시대의 무장들을 지켜봤을 것이다.

　　근처에 '검문관劍門關'이라는 험한 곳이 있다. "무사 한 사람만 지키고 있으면 만 명이라도 막을 수 있네"라고 노래하는 천연의 요새는 이 '검문관'에서 끝나는데, 유명한 함곡관函谷關도 이 정도는 아니다.

　　길 양쪽이 절벽을 이루는 험준한 산으로, 서부영화에 나오듯 복병을 매복시키려 해도 너무 험해서 복병이 오르내릴 수도 없다.

　　263년(촉한 경요景耀 6년), 위의 대군이 촉을 공격해왔을 때 촉의 대장군 강유姜維와 좌장군 장익張翼은 천수天水를 통해 퇴각한 뒤 검문관을 활용해 수비를 강화했다. 그러나 그해에 촉은 멸망했다.

　　나카무라 스나오한테서 들은 얘기인데, 약 100년 전에 한 일본인이 아마도 당나귀를 타고 싸구려 여관에서 모기에 물리고 벼룩에 물려 얼굴이 퉁퉁 붓기도 하면서 이 험한 고개를 넘었다.

　　그는 서구도 자신의 눈으로 직접 살펴봤지만, 이 장절한 대자연과 대중국의 아득한 역사에 빠져들어 깊이 생각하는 바가 있었던 모양이다. 그리하여 『동양의 이상』이라는 책을 남겼다. 오카쿠라 덴신岡倉天心이다.

　　이야기가 완전히 바뀌지만, 그 지역 일대가 두부의 명산지인 줄은 가보기 전까지는 몰랐다.

　　어느 두부 전문요리점에 들어갔다. 명산품이라는 명성에 부끄럽지 않았고, 요리법은 너무나 다채로웠으며, 딱딱해서 우엉을 잘라 놓은 듯한 것도 있었다.

　　그 지역에서 산 책을 그날 밤 재빨리 번역해준 나카무라 스나오에 따르면, "두부의 기원은 전한 시대로, 안휘성이나 호북성 일대의 귀족들 사이에 인기가 높았다. 대장군 강유가 검문관에 들렀을 때 각 진영이나 농가에 두부를 만들게 했고, 콩깻묵은 말에게 먹여서 체력을 보강한 뒤 위군을 격퇴했다는 고사가 전해 온다고 한다."

　　맹달孟達이라는 부장部將이 있었다. 관우가 참수당하고 형주의 촉군이 괴멸됐을 때 맹달은 군사를 이끌고 위에 투항했다. 맹달이 다스리던 한수 중류 지역은 위의 영역이 되고, 조비는 맹달을 신뢰해 태수로 임명했다.

　　228년, 제갈량은 이 맹달을 내버려두지 않았다. 그가 있던 곳은 요충지였다. 제갈량은 "내부에서 반란을 일으키고 촉으로 돌아오라"는 의미의 밀서를 보냈으나 맹달은 좀체 결심을 하지 못했다.

　　제갈량은 한 꾀를 짜내, 맹달에게 모반의 기미가 있다는 소문을 위나라 쪽에 흘렸다. 맹달이 반란을 결단할 수밖에 없게 됐을 때 마침 완宛에 주둔해 있던 기표장군 사마의가 이를 알아채고 "모반 소문은 믿지 않는다"는 편지를 써서 보내 방심하게 한 뒤 단 8일 만에 상용上庸 교외까지 달려갔다.

　　사마의는 과감하게 강을 건너 상용성을 함락시키고 맹달의 목과 포로 1만 명을 취해 완으로 당당하게 개선했다.

　　사마의司馬懿(179~251). 자가 중달仲達이라는 사실은 잘 알려져 있다. 학구적이었는데, 조조의 부름을 받아 장로 토벌, 오나라와의 공방전 등에서 공적을 쌓았다. 조비의 신임도 두터워 그가 황제가 되자 황제 정무비서로 조정에서 존재감이 커졌다. 명제明帝 때 대장군이 됐고, 양양에서 손권군을 공격해 패주시켰으며, 거기서 더 진격해 제갈근의 군사를 격파하고 장패張霸를 참수하는 등 1천여 개의 수급首級을 베어 군대 내에서의 존재감도 압도적이었다. 명제 사후 조상曹爽과 함께 유제幼帝를 보좌하게 됐다.

　　249년, 사마의는 전격적으로 쿠데타를 일으켜 조상 일파를 일소하고 승상 자리에 올라 위 조정의 전권을 장악했다. 나중에 낙양에서 죽는데, 장남 사마사司馬師, 차남 사마소司馬昭가 더욱 권력을 다졌고, 265년 손자 사마염司馬炎이 위의 조환曹奐(원제元帝)으로부터 제위를 선양받아 진晉 왕조를 세웠을 때 그는 선제宣帝로 추증됐다.

黃土遼遠 [감숙성 천수天水市]

감숙성甘肅省의 황토 고원에 있는 가정街亭의 옛 전장을 찾아간 것은 2년 전 초여름이었다. 옛 전장의 비문이 서 있는 곳에서 내려다 본 장대한 황토 대지의 일각이다. 제갈량이 "울면서 마속의 목을 베게" 한 패전의 무대다.

# 76. 울면서 마속을 베다 [황토요원]

228년, 촉군은 한중漢中에 집결해 위를 치는 작전을 짰다. 그때 정서장군征西將軍 위연魏延이 장안 공략의 기책奇策을 제안했으나 제갈량은 채택하지 않았다.

제갈량의 안은 우선 양동작전陽動作戰에 있었다. 조운과 등지鄧芝 부대를 기곡箕谷으로 진격시켜, 야곡斜谷을 통해 미郿로 진군하는 듯이 보이게 했다. 위군이 대군을 이끌고 이에 방어전을 펼치는 사이 제갈량은 나머지 병사들을 이끌고 서부 기산祁山으로 나아갔다. 그 규율 정연한 군대의 위풍에 남안南安, 천수 등 관중關中 3군郡은 싸워보지도 않고 항복했고, 동요는 확산되고 있었다.

그러나 명제는 침착했다. 촉의 산중에서 방어에만 부심하고 있던 제갈량의 약점을 알고 있었기 때문이다.

명제군의 장군은 장합張郃, 제갈량 쪽의 장군은 기대를 한 몸에 모으던 마속馬謖이었다. 그는 제갈량의 지령을 어기고 가정街亭 남쪽 사면에 포진한 채 나오지 않았다. 장합은 기슭에 병사들을 포진시켜 식수를 끊는 작전을 구사했다. 이 때문에 마속은 무참하게 패했고, 제갈량은 서현西縣의 1천여 가구의 백성들을 사로잡아 철수했다.

제갈량 입장에서는, 자신의 선택이기는 했으나 결과적으로 군율을 어기고 대패배를 당한 마속을 그냥 둘 수는 없었다. 마속도 죽음을 각오하고 있었다. 제갈량은 본의는 아니었으나 "울면서 마속을 베었다泣斬馬謖". 그리고 몸소 장례식에도 참석했고, 유족에게도 상응한 대우를 해주었다고 한다. 군율이라고는 하나 그때의 사형 처분은 지나친 게 아니냐, 그 책임은 제갈량에게도 있지 않느냐는 소리도 있었다.

시바 료타로의『가도를 가다 - 중국 촉과 운남의 길』에 따르면, 이 마속 사건 때는 다른 패전 책임자도 함께 벌을 받았다. 전선 지휘자인 장휴張休, 이성李盛도 법에 따라 처벌당했고 참모인 진모陳某도 머리카락을 자르는 가벼운 형에 처해졌다. 그런데 이 진陳은『삼국지』의 필자 진수陳壽의 아버지였다. 따라서 진수의 제갈량에 대한 원망이 있을 수밖에 없었을 것이라는 선입관이 나중에 생겼다고 한다.

2006년 6월, 아침 일찍 천수를 출발해 고속도로 출구에서 '가정 옛전장'이라는 글자를 발견했을 때는 이미 한낮이 지나 있었다. 감숙성 농성진隴城鎭 부근 일대는 광대한 황토 대지의 극히 일부였다. 현지까지 길을 물어 찾아가는 건 쉬운 일이 아니었다. 바꿔 말하면, 제갈량은 며칠이나 걸려 여기까지 대군을 진격시켰을까 하는 얘기가 된다.

문제의 가정 옛 전장은 언덕 위로, 거기에 비碑가 있었다. 나는 그 언덕에서 바라다보이는 풍경을 그리려고 했으나, 전망이 잡히는 지점까지 올라가는 비탈길이 아침부터 내린 비로 진창으로 변해 있었다. 그곳을 미끄러지지 않고 올라가느라 한고생했다. 그런데 그곳 소녀가 아기사슴처럼 우리를 앞질러 갔다.

그 일대의 대지는 자동차로 한 시간을 달려도 계단식 밭이 끝도 없이 이어졌다. 생각건대, 제갈량 시대부터 이미 곡창지대였음이 분명하다.

제갈량이 마속을 벤 것과 관련해 외우 나카무라 스나오가 시바타 쇼교쿠柴田蒼曲의『호중소식壺中消息』에 나오는 내용을 알려주었다.

시바타 쇼교쿠는 "공명은 처벌해야 할 것을 처벌하기 위해, 고레카타惟謙는 부당한 형을 거부하기 위해, 각각 법을 선용善用했다"고 했다. 고지마 고레카타兒島惟謙가 대심원(지금의 최고재판소) 장長이었을 때(1891년 5월 11일) '오오쓰大津 사건'이 일어났다.

러시아 황태자 니콜라이 2세가 일본 시가현滋賀縣 오오쓰를 인력거를 타고 가다가 경비경관 쓰다 산조의 칼에 맞아 다쳤다. 큰 사건이었으나 고레카타는 검찰총장 미요시 다이조의 구형을 받아들이지 않고 '황실에 대한 죄'를 적용하지 않았으며, 모살謀殺미수죄라 하여 무기징역형을 언도했다.

러시아의 대일 감정이 나빠지지 않을지 큰 걱정거리였으나, 법을 지키려는 근대국가로서의 대처 방식이 평가를 받았고, 치외법권의 철폐를 추구하고 있던 메이지 정부의 자세에도 좋은 결과를 가져다주었다.

여담이지만, 니콜라이 황제는 나중에 러일전쟁 당사자가 되는데, 2월혁명의 결과 퇴위해 제정 러시아 최후의 황제로 1918년 7월 16일 처형당했다.

石頭紅色 [강소성 남경]

오의 손권이 건업에 견고한 성을 쌓은 것은 212년의 일. 나중에 이곳으로 도읍을
옮겼다. 엄청난 돌 조각들을 쌓아올린 고성의 성곽 일부가 지금도 남아 있어 관광객
들을 불러모으고 있다. 그림은 보수한 성곽의 붉은 흙빛이 인상적인 석두성.

## 77. 삼국의 정립 [석두홍색]

연표를 거슬러 올라가 복습을 해보자.

220년, 조비가 한의 헌제로부터 제위를 선양받아 문제文帝가 됐고, 위魏 왕조가 세워졌다.

221년, 이에 대항하듯 유비가 촉한의 제위에 오른다. 손권은 위와 동맹을 맺고,

222년, 유비는 이릉夷陵 전투에서 오의 육손에게 대패하고 이듬해 영안永安에서 죽는다. 아들 유선이 즉위했고 제갈량이 이를 보좌한다.

224년, 바로 3년 전 위와 동맹을 맺었던 손권이 이번에는 촉과 동맹을 맺는다. 삼국이 서로 속내를 탐색하며 믿지 못한다.

참고로 얘기하면, 이 삼국의 판도를 보면 위와 오가 거의 같은 면적이고, 촉은 그들의 약 절반 정도다. 지금의 감으로 보면 오가 가장 비옥한 땅을 가졌던 것으로 보인다.

228년 5월, 오의 육손은 회남淮南(안휘성 회수淮水 유역의 마을)에서 위의 조휴曹休 군을 대파했다. 손권이 파양鄱陽 태수 주방周魴에게, "내응할 테니 어서 진격해 달라"고 조휴에게 여러 번 재촉하도록 시켰다.

이 유혹에 넘어간 조휴가 전군을 이끌고 성채를 떠나 환皖을 공격해 왔을 때 저 보국장군 육손이 기다리고 있었다. 속았다는 걸 깨달았을 때는 이미 늦었다. 육손은 정면을, 좌우는 주환朱桓과 전종全琮이 맡아 협격하며 포위하려 했고, 야습까지 가했다.

이 전투에서 오군은 포로 1만, 우차, 마차 등 1만, 물자와 무기 등을 대부분 포획했다. 조휴는 가까스로 도망쳐 돌아갔으나, 등에 악성 종양이 생겼고 그 때문에 얼마 뒤 죽었다.

그해 겨울인 12월, 제갈량은 산관散關에서 군사를 출진시켜 진창陳倉을 포위했으나, 위는 장군 학소郝昭가 견고한 성벽을 쌓고 기다리고 있었다. 제갈량은 학소와 동향인 남자를 시켜 "중과부적이 아니냐. 저항을 그만두고 항복하라"고 큰 소리로 외치게 했으나 학소는 동요하지 않았다.

제갈량은 사다리차, 성문돌파용 충차衝車 등을 투입해 공격하는 한편, 흙을 쌓아 성벽을 기어오르게 하고, 또 지하도를 파서 돌입하는 방법을 강구하는 등 온갖 비술을

다 동원해 20일이 지나도록 공격을 가했다. 그런 중에 위군의 구원부대가 다가왔기 때문에 제갈량도 결국 진창에서 철수했다.

그때 위의 구원부대장은 가정에서 마속을 무너뜨린 장군 장합이었다. 장합은 제갈량의 식량이 그렇게 길게 버티지는 못할 것으로 판단하고 있었다.

그가 진창에 도착했을 때는 이미 제갈량이 철수한 뒤였다.

229년, 제갈량은 무도武都, 음평陰平을 평정했다. 그의 공적은 거기서 멈추지 않았다. 위정토군魏征討軍을 편성해 적장인 곽회郭淮를 공격했고, 저족氐族과 강족羌族한테서 항복을 받아냈다.

이런 공적들을 근거로 유선은 예전 제갈량이 마속을 처벌했을 때 본의 아니게 그를 우장군右將軍으로 강등시킨 걸 철회하고 다시 승상 자리에 앉혔다.

그해 4월, 오에서는 "황룡이 나타났다"거나 "봉황이 나타났다"는 등의 상서로운 조짐이 나타났다는 풍문이 돌았다. 중신重臣, 군신群臣들이 모두 손권이 황위에 오르기를 바랐다.

손권은 결의를 굳히고 황제 자리에 올랐다. 위 왕조 탄생으로부터 9년, 촉의 유비가 즉위한 지 8년 뒤의 일이다. 손권은 대사면령을 내렸으며, 아버지 손견을 무열武烈황제, 어머니를 무열황후, 형 손책에게 장사환왕長沙桓王의 시호를 추증하고, 태자 손등孫登을 황태자로 삼았다. 또 기타 무관들에게도 각각 작위를 주고 포상했다.

손권은 촉에 자신이 정식으로 황제로 즉위했음을 알리는 인사장을 보냈다. 촉의 군신들은 이를 달가워하지 않았다. 이렇게 되면 오와의 동맹관계를 계속한다는 게 의미가 없다고 보고 오히려 국교를 단절해야 한다고 떠들어대는 자도 있었으나 냉정한 제갈량은 위라는 강국을 앞에 두고 손권을 무시해서는 안 된다고 생각하고, 황궁 경찰장관을 사자로 보내 손권의 즉위를 축하하는 예를 갖췄다.

이렇게 해서 손권이 황제에 오른 시점에서 위, 촉, 오의 삼국이 실질적으로 정립鼎立하게 된다.

秋風布陣 [섬서성 오장원]

촉의 내정은 호전되지 않았다. 몇 차례 위나라로 진공했으나 전과는 없었다. 234년
가을 제갈량은 대군을 이끌고 오장원에 포진해 사마의와 결전을 벌였다. 제갈량에
게 제사를 올리는 무후사가 있는 언덕 위에서 내려다보이는 오장원을 그렸다.

# 78. 영고성쇠 [추풍포진]

230년, 위의 사마의는 대장군으로 승진해 오의 움직임을 주시하고 있었다. 한편, 촉의 국경 침범이 그치지 않자 이참에 출격해 촉을 치기로 했다. 대사마大司馬 조진曹眞은 8월, 장안을 출발했고, 사마의도 완宛에서 한수를 거슬러 올라가 남정南鄭에서 조진의 군대와 합류할 예정이었다. 또 다른 부대도 야곡길과 무위武威 방면에서 일제히 남정으로 집결했다. 그러나 한 달이나 계속된 비로 예의 잔도가 통행 불능이 돼 어쩔 수 없이 공격을 중단하고 철수했다.

231년, 오와의 동맹관계가 복구돼 제갈량은 또다시 기산祁山으로 출격했다. 위의 장군 조진이 갑자기 죽는 바람에 대장군 사마의가 이제 제갈량의 호적수가 되게 되었다. 제갈량은 기산에 조성된 위군의 성채를 포위하고, 선비족 가비능軻比能에게 위군의 후방 교란을 부탁함으로써 견제했다. 위군의 정예는 장합, 비요費曜, 대릉戴陵, 곽회 등이 이끄는 부대들이었다. 제갈량은 위군의 출격 사실을 통보받자 군을 둘로 나눠 한쪽은 기산을 포위하고, 나머지 군은 상규上邽로 진군하게 했다. 그리고 그 일대의 보리를 베어 군량도 확보하도록 했다. 사마의는 지구전을 펴기로 하고, 조급해하는 장군들을 진정시키면서 느긋하게 대치하기를 계속했다.

5월이 됐다. 사마의는 마침내 공격을 결의하고 장합에게 기산 남쪽에 포진하고 있던 촉의 장군 하평何平을 대적하도록 하고, 사마의 자신은 정면공격을 택했다. 그러나 제갈량군의 위연魏延, 고상高翔, 오반吳班군에게 대패를 당해 3천의 병사와 무기와 장비를 잃는 큰 손실을 입고 철수했다. 기세를 올린 제갈량은 기산에 포진하고 있을 때 병사들에게 일정한 기간을 정해 휴양을 할 수 있도록 교대로 귀국시키기도 했다. 이것은 알려지지 않은 사실이다. 예전 일본군의 경우 만일 일시 귀국할 수 있도록 조처가 내려졌다면 그것은 "곧 죽음을 각오하고 전선으로 출격하게 될 것"임을 알리는 암묵의 징표였다. 제갈량은 시간을 들여 병사들의 피로 회복을 도모했고, 군량을 축적하는 데 3년이나 되는 세월을 투입했다. 사마의도 또한 그와 같은 준비 기간을 상정하고 있었다.

234년, 마침내 만반의 준비를 끝낸 제갈량은 대군을 이끌고 장안에 가까운 야곡의 요새를 택해 진격했고, 오장원五丈原에 포진한 뒤 농민들 사이에 섞여 들어 농사를 지

었다. 장기전을 펼치겠다는 각오였다. 사마의는 위수渭水의 남쪽 강변에 비축미가 있었으므로 그 일대에 진을 설치했다. 제갈량이 오장원에서 싸울 것이라고 본 사마의는 주력을 이끌고 오장원으로 향했다.

그날 밤 길게 꼬리를 끌며 별이 제갈량 진영으로 떨어졌다고 한다. 나는 유성 이야기는 믿지 않지만, 승상 제갈량의 병은 그때 이미 위독했다. 지구전은 1백여 일이나 이어졌다. 그리고 제갈량의 병은 더욱 악화돼, 그해에 결국 진중에서 사망했다. 향년 54세였다.

휘하의 양의楊儀 등은 어쩔 수 없이 철군을 시작했다. 때를 놓치지 않고 사마의는 추격을 개시했으나, 휘하의 강유 또한 짐짓 반격 태세를 과시했다. 사마의는 황급히 퇴각했다. "죽은 공명이 산 중달을 달아나게 만들었다"는 얘기는 그때 생겼다. 그 뒤 철수한 제갈량 진영의 자취를 살펴본 사마의는 과연 제갈량다운 탁월한 포진이었다고 감탄했다.

제갈량은 후주後主 유선에게 유언이라고도 할 수 있는 글을 남겼다.

"소신은 성도에 뽕나무 8백 그루와 가족이 생활할 수 있을 정도의 논밭을 갖고 있습니다. 원정군의 책임자로서 의복 등을 지급받았습니다. 죽음을 앞두고 여분의 재산을 더 쌓아서 폐하의 신뢰를 저버리는 짓은 하지 않겠습니다"라는 내용이었다. 제갈량의 삶의 자세는 참으로 아름다웠다.

오카쿠라 덴신의 시가 있다.(『지나支那 여행일기』)

오장원을 지나가다

별 중원에 떨어져 왕의 기운이 가라앉다
삼분의 천하 염유炎劉(한나라)를 애석해하다
기산岐山의 해 지는데 소와 양들 흩어지고
땅을 덮는 어두운 구름 멍하니 애수에 잠기다

流星未捷 [섬서성 오장원]

위와의 싸움이 한창일 때 제갈량은 병으로 쓰러져 애석하게도 오장원의 이슬로 사라졌다.
밤하늘에 한 줄기 유성이 떨어졌다고 한다. 두보는 "출사표를 냈으나 채 이기지 못하고 몸
먼저 죽었구나"라고 추도했다. 그날 북두칠성은 거의 그림에 그려져 있는 그 위치에 있었다.

# 79. 오장원에 별이 지다 [유성미첩]

도이 반스이土井晚翠가 쓴 「성락추풍오장원星落秋風五丈原」이라는 유명한 시가 있다. 마지막 6장의 구절을 인용한다.

오호라, 오장원 가을 밤중 폭풍은 소리치고 이슬은 운다
은하수 푸르고 별은 높구나
신비로운 빛깔에 휩싸여 천지 희미하게 빛날 때
무량無量의 생각 가져와 '무한無限의 연못'에 세워 보라
공명功名은 모두 한낱 꿈 사라지지 않는 것은 오직 진실뿐
정성 다하고 몸을 다 바쳐 성패는 하늘에 맡기고
혼은 멀리 떠나간다
존귀함 비할 데 없으니 '비운非運'을 그대여 하늘에 감사하라
청사青史에 비춰 보니 관중 악의管仲樂毅가 누구더냐
우열 다투었던 이여伊呂의 명성도 만고의 하늘에 깃털 하나
천길 날아오는 봉황의 그림자, 초려에서 용과 눕고
사해四海에 나가 용과 난다
천년 세월 끝 지금도 여전하다
그 이름 향기로운 제갈량

(이여伊呂는 중국 은나라의 명재상 이윤伊尹과 주나라의 명재상 여상呂尚을 아울러 이르는 말 - 역주)

263년, 먼저 위가 촉을 멸망시켰다. 제갈량의 뒤를 이은 촉군의 강유는 그 뒤에도 정벌군을 보냈으나, 사마의의 손자로 이제 위의 실권을 쥐고 있던 사마소에 패해 촉이 항복함으로써 2대 45년 만에 멸망했다.

265년, 촉을 멸망시킨 사마소의 명성과 인망은 점점 높아져, 그의 아들 사마염司馬炎은 위의 원제元帝를 압박해 자신이 제위에 앉은 뒤 진晉을 건국하고 무제武帝가 됐다. 위도 45년 만에 멸망했다.

280년, 오나라는 손권의 손자 손호孫皓가 포학해서 민심을 잃었다. 이를 간파한 진의 무제는 강을 건너는 대작전을 펼쳐 수도 건업을 함락하고 오나라 황제를 굴복시킴으로써 마침내 위, 촉, 오 삼국의 통일을 완수했다.

『한비자韓非子』라는 책이 있다. 이 책은 중국 전국시대의 법가法家 사상가 한비韓非(?~기원전 233)의 저작으로, 2천 년이 더 지난 책이 지금도 신선하다는 데에 경의를 표한다.

이하는 '망징亡徵(망할 조짐)'이라는 장에서 발췌한 것이다.

서력 이전의 중국 선인 한비가 한 말이다.

"법률에 의한 규제를 소홀히 하고, (중략) 국내 정치를 어지럽게 해 놓은 채 외국과의 교제와 그 원조에 기댄다면 그 나라는 망할 것이다."

"군주가 계절이나 날짜 선택에 길흉을 중시하고, 귀신의 뜻을 중요하게 여기며, 점을 믿고, 제사 지내기를 좋아한다면 그 나라는 망할 것이다."

"관직은 중신들의 조언을 통해 얻고, 작위나 봉록은 뇌물을 써서 얻을 수 있다면, 그 나라는 망할 것이다."

"먼 나라와의 교제와 그 원조에 기대어 가까운 나라를 소홀히 하고, 강대국의 지원에 기대어 인접한 나라를 업신여길 경우 그 나라는 망할 것이다."

"외국의 선비를 구하면서 실제 공적을 통해 그 능력을 조사해보지 않고 평판을 근거로 가부를 결정하기를 좋아하고, 외부에서 온 일시 체류자가 유별난 영달을 해서 오랜 신하들을 누른다면 그 나라는 망할 것이다."

앞서 얘기한 삼국의 성쇠는 모두 이들 항목에 저촉된다. 이하 47개 조항이나 되기 때문에 여기에 다 적을 수는 없지만, 얼마나 신선한 얘기로 들리는가. 흥미 있는 분은 읽어보시기 바란다.

回憶大地 [강소성 진강]

진강은 삼국시대 이래의 오랜 마을. 오 왕조의 궁전도 여기에 있었
다. 내게는 소설『대지』의 저자 펄 벅이 살았던 땅이라는 점에서도
반가운 곳이다. 그림은『대지』를 떠올리면서 그린 교외의 농촌 지역.

# 80. 『대지』 [회억대지]

　진강鎭江은 철강도시라고 들었다. 중심가에는 2차 하청을 받는 작은 철공소 등이 북적대고 있었다. 거기를 빠져나가 언덕길을 올라가면 새진주賽珍珠가 살던 집이라는 표지판이 있는 산뜻한 서양풍의 건물이 있다.

　공교롭게도 그날은 휴관일이어서 문이 닫혀 있었다. 나카무라 스나오가 뒤쪽으로 돌아가서 서재에서 독서에 열중하고 있던 사람을 발견한 모양이다. 그는 문을 좀 열어 줄 수 없느냐고 부탁했다. 나중에 "그런 귀부인은 중국에서 처음 봤다"고 여러 번 얘기했다. 뒤에 전화로 이름을 물어봤으나 '장張'이라고 성만 얘기해 주었다.

　새진주는 노벨 문학상을 받은 펄 벅(1892~1973)을 가리킨다. 그녀의 대하소설 『대지』는 2차 대전 전에 영화화돼 일본에서도 상영됐다. 나는 폴 무니라는 이름을 떠올렸다. 미국인이 중국인으로 분장해 영어로 말하는 중국 영화였다. 나는 희한하게도 그 남자배우의 이름과 메뚜기의 내습 장면만은 잊지 않았다.

　주인공 왕룽은 가난한 농민으로, 지주의 노예(?) 오란이 그에게 시집을 오는 일로 이야기는 시작된다. 왕룽은 조금씩 자신의 땅을 샀으나 메뚜기의 내습 등으로 마음 편할 날이 없었다.

　메뚜기 피해는 『삼국지』 기록 외에 오랜 연대기 중에서도 여기저기 보인다. 미국 소설 『초원의 집』에도 나온다. 처음에는 비 한 방울이 떨어졌나 싶다가 점점 많아져 하늘을 쳐다보면 저 멀리 산간에서 검은 구름이 넘실대듯 메뚜기 대군이 몰려오는 것이다. 농작물 수확은 그것으로 끝장이다.

　그뿐만이 아니다. 논밭을 휩쓸어가는 홍수와 대기근, 그렇게 되면 남쪽으로 내려가서 구걸을 하고 수레를 끌며 일도 한다. 천재는 견뎌낼 수밖에 없으나 밤도둑 떼가 작물을 노리고 습격을 해온다. 무기를 지녔다면 사람이 짐승으로 바뀌어버린다.

　게다가 왕룽의 집에는 숙부가 신세 지러 들어오는 바람에 인간관계로 인한 번민은 끝이 없지만 부지런한 그들의 노력은 마침내 보답을 받아, 아편에 의지해 무너지고 몰락해가는 원래 대지주로부터 조금씩 땅을 손에 넣는다. '대지'는 'The Good Earth'를 번역한 것인데, '대지'가 훨씬 더 낫다는 생각을 했다.

　전에 "일본에서 버블(거품 경제)이 터졌다"고 했을 무렵, 나는 쓰와노津和野로 돌아갈 기회가 있었다. 그리고 밭 한 구석에서 콩 껍질을 까면서 자지러지게 웃고 있는 노파들을 봤다. 도쿄에서는 회사가 도산하고 취직자리를 찾지 않으면 대출금도 갚지 못하던 시절에 노파들은 아무 걱정도 없이 땅에서 자라난 콩 껍질을 까면서 웃고 있었다. 농민들은 대지만 있다면, 어떻게든 살아갈 수 있구나 하고 감명 깊게 생각했다.

　『대지』의 시대 농민들은 그럼에도 비참했다. 밤도둑을 막기 위해 영화 〈7인의 사무라이〉처럼 세금을 내서 정규군에게 도둑을 막아달라고 부탁했지만, 무기를 지닌 군대는 밤도둑 집단과 매우 비슷해서, 제 세상인 양 설치게 되면 〈7인의 사무라이〉와는 딴판이 된다.

　왕룽이 죽고 아이들의 시대가 된다. 삼남인 왕싼은 아버지가 리화梨花를 뒷방에 들였을 때 자신이 리화를 좋아했다는 걸 의식하고 집을 나갔다. 그는 용맹한 군인이 돼 사람들이 그를 왕후王虎라고 불렀다. 그는 군율이 엄한 지도자가 되고 농민과 병사들로부터도 존경을 받아 점차 두각을 나타낸다. 빠오豹(표범) 장군이라는 도적의 수령을 처벌하는 등의 장면은 실로 『삼국지』 그대로다. 그런데 어느 날 부하가 귀엣말로 속닥였다.

　"이번 전쟁 뒤에는 관례에 따라 병사들에게 약탈을 허용해야 합니다. 당신은 너무 엄격합니다. 전쟁 뒤 약탈이나 자유행동을 허용하지 않으면 그들은 전투를 거부할 겁니다."

　"좋아. 우리가 이긴다면 사흘간 자유행동을 허락해주지. 사흘간이야. 그 이상은 안 돼."

　『삼국지』 시대는 벌써 오래전에 지나갔다. 그러나 펄 벅은 그렇게 민중을 괴롭히는 전쟁을 응시했다. 전쟁은 그런 것이다.

西津度街 [강소성 진강]

이 거리에서는 송대 나루터의 풍정을 엿볼 수 있었다. 잡화점, 선물가게들 사이를 지나 이윽고 다니는 사람들이 별로 없어지는 언덕 위에 산뜻한 서양식 저택이 남아 있었다. 아편전쟁 당시의 영국 영사관(그림의 왼쪽 위)으로, 지금은 진강시 박물관이 돼 있다.

# 81. 『아편전쟁』 [서진도가]

『대지』를 읽었기 때문에 당돌하지만 인공적으로 여성의 발을 작게 만드는 '전족纏足'에 관해 조사해 보았다. 발이 작은 여성일수록 아름답다고 생각하는 기이한 관습인데, 나는 청대에 유행했던 것이겠거니 생각하고 있었으나 당대唐代부터 소리 없이 시작됐고, 청조 정부는 그것이 비위생적이라며 오히려 금지했다고 한다.

여기서 문화와 문명의 차이에 대해 복습해 두고자 한다. 간단히 말해서 "닫혀 있다"와 "열려 있다"로 나눠서 문화는 닫힘閉에, 문명은 열림開에 해당한다. 예컨대 방언은 닫혀 있고, 표준어는 열려 있다. 방언은 전통적인 이점이 있지만 아무나 말할 수 없는 것인데 비해, 표준어는 만인이 참여할 수 있다. 이 닫힘·열림의 차이를 쇄국·개국, 시골·도회라는 식으로 예를 들어 살펴보면 재미있다. 문명이 경박하게 문화를 비웃어서는 안 된다는 것도 이해할 수 있을 것이다.

무쓰 무네미쓰陸奧宗光의 『건건록蹇蹇錄』에 대해서도 뒤에 언급하게 될 것으로 생각하기 때문에 일부를 인용한다. "일찍이 우리나라의 중국 전통 유학자들은 (중략) 그를 매우 숭모한 시대도 있었다. 지금은 이미 나는 그를 칭하여 완고하고 어리석고 우매한 일대 보수국이라 업신여겼고, 그는 나를 보고 조급하게 날뛰며 함부로 유럽 문명의 거죽을 흉내 내는 작은 섬 오랑캐로 비웃었다. (중략) 그 다툼의 원인으로 반드시 서구적인 신문명과 동아시아적 구문명이" 충돌할 때가 온다고 그는 썼다. 즉 문화와 문명의 충돌이다.

진강에 갔다. 『삼국지』에 따르면, 그곳은 손권이 쌓아올린 수도이고, 유비가 손권의 누이를 아내로 맞는 정략결혼을 하기도 하면서 양자가 동맹관계를 맺은 유서 깊은 땅이다.

고서진도가古西津渡街라는 구역이 있는데, 그곳은 송대宋代 분위기가 그대로 남아 있는 거리로 알려져 있으며, 그 변두리에 옛 영국 영사관(지금은 진강시 박물관)이 있다.

진순신陳舜臣의 『실록 아편전쟁』에 따르면, 저 꺼림칙한 전쟁이 끝나갈 때 "영국군은 양자강을 거슬러 올라갔다. 남경의 현관인 진강을 공격했다. 공격을 가한 영국군은 7천, 지키는 쪽은 주방기병駐防旗兵 1천2백과 청주병 2백뿐. 자국 영내에서 싸우는데도 공격군보다 수비병이 더 적다니 어찌된 노릇인가! 영국군이 돌진해간 진강은 폭력과 강간의 지옥으로 변했다.(순식간에 부녀자들의 시신이 길거리에 가득 찼다. 머리카락이 헝클어지고 모두 발가벗겨졌다. 등이 기록돼 있으나 생략) 진강이 함락되고 도광제道光帝도 결국 굴욕적인 화의에 동의하지 않을 수 없었다."

원래 사태의 발단은 아편이었다. 영국과 청국 간의 무역은 영국이 차, 면화 등을 수입하고 파는 것(수출)은 없었기 때문에 무역수지가 불균형 상태였다. 그리하여 영국은 인도산 아편을 청국에 팔았다. 그러자 청국이 수입초과 상태가 되었고, 당시 은본위 경제였던 청국의 은은 두 배 가까이 가격이 급등했다. 그뿐만 아니라 청국은 금단의 아편 때문에 인간적으로도 깊은 상처를 입게 된다.

당시 총독 임칙서林則徐는 앞바다 배에 잔뜩 실려 있던 아편을 강제로 공출供出하게 해서 모조리 처분해버리는 강경 수단을 동원했다. 그때 아편의 양이 1425톤이나 됐다고 한다.

1839년 11월 3일, 마침내 영국은 전쟁을 시작했다. 당시 영국의 논조 중에는 그 전쟁의 원인이 청조 정부의 중화사상적 오만성과 영국의 진보적 자유정신 간의 상극에 있다고 단정하고 '아편 무역' 등은 근본 원인이 아니라고 강변하는 자도 있었으나, 그건 말도 되지 않는 주장이었다. 분명 폐쇄적인 문화의 청국과 세계를 지향하는 문명 영국간의 차이는 너무 컸고, 청국이 이길 가망은 없었다.

전쟁을 종결시킨 강녕江寧조약(남경조약)은 1842년 8월 29일 영국 함정 콘월리스 호에서 조인됐고, 이에 따라 홍콩섬 조차租借가 명문화됐다.

1997년 7월 1일, 오랜 영국 통치하에 있던 홍콩이 중국에 반환됐다. 가토 도루가 쓴 『서태후西太后』를 보면, 홍콩을 반환하던 날 "런던은 쓸쓸하게 뜬눈으로 밤을 지새우는 분위기였으나 북경에서는 불꽃을 쏘아올리고 천안문 광장은 마치 전승 축하 축제처럼 시끌벅적했다"고 쓰여 있다.

楓橋夜泊

張繼

月落烏啼
霜滿天
江楓漁火
對愁眠
姑蘇城外
寒山寺
夜半鐘聲
到客船

楓橋夜泊 [절강성 소주]

소주도 두 번째로 방문했다. 이 운하 거리는 세계적으로 인기가 있는데, 한산사寒山寺의 종이나 당대唐代 장계의 「풍교야박」이라는 시 등이 일본에서는 유명하다. 중국풍의 실로 세련된 건물들이 늘어선 마을이 있었는데, 그곳은 그 지역 안팎의 부자들이 사는 단지로, 외부인은 들어갈 수 없었다.

# 82. 『건건록』 [풍교야박]

아편전쟁과 영국에 관한 글을 쓰기 위해 청국과 전쟁을 시작한 일본에 대해서도 쓰지 않으면 안 될 것 같은 생각이 들었다.

그 전쟁을 당시 외무대신 무쓰 무네미쓰가 『건건록』이라는 명저로 써서 남겼다. 전권대사 이홍장李鴻章의 이름도 보인다.

조조, 조비, 조식 등이 쓴 뛰어난 시들이 남아 있다는 건 앞에서 이미 썼다. 시는 그 사람의 마음속, 말하자면 철학을 구체적 형태로 남긴 것이므로, 아무리 세월이 흘러도 작자의 마음을 헤아려 볼 수 있을 뿐만 아니라, 그 사람이 실재했다는 실감을 갖게 해 준다.

전쟁터에서 산 왕년의 무장武將은 학력보다는 이른바 검술을 연마한 자들 중에서 나왔을 것이다.

따라서 전쟁이 일어나면 참모, 즉 학술고문이 필요했다. 유비에게는 제갈공명, 조조에게는 순욱, 순유 등이 그러했다.

그런데 『건건록』에서 조사해 본 것을 알기 쉽게 얘기하면, 사태의 단초는 당시 조선朝鮮에서 '동학당東學黨의 난'이라는 게 일어났을 때 "나는 우리 메이지 9년(1876)의 일한 수호조약에 의거해 조선은 하나의 독립국이라고 주장하고, 청국은 여전히 조선이 중국의 속방임을 고집하면서 서로 물러서지 않는" 상태였다. "조선에 사변이 일어나 일본 청국 두 나라 중에서 어느 한 나라라도 조선에 군대를 보낼 때는 서로 문서로 통지해야 한다"고 약속했는데, "이미 청국이 그 군대를 조선에 파견한 사실이 명확했기" 때문에 거듭된 교섭도 결렬되고 결국 1894년 8월 1일, 선전포고의 조칙이 내려졌다.

생각해 보면, "일청 두 나라가 우호선린 국가로서 서로 왕래하고 교제해 온 것은 참으로 오래됐다. 정치, 전례典例, 문학, 기예, 도의, 종교 등 온갖 문명의 원소元素라는 것은 거의 그 연원이 같고, 또 옛날에는 우리나라가 늘 그 나라(청국)의 문명에서" 은혜를 입어온 것이 적지 않았다. 그는 선진국이고, 나는 후진국이었으나 메이지유신 이래 27년 일본은 장족의 진보를 이룩했다는 것을 청국은 물론 이른바 열강국도 상상하지 못했다. 그리고 세계가 놀라 눈을 치켜뜰 정도의 기세로 청국(청 왕조이지 중국 전체는 아니다)을 항복시켰다.

이때의 상황을 기록한 『건건록』의 문어체가 지닌 아름다움은 전쟁, 외교의 기록이라는 내용을 넘어서 명문이라고 생각한다. 그 뒤 정치가에게 이만한 문장력이 있었던 예를 나는 알지 못한다.

생각건대, 만주사변 이후의 일본군에게 학술고문은 없었던 거나 마찬가지다. 학자의 견해는 전쟁 수행에 방해가 된다 하여 오히려 멀리했다. 전쟁은 본래 외교의 일종으로, 군대보다도 먼저 외무성이 손을 써야 하는 것이었다. 전쟁은 승자, 패자 어느 쪽의 입장에서도 시간을 두고 계속 이야기를 해서 역사에 오점을 남겨서는 안 되는 것이라고 곰곰이 생각했다.

청일전쟁을 종결할 때 시모노세키에서 강화담판이 열렸다. 청국의 전권대사는 이홍장이었는데, 불행하게도 그를 권총으로 공격한 폭한이 있어 즉각 체포됐고, 메이지 천황의 조칙이 공표됐다. "불행히도 위해를 사신에게 가한 흉도兇徒가 나타났다. 짐은 깊이 이를 유감으로 생각한다. 그 범인과 같은 자는 관리들이 마땅히 법을 살펴서 처벌에 가차 없도록 해야 할 것이다."

강화담판은 여섯 차례 열렸다. 그때의 이홍장 각서도 실로 감격의 눈물을 흘릴 정도로 명문이었다.

"본 대신 관직에 몸담은 지 어언 50년이 된 지금 죽을 날이 얼마 남지 않았기를 바란다. 군주와 나라를 위해 진력하는 것도 아마 이번 강화조약이 마지막이 될 것이다. 이로써 진심으로 조약의 타당선량妥當善良함에 대해 추호도 지적할 바가 없기를 기대한다" 등의 내용으로 돼 있다.

우리가 읽을 수 있는 것은 무쓰 무네미쓰의 역문이긴 하지만 이홍장의 진정성이 전달되고도 남음이 있다. 무쓰 무네미쓰도 "이 각서 전문은 장장 수천 마디에 걸쳐 실로 그 뜻이 자세하고 치밀하고 정중하게 하고 싶은 말을 하고 있다. 또한 한 편의 좋은 글로서의 품격을 잃지 않고 있다"고 썼다. 『건건록』의 내용은 러시아·독일·프랑스의 '삼국간섭'으로 이어진다.

運河逍遙 [절강성 오진]

오진의 운하 연도 에는 오랜 민가풍의 선물가게나 찻집 등이 줄지어 있다. 여기에는 루쉰(소흥 출신)과 함께 중국 근대문학을 대표하는 작가 마오둔의 옛집도 있다. 관광용 작은 배 위에서 흔들리며 운하를 오르내리면서 보존된 중국의 좋았던 시절을 떠올릴 수 있었다.

# 83. 『자야』 [운하소요]

나는 절강성의 오진烏鎭에 갔다. 유네스코 세계유산에 지정된 오랜 도시로,『삼국지』와 연관이 있는 곳이다. 관광객들은 이 운하를 오르내리며 아름다운 거리의 경관에 취한다. 시가지에는 중국 쪽 염색藍染 전시장, 마오둔 기념관 등이 줄지어 있다.

나는 이번 기회에 처음으로 마오둔의 『자야子夜』를 읽었다.

그는 1896년 음력 5월, 청진靑鎭에서 태어났다. 1949년 10월, 중화인민공화국이 수립됐을 때 문화부장(장관)에 선임되는 등 활발하게 활동했다. 몸을 감출 필요가 있었던 듯, 1928년에 일본으로 건너왔다가 상하이로 돌아간 것이 1930년, 소설을 쓰게 된 것은 대체로 그 무렵이다.

시대 배경을 일본 쪽에서 본다면, 불황에 빠진 쇼와昭和 초기, 중국에서는 국민당의 장제스蔣介石, 왕자오밍王兆銘, 지방 군벌로는 옌시산閻錫山, 잊을 수 없는 장쭤린張作霖, 이윽고 두각을 나타내는 마오쩌둥毛澤東 등 지방, 중앙이 뒤엉켜 권모술수를 짜내는 모습은 마치『삼국지』로 오인할 만한 시대이기도 했다.

『자야』의 일부를 인용해 보자.

"부인, 내일 아침 기차로, 나는 전선으로 갑니다. 이번에는 전사할 공산이 커 보입니다. 만나 뵐 수 있는 것도, 이야기를 나누는 것도 이것이 마지막일 겁니다. 부인, 실은 당신에게 드릴 것이 있습니다."

그렇게 얘기하고 나서 레이 참모는 고개를 들고 오른손을 주머니에서 꺼냈다. 책 한 권이 쥐어져 있었다.……몹시 고통스러웠던『젊은 베르테르의 슬픔』이었다. 펼쳐진 페이지에는 시든 흰장미가 끼워져 있었다.

폭풍과 같은 '5·30 운동' 초기 학생회 시절의 일들이 돌연 번개처럼 그 책에서, 그 흰장미에서 튀어나와 우吳부인에게 충격을 가하고 온몸에 전율을 느끼게 했다. 그녀는 그것을 낚아채고는 당혹스러운 표정으로 레이 참모를 쳐다봤다. 한마디도 할 수 없었다.(중략)

"이 꽃, 이 책의 유래는 이제까지 늘 내 마음속에 새겨져 있었습니다. 5년 전 해질녘, 역시 오늘처럼 이상한 해질 무렵에, ……나는 더없이 고상하고 더없이 아름다운 여성의 손에서 이 꽃을 받아들었습니다."(이하 생략)

여기서 부인으로 호칭되는 사람은 우순푸吳蓀甫의 부인으로, 곧 미망인이 될 린페이야오林佩瑤다.

우순푸(이 소설의 주요인물, 제지공장을 운영하는 산업자본가), 레이밍雷鳴(남경정부 군 참모, 원래 린페이야오의 연인), 등장인물은 이 밖에도 엄청 많고, 이야기는 대장편이다.

『자야』를 읽으면서 아직도 아편을 피우는 자가 있을까 하는 생각을 하는 순간, 소설 속 중국사회 변화 속도는 너무 빨라 이미 셰익스피어의 작품이 나오고, 상장주가 나오고, 일본 얘기도 나오고, 무기도 활과 화살만 있는 게 아닌 시대가 됐다.『삼국지』의 관점에서 보자면, 급격히 현대로 다가옴에 따라 지금의 급성장하는 중국을 떠올리게 하는 흐름을 느낀다.

나는『삼국지』를 읽으면서 아주 먼 옛날 이야기다, 정사라고는 하지만 과거의 일이다, 라고 생각했다. 그러나 발굴된 유적이나 새로 발견된 고문서 등이 정사의 기록을 입증하고 있다는 생각은 하고 있었다.

하지만 펄 벅의『대지』를 읽은 뒤 이『자야』까지 읽고는『삼국지』 시대부터 오늘날까지 인간들의 삶이 서로 잇닿아있다는 걸 확인했다는 생각이 들었다. 그것은 영웅들의 흥망의 역사라기보다는 욕망에 사로잡힌 우리들 인간의 역사로 보였다.

# 후기

한시를 하나 인용하겠다.


기해세己亥歲

조송曹松


풀 많은 나라 강산 전쟁판에 들었구나
백성이 무슨 수로 나무하고 풀 베는 재미 누리리
그대에게 부탁하노니, 벼슬한다 말하지 마오
장수 한 사람 공 이루는데 만 사람 뼈 말라가네


　때는『삼국지』시대보다 훨씬 더 내려 온 만당晚唐 시절인데, 변함없이 나라는 전란의 한복판에 있었다. 당 왕조의 흥망을 좌우할 정도였던 '황소黃巢의 난'이 일어났고, 반란군은 말할 것도 없거니와, 그것을 진압한 장군도 뒷날 당의 제위를 노려 군벌을 만든 것은 아니었을까. 민중은 생활터전이 전쟁터가 되어 장작을 줍고 풀을 벨 정도의 작은 즐거움도 제대로 누릴 수 없다. 장군들이여, 공을 다퉈 나중에 제후에 봉해지는 것 따위를 자랑스레 얘기하지 말아다오…… 그 그늘에는 무수히 많은 사람들의 무의미한 죽음이 널려 있기 때문이다.

　당 시대가 되어서도 늘 비참한 농민들 목소리가 들려오는 것 같지 않은가. 그리고 지금 들어도 공감이 가는 탄식이 거기에 있는 듯 다가온다. 다음의 무쓰 무네미쓰의『건건록』에 나오는 얘기도 적어 두고자 한다. 옛날 일이 아니라 지금 일을 이야기하고 있는 것 같지 않은가.
　"지금처럼 열국들의 교제가 이토록 심하게 뒤섞이고 번잡한 시대에는(요즘처럼 열국의 외교가 너무 복잡해지면), 전쟁의 결과가 나라 안팎의 사회 만반에 걸쳐 파급되는 정도(전쟁의 결과가 국내외, 사회 전반에 영향을 끼치는 정도)가 광대해지는데, 그렇게 되면 단지 만 사람의 뼈가 앙상해지는 참상에 그치지 않는다. 만일 이래저래 오용을 하면 승자가 오히려 패자보다 더 위험한 위치로 전락할 우려가 있다." 나이가 들면서 점점 이런 말들이 뼈에 사무친다.『삼국지』도 지난 전쟁도 모두 슬픔의 씨앗이 됐다.

안노 미쓰마사

184 2월, 황건의 난 봉기하다. 조조, 관군의 기도위騎都尉로 황건 진압에 참가하다. 유비, 손견 등도 각기 기병하여 진압에 가담하다.

189 4월, 영제靈帝 사망, 소제少帝 즉위하다. 하태후와 대장군 하진이 조정의 후견자가 되다. 8월, 환관들이 하진을 암살하고 이에 대한 보복으로 원소가 환관들을 모두 살해하다. 9월, 낙양에 입경한 동탁, 소제를 폐하고 헌제獻帝를 세워 스스로 상국 자리에 앉아 조정을 좌지우지하다. 원소는 기주로 도망가고, 조조도 난을 피해 동쪽으로 가서 기병 준비하다.

190 정월, 관동에서 원소를 맹주로 한 반동탁군 결성되다. 조조는 분무장군이 되다. 2월, 동탁이 장안으로 천도하고 낙양을 불태우다. 군벌들이 서로 야망을 드러내면서 혼전 상태가 되다.

192 정월, 손견이 암살당하다. 원소가 계교 전투에서 공손찬을 격파하다. 4월, 왕윤과 여포가 동탁을 살해하다. 조조가 청주의 황건군을 항복시켜 자기 휘하에 넣다. 6월, 동탁의 부장 이각, 곽사 등이 장안을 공략해 왕윤을 살해하다. 여포가 관동으로 탈출하다.

193 서주 목사 도겸의 부장이 조조의 아버지를 죽이다. 조조가 도겸을 공격해 10여 개의 성을 함락시키다.

194 여름, 장막과 진궁이 조조에게 반기를 들고 여포를 맞아들이다. 조조가 여포를 공격하고 싸움은 백여 일을 끌다. 도겸이 병사하고 유비가 서주 목사가 되다.

195 봄, 조조가 여포를 격파하고, 여포는 유비 진영으로 도망치다. 7월, 헌제가 장안을 탈출해 낙양으로 향하다. 손책이 남하해 오에서 지반을 쌓기 시작하다.

196 여포가 유비와 싸워 서주를 차지하다. 7월, 헌제가 낙양에 도착하다. 그다음 달 조조가 헌제를 허許로 맞아들여 옹립하다. 조조가 사공司空이 돼 조정을 통제하고, 둔전제를 시행하다. 여포가 유비를 공격하고, 유비는 조조 밑으로 도망치다.

197 조조가 원소를 대장군으로 추천하다. 원술이 수춘壽春에서 황제를 칭하다. 9월, 조조가 원술을 공격해 격파하다. 조조가 손책을 오후吳侯에 천거하다.

198 12월, 조조가 여포를 붙잡아 처형하다. 주유, 노숙이 손책을 찾아 장강 남쪽으로 건너가다.

199 3월, 원소가 공손찬을 격파하고 기주, 청주, 유주, 병주를 지배하다. 유비가 동승 등과 조조 암살을 기도하다. 원소가 대군을 동원해 허에 있던 조조를 공격할 준비에 들어가다. 조조군이 원소의 남진을 막기 위해 관도에 포진하다. 손책이 회계會稽, 오吳 등 6군을 지배하에 두다.

200 정월, 조조가 서주를 공격하다. 유비는 원소 진영으로 패주하고 관우는 조조에게 투항하다. 4월, 원소와 조조의 백마 전투 서전에서 관우가 적장인 안량을 베어 조조에게 보은한 뒤 유비에게로 돌아가다. 손책이 조조가 비워둔 허를 습격하려 했으나 죽음을 맞게 되고 동생 손권이 그 뒤를 잇다. 조조가 손권을 토로장군討虜將軍에 천거하고 동시에 회계 태수로 삼다. 10월, 조조가 배수의 진을 치고 원소군에 반격, 병참을 급습해 불태우다. 원소군 대패하다.

201 4월, 원소군이 창정에서 완패하고 도주하다. 9월, 조조가 여남의 유비를 공격하다. 유비는 형주의 유표 진영으로 달려가 신야에 주둔하면서 박망에서 조조군을 저지하다.

204 2월, 조조가 원소의 잔당을 토벌하면서 업성을 포위, 8월에는 성을 함락시켜 기주를 지배하다.

205 4월, 흑산군이 조조에게 귀순하다.

207 여름, 조조가 북방 정벌에 나서 오환烏桓을 격파하다. 그 무렵 유비는 융중의 제갈량의 초옥을 세 번 찾아가다. 제갈량은 유비의 참모가 되기로 결심하다. 그해에 남흉노에 붙잡혀 갔던 채문희가 조조의 배려로 한나라로 돌아오다.

208 6월, 조조가 승상이 되다. 7월, 남방 정벌에 나서고, 형주의 유표가 병사하고 아들 유종이 조조에게 투항하다. 유비가 당양의 장판에서 조조군의 추격을 받는 가운데 조운이 유비의 처자를 구출하고, 장비는 조조군을 저지하다. 유비가 한수를 건너려 하자 다수의 서민, 관리들이 뒤따르려 하다. 오의 손권은 유비와 손잡고 조조에 대항해 장강 유역에 선단을 결집시키다. 겨울, 양 진영은 적벽에서 싸워 조조군이 패하고 철수하다.

209 유비가 형주 목사가 되다. 손권이 누이를 유비에게 시집보내다.

211 3월, 마초 등이 반란을 일으키다. 7월, 조조가 동관에서 마초를 격파하다. 유비가 성도의 유장으로부터 초청받아 촉에 들어가 부성涪城에서 회견하다. 그 무렵 황충이 유비에게 귀순하다.

212 손권이 건업에 석두성을 쌓다.

213 조조가 위공魏公이 되다. 유비가 낙성雒城 등을 공략하면서 성도로 진격하다.

214 방통이 낙성 공략 중에 전사하다. 마초가 유비 산하로 들어가다. 유비가 성도를 점령하고, 익주(사천) 목사가 되다.

215 조조가 한중을 공격하고 장로가 투항하다. 손권이 합비를 공격했으나 조조군에

게 패해 퇴각하다.

216 5월, 조조가 위왕이 되다.

219 정월, 유비가 군을 정군산으로 진격시키다. 황충이 조조군의 하후연을 죽이다. 3월, 조조가 한중까지 갔으나 싸우지 않고 장안으로 돌아오다. 7월, 유비가 한중왕을 자칭하다. 10월, 당양의 관우가 오군에 붙잡혀 참수당하고, 그 머리는 조조에게 보내지다.

220 정월, 조조가 낙양에서 병사하다. 장남인 조비가 위왕 자리를 잇다. 10월, 한의 헌제가 조비에게 제위를 선양함으로써 한 왕조(후한)는 멸망하고 위 왕조가 세워지다. 위는 낙양(경사京師)·장안·초譙·허창·업성을 5도都로 지정하다.

221 4월, 유비가 성도에서 황제를 칭하고 국호를 한(촉한)으로 정하다. 6월, 장비가 부하들의 손에 죽다. 7월, 유비가 군을 이끌고 동쪽 정벌에 나서고, 오에서는 육손이 이를 맞아 싸우다. 8월, 손권이 위의 신하라 자칭하며 오왕에 봉해지다.

222 6월, 오의 육손이 이릉 전투에서 촉군을 격파하고, 유비는 백제성까지 물러나다.

223 4월, 유비가 제갈량에게 후사를 부탁하고 백제성에서 숨을 거두다. 태자 유선이 즉위하지만 촉의 실권은 제갈량이 쥐다.

225 제갈량이 남쪽 정벌에 나서 운남 지방을 평정하다.

226 5월, 조비가 사망하고 조예曹叡(명제明帝)가 뒤를 잇다. 조진, 사마의 등이 조예를 보좌하다.

227 봄, 제갈량이 유선에게 '출사표'를 올리고 한중으로 진군하다.

228 봄, 제갈량이 군대를 기산祁山으로 진격시키고, 위의 영토까지 진격하다. 그러나 선봉인 마속이 가정街亭 전투에서 패퇴했기 때문에 그 죄로 투옥돼 옥사하다. 12월, 제갈량은 다시 위(진창陳倉)를 공략하지만 군량 부족으로 퇴각하다. 위로 출격할 때는 늘 천연의 요새인 '검문관'을 통과하다.

229 봄, 촉이 세 번 위를 공격하다. 4월, 손권이 오의 대제大帝 자리에 앉고 건업을 수도로 정하다.

230 위의 사마 등이 촉으로 침공했으나 비가 계속 내려 퇴각하다.

231 2월, 제갈량이 네 번 기산으로 출진하고 사마의, 장합 등이 이를 물리치다.

233 정월, 손권이 위의 동쪽에 있는 공손연을 연왕燕王에 봉해 위를 위협하려 했으나 뜻을 이루지 못하다.

234 봄, 제갈량은 다섯 번 위를 침공해 오장원에 포진했으나 이에 대적하는 사마의는 전투에 응하지 않다. 8월, 제갈량은 진중에서 병사하다. 촉군은 분열되면서 철퇴하고 장완蔣琬이 촉의 실권을 쥐게 되다.

238 정월, 사마의가 공손연을 베고 요동遼東을 평정하다.

239 정월, 위의 명제 사망하고 조방曹芳(8세)이 즉위하다. 조상曹爽, 사마의가 조방을 보좌하다. 촉에서는 비의費禕가 대장군이 되다.

244 2월, 위의 조상이 촉에 대규모 공격을 가했으나 오히려 반격을 당해 대패하다.

245 오의 손권이 후계자 문제로 태자 손화孫和와 불화하다. 태자파 승상인 육손은 손권에게 직간하고 분사하다.

246 9월, 오의 장군 주연朱然이 대사마가 되다. 11월, 촉의 장완이 사망하고 환관 황호黃皓가 조정을 장악하다.

249 정월, 사마의가 조상 등을 살해하고 조정을 장악하다.

250 8월, 손권이 손량孫亮을 태자로 세우다. 촉의 강유姜維가 위를 공략했으나 패해 퇴각하다.

251 8월, 사마의가 죽고, 장남 사마사司馬師가 대장군이 돼 정권을 쥐다.

252 4월, 손권이 죽고 손량(10세)이 즉위하다. 제갈각諸葛恪이 손량을 보좌하다.

253 정월, 촉의 비의가 부하에게 살해당하다. 10월, 오의 손준孫峻이 제갈각을 살해하고 승상이 되다.

254 9월, 사마사가 조방을 폐하고 조모曹髦를 제위에 앉히다.

255 정월, 사마사가 허창에서 죽고, 동생인 사마소司馬昭가 대장군이 되다.

256 9월, 오의 손준이 죽고 사촌인 손침孫綝이 권력을 장악하다.

258 9월, 손침이 손량을 폐하고 손휴孫休(경제景帝)를 제위에 앉히다. 2월, 경제가 손침을 죽이다. 촉의 환관 황호의 전횡이 극심해지다.

260 4월, 위의 사마소가 진왕晉王에 봉해지다. 5월, 조모가 사마소를 제거하려다 살해당하고, 사마소는 조환曹奐(원제元帝)을 제위에 앉히다.

263 5월, 위가 대군을 파병해 촉을 공격, 11월에는 성도를 압박하다. 촉이 위에 항복하다.

264 3월, 사마소가 진왕이 되다. 7월, 오의 손휴가 죽고 아들 손호孫皓(말제末帝)가 제위에 오르다.

265 8월, 사마소가 죽다. 장남 사마염司馬炎이 조환으로부터 제위를 물려받아 위는 멸망하고, 진晉 왕조가 서다.

279 11월, 진의 군사가 6개 방면으로 나뉘어 대거 오나라로 진격하다.

280 3월, 오군이 무너지다. 손호가 항복하고 오가 멸망하다. 위·촉·오 삼국이 진으로 통일되다.

『삼국지』를 이렇게 볼 수도 있구나, 하는 생각을 안노 미쓰마사의 『삼국지 그림 기행』을 읽으면서 했다.

우선 일러스트와 함께 본다는 점부터 색다르다. 게다가 일러스트가 예사롭지 않다. 글 반 일러스트 반인 이 책의 일러스트는 저자가 그린 것인데, 모두 실제 답사한 이 책 내용 속의 역사적 현장 체험을 토대로 한 그림들인 데다, 하나하나가 일러스트 자체로 뛰어나다. 고졸한 분위기를 풍기는 담색조의 그 수채화들은 국제적으로 이름난 화가이면서 풍부한 인문학적 지식과 사고력도 지닌 저자의 안목과 융합돼 한층 더 깊은 맛을 낸다. 어릴 적부터 그림을 그려왔지만, 미술뿐만 아니라 과학과 수학, 문학에도 조예가 깊고, 풍부한 지식과 상상력을 구사하면서 세부 묘사에도 허술함이 없다는 평을 받는 저자 안노 미쓰마사의 독창적인 일러스트들은 이 책이 지닌 최고의 매력 가운데 하나다.

일러스트와 글의 연쇄로 구성된 이 책에서 일러스트들은, 거듭 얘기하거니와, 일러스트 자체로 아름다울 뿐 아니라 거기엔 배경과 관련한 저자의 역사 지식(과거)과 직접 가본 그곳 현장 풍정과 체험(현재)이 어우러져 있다는 점에서 그냥 장식용 일러스트가 아니다.

그렇다고 해서 이 책이 그림 쪽에 방점이 찍혀 있고 글은 그저 장식용으로 들어가 있는 책이냐 하면, 그건 전혀 그렇지 않다. 이 책은 글만으로도 찬찬히 읽고 음미해볼 만한 훌륭한 내용을 담고 있다. 1926년생이니까 올해로 만 90살이 된 저자는 연륜에 못지않게 중국 고전, 특히 『삼국지』에 관한 넓고도 깊은 지식을 갖고 있다. 그리고 책에 쓰고자 하는 내용들과 관련된 현장들을 직접 몇 번이고 찾아서 취재했다.

또 한 가지 빼놓을 수 없는 사실은, 그가 관련 독서나 현장답사에서 언제나 중국 문학, 역사 전문 연구자들의 도움을 받았다는 점이다. 책에서 자주 인용되는 중국 문학 전문가 나카무라 스나오는 현장답사 때 거의 빼놓지 않고 저자와 함께 다니며 조언을 아끼지 않은 듯하다. 1947년생으로 저자보다 약 스무 살 정도 아래지만 그 역시 70세가 다 된 중국 연구자 나카무라 스나오는, 루쉰魯迅 등 중국 문학과 중일 관계 전문 연구자요 평론가로 유명한 다케우치 요시미의 제자로, 저자가 인용한 많은 중국, 일본 고전들을 소개하고 현장답사 때는 통역까지 맡은 것으로 보인다.

저자는 이런 자기 주변 전문가들을 활용하고 공부한 내용을 맛깔나는 그만의 글과 그림으로 표현할 줄 아는 뛰어난 재주를 지녔다.

이 책이 지닌 또 하나의 장점은, 우리가 〈삼국지〉하면 으레 떠올리게 되는 『삼국지연의』라는, 명대 초의 나관중이 쓴 픽션(소설)으로서의 삼국지 세계의 한계를 뛰어넘었다는 것이다. 저자는 『삼국지연의』도 충분히 활용하지만, 이른바 정사라는 진수의 『삼국지』를 더 신뢰한다. 책에 나오는 사건 연대나 역사적 사실들은 모두 이 진수의 『삼국지』 내용에 그 근거를 두고 있는 듯하다. 그렇다고 그가 진수의 『삼국지』 기재 내용이 모두 역사적 사실이라고 생각하는 건 아니다.

"『삼국지』도 여러 가지가 있지만, 사실史實에 가깝다는 점에서 다른 책과 구별하기 위해 『정사 삼국지』로 정리한 것이 있다. '정사正史'는 진짜(실제로 있었던 일), '연의'는 소설이라는 식의 느낌을 갖고 있었는데, 정사의 '정正'이 올바르다거나 정확하다는 의미는 아닌 듯하며, 엄밀히 말하면, 국가가 공인한 정통적인 역사라는 정도의 의미로만 생각하면 된다."

그래서 저자는 이런 얘기도 한다. "국가가 인지한 것이니까 전부 진짜인가 하면, 그렇지는 않고, 의심스러운 부분도 없지 않은 게 보통이다. (…)일단 '의심의 눈길로 보는' 것이 역사를 읽는 조건이 될 것이다." 요즘 역사교과서 국정화 강행으로 몸살을 앓고 있는 우리 사회도 충분히 참고할 만한 얘기가 아닌가. 저자는 그럼에도 촉의 관리를 지낸 진수가 위·촉·오 삼국을 통일한 위의 후계왕조 진晋 조정의 기록관이 돼 자기 당대의 역사를 특정 나라에 크게 치우치지 않게 쓴 『삼국지』를 가장 믿을 만한 제1급 역사 사료로 평가한다.

그래서인지, 많은 사람들에게 '난세의 간웅'이라는 이미지로 각인된 조조에 대한 서술에서도 균형 감각을 발휘한다. 이 책에서 중국에서도 조조를 재평가한 선구적 인물로 평가받는 루쉰魯迅을 독립된 장으로 다룬 것도 그와 무관하지 않을 것이다. 유비에게 지나치게 기울어 조조를 '악인'으로 몰아가는 『삼국지연의』와는 확연한 차별성을 보여준다.

하지만 그렇다고 해서, 관점을 완전히 뒤집어 유비를 깔아뭉개고 조조를 치켜세우는 또 다른 편협과 편중의 과오를 저지르지는 않는다. 삼국 중에서 가장 약세이긴 했으되 이른바 '천하삼분지계'로 변방 익주 일대를 촉이라는 당당한 나라로 키워내는 유비의 대중 친화력과 인재 등용, 제갈량의 통찰력 등 그 강점은 강점대로 평가한다.

말하자면, 안노 마사미쓰의 이 책을 통해 우리는 읽고 보는 재미와 함께 픽션 삼국지가 동아시아에서 양산해낸 중국사에 관한 왜곡된 고정관념의 상당 부분을 교정할 수 있는 기회로 삼을 수 있다. 그것도 전혀 머리 아프지 않게.

역사적 사실들을 바라보는 저자의 시선이랄까, 관점도 주목할 만하다.

그가 인용하는 옛 한시들이 다 그런 건 아니지만, 여러 시들이 영웅들이나 지배자의 관점이 아니라 피지배 민중, 민초의 시선으로 바라보거나 그들을 동정하고 연민하는 시들이라는 점을 지적해 두고 싶다.

변방에 파병된 이름 없는 말단 병사들과 그 가족들의 비애를 노래한 유장경의 「종군시」나 이백의 「자야오가」, 갈취당하는 서민의 애환을 사실적으로 그리면서 권력의 횡포를 격조 높게 비판한 백거이의 「숯 파는 노인」, "그대에게 부탁하노니, 벼슬한다 말하지 마오/ 장수 한 사람 공 이루는데 만 사람 뼈 말라가네"라고 노래한 조송의 「기해세」 등이 그렇고, 권력자의 시선이긴 하지만 조조의 「호리」, 「해로」, 「각동서문행」 등의 인용시들도 요즘 정치인들이 넘보기 어려운 높은 세계관이 엿보인다.(일러스트 안에 들어 있는 시들 중 본문에 소개되지 않은 시들은 이 옮긴이의 말 뒤에 덧붙였다.)

저자의 그런 세계관, 국가관을 더 직접적으로 보여주는 또 한 가지. 제국 일본 시절 군대 생활을 체험한 저자가 그때 병영에서 핍박당하고 폭행당한 사실(그에게 지금까지도 신체적 상처뿐만 아니라 정신적 트라우마를 남겨준 것으로 보인다)을 고백하면서, 삼국지 시대의 중국군보다 못한 그 실상을 비판하는 장면인데, 그걸 읽으면서 일제시대 때 악습을 아직도 되풀이하고 있는 우리 군대 내 폭력 문제를 떠올리지 않을 수 없었다.

그리고 또 한 가지. 부럽다고 해야 할까, 좀 복잡한 시선이지만, 뒤틀린 근대사가 우리에게 남긴 뼈아픈 손실에 대한 통분이라고 해야 할까. 늘 느끼는 것이긴 하지만,

근대 이후 일본이 쌓아올린 지적 축적의 질과 양에 대한 새삼스런 자각이 가져다준 착잡함 같은 것이다.

저자가 인용한 중국 고전들에 대한 일본 쪽 연구의 폭과 깊이를 짐작케 하는 다종다양한 일본 문헌들은 언제나 빈약해 보이는 우리 현실과 대비된다. 근대와의 단절, 전쟁과 분단으로 이어진 비통한 현대사로 인한 지적 기반의 파괴와 왜곡에 일본의 침략과 식민 지배도 중대한 영향을 끼쳤지만, 어쨌든 결과적으로 한일의 그 대비에 탄식을 내뱉을 때가 있다. 어떤 이유에서든, 한 나라가 망하면 그 전통을 복구하는 데만도 적어도 백 년이 걸린다는 얘기의 진정성 내지 근거를 확인할 길은 없지만, 우리의 현실은 안타깝고 일본의 현실은 부러운 면이 있다. 격차가 줄고 있다고는 하지만 여전하고, 역사 교과서 국정화 강행이 상징하는 최근 현실은 이러다가는 더 벌어지는 게 아니냐는 걱정마저 안겨 준다.

마지막으로 한 가지만 더 덧붙이겠다. 저자와 중국 현지답사에 동행한 나카무라 스나오는 일본 근대 사상가요 문인인 오카쿠라 덴신 연구자다. 저자는 이 오카쿠라 덴신뿐만 아니라 메이지 시대의 외무대신 무쓰 무네미쓰를 언급하고 그의 회고록 『건건록』도 인용한다. 이들은 근대 한일 관계에서 우리로서는 유감스럽게 생각할 수밖에 없는 역할도 했던 사람들이다. 이 책은 전혀 다른 맥락에서 그들에 대해 잠시 언급할 뿐이지만, 읽는 우리로서는 마음에 걸릴 수도 있다. 하지만 생각해보면, 그때는 그런 시대였다. 여기서 그 문제를 길게 얘기하는 것은 부질없는 일일 것이다. 다만 그런 점들도 염두에 두거나 관련 사실을 찾아보면서 읽으면 오히려 더 재미나고 얘기도 더 풍성해지지 않을까 하는 생각을 한다.

다음은 앞서 얘기한 시들 중, 일러스트 안에 원문이 담겨 있는 시들을 우리말로 옮긴 것이다.

[황하간전 黃河看戰]

관작루에 올라

　　　　　　　　　　　　　　　　　　　왕지환


해는 서산에 기울고
황하는 바다로 흘러간다
천리 끝까지 보고 싶어
다시 한 층 더 오른다


[굴원비분 屈原悲憤]

〈이소 離騷〉의 마지막 장

　　　　　　　　　　　　　　　　　　　굴원


다 끝났다
이 나라에 나를 알아주는 이 없는데
나라 생각해서 무엇하리
바른 정치 위하여 손잡을 이 없으니,
나는 은나라 팽함의 뒤를 따르리라


[현무소소 玄武蕭蕭]

금릉도

　　　　　　　　　　　　　　　　　　　위장


가랑비 보슬보슬 장강 풀빛 선연한데

지난 왕조 꿈이 되고 부질없이 새만 우네
무정하구나 무성한 성곽의 버들이여
십리 제방 덮은 안개 지금도 변함없네


[동관풍도 潼關風渡]

정의와 왕찬에게 보낸다

　　　　　　　　　　　　　　　　　　　조식


행군하는 군대를 따라 함곡관을 건너고
말을 달려 장안을 지났다
험준한 산들 높은 봉우리 끝이 없구나
여기는 흐린 경수와 맑은 위수 물이 만나는 곳
장대하구나 옛 제왕의 궁성
그 아름다움 수많은 성들 중에서도 빼어나네
둥근 대궐 구름 위에 솟았고
탑은 하늘까지 닿았네
천자를 보필해 그 은혜 널리 베푸니
세상에 전쟁이 없어졌도다
권세가들은 이기기를 좋아하지만
나라 온전히 지키는 게 영예로운 일
지위가 낮은 이들은
이 덕정을 찬양하지 않네
정 선생은 조정을 원망하고
왕 선생은 스스로 즐거움을 찾는구나
홀로 즐기고 원망하는 건 곧고 바른 이치 아니네
화합이야말로 최고의 가치라네

[모하오경 暮霞吳景]

천문산을 바라보며

이백

천문산 허리 끊어져 초강이 열리고
푸른 물 동으로 흘러 여기서 휘어지네
강 양쪽 푸른 산 마주 보며 솟았는데
외로운 돛배 하나 하늘가에서 내려오네

---

[취향서호 醉鄕西湖]

비 갠 호수 위에서 술을 마시며

소동파

아침 햇빛 봉우리들 꾸며 손님을 맞고
저녁 비 사람 붙잡아 취하게 하네
저절로 좋은 이 마음 그대는 모르리
한잔은 마땅히 수선왕에 권해야지

수면 반짝이는 맑은 날 좋더니
산색 뿌옇게 비가 와도 멋지네
서호를 서시에 비유하노니
옅은 화장 짙은 분 어느 거나 어울리네

(일러스트에는 원제 飮湖上初晴後雨의 첫 글자가 '欽'으로 적혀 있는데, '飮'을 잘못 쓴 듯하다. – 역주)

[풍교야박 楓橋夜泊]

풍교에서 밤에 배를 대다

장계

달은 기울어 까마귀 우는데 하늘엔 찬 서리 가득
강 풍교 아래 고기잡이배 횃불 나그네 잠을 설치게 하네
고소성 바깥 한산사
한밤중에 치는 종소리 이 객선까지 들리네